FRANK LLOYD WRIGHT.

AUSGEFÜHRTE BAUTEN
UND ENTWÜRFE VON
FRANK LLOYD WRIGHT.

STUDIES AND ◼ ◼ ◼
EXECUTED BUILDINGS
BY FRANK LLOYD WRIGHT

VERLAG ERNST WASMUTH TÜBINGEN

Nachdruck der 1910 bei Ernst Wasmuth A.-G. Berlin erschienenen Portfolioausgabe von 100 Lithographien im Format 64×40 cm.

Der einleitende Text und die Tafelbeschreibungen von Frank Lloyd Wright in deutscher und englischer Sprache sind den Originalausgaben entnommen.

Die Nummern in [ ] entsprechen der Originalfolge der Blätter im Mappenwerk und sind den Tafelbeschreibungen vorangestellt, um das Auffinden der oftmals in römischen Ziffern gleich numerierten Tafeln zu erleichtern.

Das rote Quadrat auf dem Schutzumschlag ist ein geschütztes Markenzeichen der Frank Lloyd Wright Foundation, Taliesin West, Scottsdale, AZ.

Übersetzung des Vorwortes aus dem Englischen: Peter Prange

Reprint of the portfolio edition of 100 lithographs published in 1910 by Verlag Ernst Wasmuth A.G., Berlin, format 64×40 cm (25¼″ × 15¾″).

The introductory text and the annotations, written in english by Frank Lloyd Wright, are reproduced as in the original text.

The numbers in [ ] correspond to the numbering system of the original sheets and are used to facilitate crossreference between the annotations and the drawings, which are mostly numbered using roman numerals.

The red square on the jacket is a trademark belonging to the Frank Lloyd Wright Foundation, Taliesin West, Scottsdale, AZ.

Alle Rechte vorbehalten
© 1986 by Verlag Ernst Wasmuth Tübingen
Reproduktionen nach den Originalblättern und Druck: Hain-Druck GmbH, Meisenheim/Glan
Einband: Neue Gesellschaft für Buchbinderei Dülmen mbH
Printed in Germany

ISBN 3 8030 01420

952 Revers

photo Tom Vack

952. Revers. Andrea Branzi, 1993

## INHALT · CONTENTS

Vincent Scully
Vorwort   7

Frank Lloyd Wright
Ausgeführte Bauten und Entwürfe   13

Tafelbeschreibungen   23

Vincent Scully
Foreword   29

Frank Lloyd Wright
Studies and Executed Buildings   33

Description of the Plates   41

Glossar · Glossary   45

Tafeln · Plates   [1–100]

# VORWORT

Dieses Werk, die *Ausgeführten Bauten und Entwürfe von Frank Lloyd Wright*, das – wie Wright glaubte – der deutsche Professor Kuno Francke dem Verlag Ernst Wasmuth, Berlin, vorgeschlagen hatte, ist eine der drei einflußreichsten Architekturpublikationen des 20. Jahrhunderts. Die beiden anderen sind Le Corbusiers *Vers une architecture* von 1923 und Robert Venturis *Complexity and Contradiction in Architecture* von 1966. *Vers une architecture*, ein Werk von sehr bescheidenem Umfang, vereint Photographien, Zeichnungen und Text zu einem explosiven Gemisch von Bildern und Ideen. *Complexity and Contradiction* verbindet gleichfalls Illustrationen (die in der Erstausgabe mikroskopisch klein waren) und Text, doch schlägt das Werk einen ruhigen, konsequenten Weg ein und reflektiert voller Achtung die Vergangenheit. Beide Bücher haben eine einheitliche Struktur von Formen und Ideen zum Inhalt, und beide Bücher wurden von Männern geschrieben, die ihre reifen Werke noch vor sich hatten. Das Werk *Ausgeführte Bauten und Entwürfe* unterscheidet sich von ihnen grundsätzlich. Es zeigt uns die Arbeit eines Architekten, der auf eine reiche und revolutionäre Tätigkeit von annähernd zwanzig Jahren zurückblicken konnte. Es ist das Zeugnis einer abgeschlossenen Schaffensperiode. Worte und Bilder sind voneinander getrennt. Man mag die Einleitung lesen oder nicht. Ich vermute, daß die meisten Europäer sie beim Erscheinen der Mappen höchstens überflogen haben, denn ihre Botschaft mußte ihnen von der europäischen Kritik her ausreichend vertraut sein. Die ganze Aufmerksamkeit gilt den Zeichnungen. Die Publikation ist voll auf diesen Zweck hin ausgerichtet, und die Qualität der Reproduktionen sowie ihre noble Zurückhaltung lassen dagegen *Vers une architecture* und *Complexity and Contradiction* beinahe armselig erscheinen.

Es ist unmöglich, dieses prächtige Werk ohne Begeisterung in die Hand zu nehmen. Es sind zwei großformatige Portfolios, schwer aber nicht sehr dick, wie kräftige Tonplatten oder römische Ziegel der Kaiserzeit. Man spürt förmlich, wenn diese so einheitlichen Gefüge sich auftun, wie die Flügel eines Konsulardiptychons, werden sie genau dies zum Vorschein bringen: strenge Zeichnungen von geometrischen Objekten, generös im Raum aufgeteilt entsprechend dem großzügigen Format der Blätter. Die sehr feinen und wenigen Linien lassen die Seiten noch größer erscheinen und die Zeichnungen sich über sie ausbreiten, als wollten sie in bislang unbekannte Dimensionen des Raumes vorstoßen. Sie umreißen gewaltige freie Flächen und treten aus einer originären Leere heraus in Erscheinung. Doch jede Zeichnung ist von so festem Gepräge wie der Band, den sie ziert; ihre Linien sind lithographiert, doch von so scharfer Kontur wie auf einem Stich, so daß jede Seite an einen verzierten Ziegel oder an eine Fliese erinnert oder an einen der glatten Betonblöcke, mit denen Wright in den folgenden Jahrzehnten gelegentlich arbeiten sollte.

Versuchen wir uns weiter die Reaktion eines Europäers vorzustellen, der 1910 dieses Werk aufschlug. War er wohl von Wrights Einleitung beeindruckt, die ihm in ihrer Gedankenführung ja vertraut sein mußte? Vermutlich kaum. Sie vermag auch heute keinen besonderen Eindruck zu erwecken und gehört sicherlich nicht zu Wrights überzeugendsten Essays. Ihr Vorzug, wenn man dies einen Vorzug nennen darf, liegt in ihrer Kompromißlosigkeit. Sie ist bereits ein Dokument des Internationalen Stils. Jeglicher „Eklektizismus" wird hier in Bausch und Bogen verworfen, und mit ihm der größte Teil der Architektur des 19. Jahrhunderts. Doch entstammen alle Gedanken Wrights selbst dem 19. Jahrhundert; im wesentlichen der Neugotik verpflichtet, stellen sie in der Tat eine ausgesprochen eklektische Sammlung dar. Die unterschiedlichsten Männer haben sie formuliert, unter denen John Ruskin, William Morris, Eugène Emmanuel Viollet-le-Duc, Victor Hugo und Owen Jones Wright am meisten beeindruckten. Nicht hier, aber an anderer Stelle, berichtet er, daß er sie gelesen und verehrt hat. Wie auch immer, englischer Moralismus bedeutet für Wright das vorherrschende ästhetische Element – so liest man es jedenfalls aus dem Ton seines Essays heraus. Glücklicherweise ignoriert er ihn jedoch in seinen Bauten, bei denen er beispielsweise häufig Stahlteile zwischen den Holzbalken verbarg. Theoretisch aber ist die Renaissance Wrights eigentlicher Feind; sie ist für ihn der Inbegriff des Absolutismus in der Politik und des Akademismus in der Kunst. Amerikas Antwort darauf lautet Demokratie (nach Walt Whitman und Louis Sullivan) – Demokratie und Natur, die Gottheit des 19. Jahrhunderts, von der sich letzten Endes alle guten und anständigen Formen herleiten. Hier kann Wright nicht der Versuchung widerstehen, ein wenig Benjamin Wests „Mohawk warrior" (beim Anblick des Apollo Belvedere in Rom hatte West ausgerufen: „Mein Gott, was für ein Mohawk-Krieger!") zu spielen. Schließlich waren die Europäer seit dem 18. Jahrhundert daran gewöhnt, dies von den Amerikanern zu erwarten, doch fügt er in der Regel nur fortschrittliche architektonische Ideen zu einem wahrhaft internationalen Potpourri zusammen. Louis Sullivan hatte manche von ihnen vielleicht schon früher entwickelt (und auch eher mit dem Impetus eines Nietzsche) und Adolf Loos sie mit der dem 20. Jahrhundert eigenen Besessenheit infiziert, die Wright fremd war, obwohl wir nur schwerlich glauben, daß er um diese Zeit *Ornament und Verbrechen* nicht gelesen haben soll. Wrights Vorliebe für bodenständige Architektur, wenngleich auch einer neugotisch geprägten, verbindet ihn mit Loos, und seine theoretische Ablehnung des Ornamentes formuliert er noch entschiedener als Loos, obwohl seine Arbeiten durchaus kunstvolle ornamentale Elemente einbeziehen. Diese fallen besonders in einigen von Wrights größeren Innenräumen ins Auge, wie etwa des Dana House, des Larkin Building, des Coonley House und des Unity Temple, die einen hervorragenden Platz unter diesen Zeichnungen einnehmen (vgl. die Tafeln XXXI [47], XXXIII [51], LVI, LVII [85–88], LXIII [97, 98]). Mit diesen Innenräumen formulierte Wright seine eigene Antwort auf die klassischen Ordnungen: neu gestaltete Kapitäle, ein wenig präkolumbianisch anmutend, etwa im Larkin Building; komplizierte und ineinander verschachtelte Holzkonstruktionen in den Villen. All diese Details waren das Resultat unzähliger Arbeitsstunden Wrights und der Zeichner seines Büros, von denen viele selbst hervorragende Architekten waren. Wright nannte diese dekorativen Systeme „demokratisch" im Gegensatz zu denen der klassischen Stile, weil er, wie er uns lehrte, ihre Details wie auch ihren Maßstab je nach Art des Raumes variierte, den er gerade schaffen wollte. Diese Variationen, so fährt er fort, richteten sich nach dem jeweiligen Auftraggeber. So plante er zum Beispiel die Räume für einen großgewachsenen Kunden höher, niedriger dagegen für einen anderen, und am niedrigsten fiel schließlich das Spielzimmer aus, das er für seine Kinder entwarf, bei dem Erwachsene sich bücken mußten, wenn sie es betraten.

All diese sorgfältig ausgeführten Details mindern keineswegs die Architektur selbst. Wright versuchte, mit der klassischen Architektur wettzueifern, ja sie gar zu übertreffen. Er wollte all das tun, was sie bereits getan hatte, doch auf seine eigene Weise. Es ist von Interesse, daß Wrights Innenräume nur sehr geringen Einfluß auf europäische Architekten hatten. Etwas von der reduzierten linearen Streifenzeichnung in Gropius' Fagenswerken von 1911–14 erinnern an Wright – oder vielleicht auch an Mackintosh, dessen Vorliebe für das nüchterne Weiß gewiß auch anderswo in diesem Gebäude anklingt –, doch viel mehr läßt sich nicht aufspüren. Wrights Dekorgebung, und in den meisten Fällen der Grundcharakter seiner Innenräume im Ganzen, entsprach nicht den Vorstellungen, welche die jungen europäischen Architekten um 1910 selbst im Sinn hatten, und folglich war es auch nicht dieser Aspekt von Wrights Arbeit, der sie reizte. Es war vielmehr die Abstraktheit seiner Grundrisse und Außenansichten, die ihre Einbildungskraft beschäftigte und wesentlich dazu beitrug, sie ihren eigenen Weg finden zu lassen. Dies ist keine Überraschung, denn diese Abstraktheit selbst war in der Tat die wichtigste Neuerung und zugleich stärkste Eigenheit in Wrights Werk. Und dies war es, was die Europäer sahen, als sie 1910 die *Ausgeführten Bauten und Entwürfe* betrachteten.

Die gesamte Publikation ist, wie wir bereits bemerkt haben, ein in sich geschlossenes Werk abstrakter Kunst. Ganz so wie Wright in seiner Einleitung Giottos Arbeiten beschreibt, ist es Gemälde und Skulptur und Architektur in einem. Die Zeichnungen waren offenbar schon seit 1907 in Wrights Büro in Arbeit, ausgeführt von den hochbegabten Mitgliedern seines Stabes, die alle wie Wright Angehörige der Prairie School waren und deren Stil fortsetzten, nachdem Wright 1909 Oak Park fluchtartig verlassen hatte. Marion Mahony, die Walter Burley Griffin, ein anderes Mitglied der Gruppe, heiratete und ihm 1912 mit ihren Zeichnungen half, den Wettbewerb von Canberra zu gewinnen, war vielleicht die talentierteste von allen. Tafel XIV [21] ist mit ihren Initialen signiert und erinnert an die von dichtem Laubwerk eingerahmte Komposition der Tafel LXIII [98], einer Seitenansicht des Unity Temple. Ihre Hand, die japanische Einflüsse verrät, können wir vielleicht am besten auf Tafel XV [24] erkennen, einer „malerischen Ansicht" des Hardy House in Racine. Die radikale Leere der Tafel mag die Drucker verwirrt haben, denn sie setzten sie in der Erstausgabe verkehrt herum.

Vereinfachung und Abstraktion waren das Ziel all dieser Zeichnungen. Dies gilt insbesondere für die Tafeln LIII [82] und LXII [96], die Wright offensichtlich unmittelbar vor der Veröffentlichung mit Hilfe seines Sohnes Lloyd in Florenz noch überarbeitet hat. In diesen letzten Zeichnungen scheinen die Gebäude wirklich im Raum zu schweben. Losgelöst von allen Banden ihrer städtischen Umgebung, treiben sie auf jene ideale Welt schwereloser Linien und Flächen zu, nach der sich dann der Internationale Stil so sehr sehnte. Doch diese Abstraktion war für Wright vom ersten Augenblick an von zentraler Bedeutung. Er war zu der Auffassung gelangt, daß jedes Beiwerk zur Architektur so weit wie möglich vermieden werden sollte, um den Betrachter nicht davon abzulenken, was er für ihre wahre Natur hielt. Diese nannte er „plastisch". (Erinnern wir uns an Mondrians *Plastic Art and Pure Plastic Art* wenige Jahre später: Mondrians Ansicht nach fügt jede Darstellung, die mit Assoziationen spielt, der Kunst irreparablen Schaden zu.) Wrights Vorstellung von der „plastischen Erfahrung" ist eng verknüpft mit dem im 19. Jahrhundert entwickelten Begriff der Empathie, der *Einfühlung*. Es ist dies eine deutsche Idee, und sie umschreibt die physische Assoziation des Betrachters mit dem betrachteten Objekt. Sie ging somit noch über die ästhetische Idee des „Assoziationismus" des späten 18. und frühen 19. Jahrhunderts hinaus, die auf der Identifikation kultureller Zeichen durch den Betrachter gründete. Einfühlung wurde von so verschiedenen Männern wie Louis Sullivan und Geoffrey Scott als die Basis jeder ästhetischen Erfahrung angesehen – für Scott ebenso wie für Berenson mit seinen „taktilen Werten" und für Fry mit seiner „signifikanten Form", galt dies auch für die Renaissancekunst. Doch Wright war der Meinung, die Renaissance und ihr historisches Erbe habe den empathetischen Widerhall unter dem Gewicht der Assoziation erstickt, unter einer eklektischen Zitierwut vergangener Stile. Darum war Wright fest entschlossen, jene Stilverweise so weit wie möglich zu eliminieren, zumindest aber nur auf solche Stile zurückzugreifen, die in ferner kultureller Vergangenheit lagen, so daß der Betrachter sie nicht wiederzuerkennen vermochte, oder so exotisch waren, daß man sie für reine, unverbrauchte Elemente halten konnte, die der europäischen Geschichtserfahrung enthoben waren. Der Internationale Stil, und insbesondere sein deutscher Flügel, sollte in den folgenden Jahrzehnten hierin dieselbe Haltung einnehmen: Japan war annehmbar; die griechischen Inseln noch besser; die Renaissance im Aus; dank eines Restes an neugotischer Moralität und Mythologie hielt man zwar am glücklichen Handwerker des Mittelalters fest, lehnte dessen Ausdrucksmittel jedoch ab. Bei Wright stand Japan im Vordergrund, das unterschwellig an all seinen Entwürfen entscheidenden Anteil hat mit seinen Bauten aus dunklen Skeletten und hellen Ausfachungen, und zwar nicht nur auf Grund seiner Drucke, wie Wright, der allerdings einer der größten Sammler japanischer Drucke war, stets gerne behauptete. Präkolumbianische Architektur stand Pate, als er die Fassaden des Winslow House von 1893, des ersten eigenen Gebäudes, das Wright mit Stolz betrachtete und für die erste Tafel dieses Bands auswählte [1, 2], mit einem Fries aus Maya-Motiven versah. Beinahe unmittelbar nach dessen Veröffentlichung wandte er sich dann offener präkolumbianischen Formen zu, und sie beeinflußten sein Werk bis zum Ende in erheblicher Weise. In denselben Jahren sollte Wright sich auch, wie Neil Levine gezeigt hat, einer Ästhetik zuwenden, die eher auf der Nachahmung natürlicher Formen basierte als auf begrifflicher Abstraktion. Jene Formen wurden allerdings einem beträchtlichen Maß an Stilisierung unterworfen, um sie architektonischen Zwecken anzupassen, und dieses doppelte Konzept war gleichfalls amerikanisch-indianischen Ursprungs.

Aus all diesem geht klar hervor, daß die *Ausgeführten Bauten und Entwürfe* und die gleichzeitige Europareise einen bedeutenden Augenblick der Krise und des Wandels in Wrights Laufbahn markieren. Der Bruch mit seiner Familie und mit Oak Park im selben Jahr mag auch eine Rolle dabei gespielt haben, doch war er wohl eher Folge dieser Krise als ihre Ursache. Er spürte, so glaube ich, daß seine Zeit in den Vorstädten vorbei war und er die Art von Architektur, die er dort betrieben hatte, nicht mehr weiterentwickeln konnte. Er hatte das Bedürfnis, seine Haltung gegenüber der Architektur noch einmal zu überdenken, doch zuvor mußte die Summe seiner früheren Leistungen gezogen werden, um ihnen ein würdiges Andenken zu wahren. Eben diese Aufgabe erfüllt die Publikation *Ausgeführte Bauten und Entwürfe*.

Die Arbeit jener ersten Jahre, der dieses Werk so nobel gedenkt, basierte auf reiner Abstraktion, für die nach Wrights eigenen Worten die Aufgabe der Kunst eher darin besteht, die Welt zu „entwerfen" als sie „darzustellen". Wright teilt uns auch genau mit, wenngleich an anderer Stelle, woher er diese Idee hatte. Auch sie hatte ihn aus Deutschland erreicht, genauer gesagt von Friedrich Fröbel, der den ersten Kindergarten gegründet hatte und mit dessen visuellen Erziehungsmethoden Wright als Kind aufgewachsen war. Es gibt zwar einige Unsicherheiten bei der Datierung, da Wright die Geschehnisse seiner frühen Jahre in seiner *Autobiography* und anderen Veröffentlichungen oftmals zeitlich versetzte und umarrangierte, doch scheint festzustehen, daß Wright spätestens ab dem neunten Lebensjahr mit Fröbels „Gaben" arbeitete und mit Fröbels Würfeln, Stäbchen und Schnüren bastelte. Ihre Formen und Muster können wir in allen Gebäuden Wrights wiederfinden, vom Grundriß über die Massengliederung bis zu den dekorativen Details. Die Grundcharakteristik, die sie miteinander teilen, ist eine strenge Geometrie, blockhaft, linear und vollkommen abstrakt. Fröbel hat sein System erstmals in dem Buch *Die Menschenerziehung* (Bd. I, 1826) entwickelt. Es war die Zeit des Klassizismus, und die verschiedenen Formen, mit denen Fröbel arbeitete, zeugen in der Tat von klassizistischem Geschmack, doch kann es zu auffallenden, ganz und gar unklassischen Abweichungen kommen, wenn man sie zum Bauen benutzt. Die Anzahl der Würfel einer jeden „Gabe" ist sehr niedrig, so daß ein Kind, das ein großes Gebäude errichten will, leicht der Verführung erliegen kann, die Ecken offen zu lassen, wenn es den Bau auslegt. Jeder von Wrights Plänen wird später jene rhythmische Wiederkehr von einzelnen Blöcken und ihren entsprechenden Leerräumen bezeugen. (Einer von Wrights Söhnen, John, bekundete jahrelang reges Interesse an einem Baukasten namens „Lincoln-Klötze", die so gestaltet waren, daß sie an den Ecken fest ineinandergreifen.)

Deutsche Architekten wurden also 1910 durch die *Ausgeführten Bauten und Entwürfe* mit einer Reihe von Entwürfen konfrontiert, die ihrem Wesen nach klassizistisch, abstrakt und deutsch waren. Es mag als ein kleines Wunder erscheinen, daß sie sich überhaupt für sie begeisterten. Doch einige jener Architekten waren schon in nähere Beziehung zu Wrights Werk getreten. Ein Teil dieser Beziehung geht vielleicht auch auf die gemeinsame Erfahrung des Fröbelschen Erziehungssystems zurück. Die erste Fröbelsche „Gabe" sollte, typisch für den Sexismus des 19. Jahrhunderts, die Mutter ihrem Sohn in seinem ersten Lebensjahr überreichen. Es war ein Garnknäuel in einer Holzschachtel. Das Kind sollte das Knäuel drücken und dadurch, dies war Fröbels Ansicht, eine empathetische Verbindung mit der Mutterbrust und dem Erdball erfahren, um am Ende des Spiels das Knäuel brav wieder in die Schachtel zu legen. Als sich dann Joseph Maria Olbrich 1897 daran machte, ein Gebäude zu entwerfen, das zugleich Hort und Symbol einer neuen Kunst werden sollte, in *Sezession* von der Kunst, die in den Akademien gelehrt wurde, griff er auf das Knäuel in der Schachtel zurück als eine Möglichkeit, näher an die empathetischen Anfänge der Dinge zu gelangen, als die akademische Tradition dies nach Ansicht der Sezessionisten vermocht hatte. Sein Knäuel ist ein filigranes Metallgebilde, aufgewickeltem Garn so ähnlich, wie dies auf der Außenseite eines Gebäudes nur möglich ist, und es ruht mitten auf einer gedrungenen Komposition, unschwer als ein Fröbelscher Würfel zu erkennen, mit einem Sturz in der Mitte, der sich so weit spannt, wie es eine solche Konstruktion erlaubt. Das Ganze vermittelt, wie die Fröbelschen Modelle, einen großflächigen und abstrakten Eindruck, doch läßt Olbrich – ganz wienerisch – darauf einen fein verästelten Jugendstillorbeer wachsen, aus dem auf einem Teil der Oberfläche Jugendstilgesichter sprießen. Doch nun tritt Wright auf den Plan. In enger Anlehnung gleicht er das Gebäude der Sezession seinen Vorstellungen beim Larkin Building von 1904 und beim Unity Temple von 1906 an, seinen zwei wichtigsten Monumentalbauten jener Periode, die beide in diesem Band abgebildet sind (Tafel XXXIII [50, 52], LXIII [97, 98], LXIV [99, 100]). Der Unity Temple ist Olbrich stärker im Maßstab verpflichtet, doch hat Wright erbarmungslos den Lorbeer von der Fassade getilgt und die Stützpfeiler in abstrakter Fröbelscher Manier ornamentiert. Beim Larkin Building bezieht er das Knäuel mit ein, und dies gleich in zweifacher Ausführung, getragen von jeweils zwei Putten.

Es will also scheinen, daß es eine starke Affinität zwischen Wright und den mehr oder weniger klassizistisch und abstrakt orientierten europäischen Architekten gab und daß sie sogar einen direkten und prägenden Einfluß auf ihn ausgeübt hatten, lange bevor die *Ausgeführten Bauten und Entwürfe* bei Wasmuth publiziert wurden. Wright, der in einem kulturellen Ambiente aufgewachsen war, das von deutscher Musik beherrscht wurde, hegte eine besondere Vorliebe für die Kunst Wiens, und als er 1909 Europa bereiste, stellte er fest, daß man ihn „den amerikanischen Olbrich" nannte. Er berichtet uns in seiner *Autobiography*, daß er tatsächlich nach Darmstadt gefahren ist, um Olbrich aufzusuchen, doch dessen Tod sein Vorhaben vereitelte. Mehrere der Gebäude, die Wright unmittelbar nach seiner Rückkehr in Amerika entwarf, insbesondere die unvergleichlichen Midway Gardens, zeigen eine direkte Verwandschaft mit der Massengliederung und dem skulpturalen Schmuck von Olbrichs Ausstellungshaus in Darmstadt.

Ein Internationaler Stil, der großenteils auf Abstraktion beruhte, bildete sich also schon eine gewisse Zeit vor 1910 heraus. Wien und Chicago waren nicht die einzigen Schauplätze. Auch England spielte eine bedeutende Rolle, wie in allen architektonischen Entwicklungen des 19. Jahrhunderts. Wir haben bereits gesagt, daß die grundsätzliche Philosophie der Bewegung vorwiegend englischen Ursprungs ist. Dies gilt etwa für die Vergötterung der Natur, obwohl hieran auch Deutschland wichtigen Anteil hat. Sie war, wie wir gesehen haben, ein zentrales Anliegen Wrights und sollte vor allem in seinem Spätwerk in Erscheinung treten – zu einer Zeit, da ihre Bedeutung in der Bewegung insgesamt stark im Schwinden begriffen war. Doch die englischen Einflüsse konnten auch unmittelbar formaler Art sein. So dürfen wir zum Beispiel eine Linie ziehen von Voyseys House in Bedford Park von 1888 über Olbrichs Haus Habich in Darmstadt von 1900 bis hin zu Wrights Fricke House in Oak Park von 1902. Das Fricke House steht im Kontrast zum Willitts House desselben Jahres, da es in Mauerwerk errichtet wurde, während das andere die in Amerika übliche Holzkonstruktion aufweist. So wie Wright sie ausführte, steht diese in formaler Beziehung zu Japan, wo die Skelettbauweise ebenfalls landestypisch ist. Doch wenn er in Mauerwerk baute, besonders in seinen frühen Häusern sowie bei seinen oben genannten Monumentalbauten, scheint Wright sich Österreich zugewandt zu haben und, aufs Ganze gesehen, der europäischen städtischen Tradition mit ihrer kubischen Massengliederung. Wrights Arbeiten unterscheiden sich von seinen Vorbildern jedoch erheblich. Grundriß, Raum, Konstruktion und Massengliederung sind hier unendlich viel genauer aufeinander abgestimmt als dort. Alle Innenräume des Larkin Building und des Unity Temple sind in ihrer Funktion von außen bereits erkenntlich. Das Ganze bildet eine funktionale und formale Einheit, die bei weitem übertrifft, was die europäischen Architekten hierin bislang geleistet hatten oder in der weiteren Entwicklung des Internationalen Stils dann noch leisten wollten. Wright nannte diese Eigenschaft seines Werkes „organisch", als Ausdruck seiner Anlehnung an die Natur, doch ist der Begriff schlecht gewählt. „Wahrhaftig" wäre eine präzisere Kennzeichnung, denn es gibt nichts in Wrights frühen Werken, das „natürlich" wäre oder sich an die Natur biologisch anlehne, denn sie sind, wie wir vielleicht schon allzu häufig bemerkten, durch und durch abstrakt. „Vom Denken gebaut" hat Wright sie genannt. Mehr noch, durch Fröbel sind sie mit dem europäischen, im wesentlichen neoplatonischen Klassizismus verwandt, der die kosmische Ordnung von Kreisen und Rechtecken feiert. Der Kreis sollte gegen Ende von Wrights Leben in den Vordergrund treten, doch in dieser frühen Periode beherrschten das Rechteck und dessen Abwandlungen seine Entwürfe, wenngleich in der dem 19. Jahrhundert eigenen materialistischen Ausformung. Darum hätten Suger, Brunelleschi oder Palladio den Monolith des Unity Temple durchaus mit idealistischen neoplatonischen Begriffen preisen können, während Wright ihn schlicht „eine edle Form in Mauerwerk" nennt.

In der Tat, alle Elemente in Wrights Entwürfen waren aufeinander abgestimmt wie die Rädchen einer Maschine. Ein wenig konnten europäische Architekten wie etwa Berlage davon nachempfinden. Vielleicht spielten sie auch eine Rolle in Gropius' Überlegungen, als er sich bei der Gestaltung der Hoffassade seiner Musterfabrik in Köln von 1914 eng an Wrights Hotel in Mason City, Iowa, anlehnte, das in den Zeichnungen bei Wasmuth auf Tafel XLIX [75] abgebildet ist. Gropius verzichtete jedoch auf die reiche Gliederung von Wrights unterem Stockwerk zugunsten der regelmäßig wiederkehrenden dünnen Stützpfeiler, die auch Wright in seiner Mason City Bank nebenan, Tafel XLIX [75, 76], verwendet hatte, einem weitaus weniger geglückten Gebäude, obwohl Wright es in seiner Einleitung in den höchsten Tönen rühmt. Gropius brachte hier also bereits Wrights Werk zum Erstarren, indem er es ausdünnte, wie der Internationale Stil es später noch gründlicher tun sollte. Von „flachbrüstigen Fassaden" sprach Wright bei diesen Gebäuden. Die Außenansicht der Kölner Fabrik ähnelt am stärksten Wrights Entwurf des Yahara Boat Club, Tafel LV [84] in dieser Publikation, doch Gropius macht sich auf eindrucksvolle Weise von dem Vorbild los, indem er aus

10

den Ecken gewölbte Glaspavillons heraustreten läßt. Danach finden wir so gut wie keine Spur mehr von Wright in seinem Werk.

Mit Wrights Einfluß auf Mies van der Rohe verhält es sich anders. Er war für Mies von entscheidender Bedeutung während dessen Reifezeit in den zwanziger Jahren, und in gewissem Sinne blieb er es im Verlauf seiner ganzen Karriere – die in Wrights oder genauer: in Sullivans Chicago ihren Höhepunkt finden sollte. Wrights Entwurf zu Gerts House, Tafel LII [79, 80], ist ein Vorbote zu Mies' Landhaus von 1923. An dieser Stelle, angesichts der Unterschiede zwischen den beiden, möchten wir über Wrights Einfluß in Holland nach der Veröffentlichung von Wasmuth spekulieren. Zum Teil spiegelt er sich wider in der Arbeit solcher Architekten wie Robert van't Hoff, doch scheint er auch in den abstrakten Experimenten von De Stijl eine Rolle gespielt zu haben, der einen außerordentlich wichtigen formalen Einfluß auf Mies ausgeübt hat wie auch, wenngleich nicht immer angemessen gewürdigt, auf das Bauhaus als Ganzes. Von dem Entwurf aus dem Jahre 1923 schreitet Mies rasch fort zu seinem Barcelona Pavillon von 1929. Und hier tritt uns wieder der Yahara Boat Club deutlich vor Augen. Die Geschichte ist damit allerdings noch nicht zu Ende. In den zwanziger Jahren hatte Wright schwere Zeiten durchzustehen. Er ging der amerikanisch-indianischen Tradition nach, doch hatte er kaum Arbeit. Als er aber in den dreißiger Jahren wieder einen kreativen Aufschwung erlebte, waren es die Werke des Internationalen Stils, und insbesondere die von Mies, die ihm offenbar die letzten Anstöße gegeben haben, derer er bedurfte, um noch einmal den Durchbruch zu schaffen. Gebäude wie das Goetsch-Winkler House von 1939 runden einen europäisch-amerikanischen Zyklus ab, der von Berlin über Barcelona wieder zurück in die amerikanische Prärie führt.

Jene Prärie jedoch, die Wright in seiner Einleitung so wortgewaltig beschwört, ist eigentlich nur ein Phantom, wenn es sich um Wrights frühe Arbeiten handelt. Diese wurden zwar, und das ist immerhin richtig, für Landstriche entworfen, die in der Regel flach und nur eine Generation zuvor tatsächlich noch Prärie gewesen waren. Zu Wrights Zeiten aber waren daraus Vorstädte geworden, und Wrights erste Häuser passen sich in Planung und Ausführung der urbanen Struktur dieser Vorstädte um sie herum an und müssen in diesem Zusammenhang gesehen werden. Sie wurden nicht in weite unberührte Landschaften gesetzt, sondern auf typisch amerikanische Parzellen, die sie auf Grund ihres kreuzförmigen Grundrisses in wunderbarer Weise nutzen. Urbilder amerikanischen Lebens, stehen sie mitten auf einfachen Grundstücken, die mit Rasen bedeckt und mit Bäumen bepflanzt sind. Zu Beginn des 20. Jahrhunderts waren diese Parzellen meist nicht eingezäunt, so daß die Häuser frei im Raum standen. Doch grenzt sie alle ein Gehweg ab, den normalerweise ein schmaler, ebenfalls von Bäumen bestandener Rasenstreifen säumt. Dahinter schließt sich die Straße an, nach der hin für gewöhnlich die Wohnbereiche des Hauses liegen. Beinahe jeder von Wrights Entwürfen zeigt diese grundsätzlich urbane Struktur, die den übergeordneten architektonischen Bezugsrahmen bildet, ohne den die einzelnen Gebäude keinen Sinn ergeben. Allerdings hat Wright seine Momente der Revolte gegen diese Ordnung: er versucht, seine Häuser auf Podien zu setzen, um sie etwas über das Straßenniveau anzuheben, und er liebt es, den Eingang beinahe bis zur Unkenntlichkeit zu tarnen. Auch verzichtet er auf die hohen Frontgiebel sowie die offenen Veranden an der Vorderseite, wie wir sie beim traditionellen amerikanischen Haus im späten 19. Jahrhundert finden, zugunsten niedrigerer Giebel und beinahe flacher Walmdächer, die mehr die Intimität der Familie, der das Haus seinen Schutz spendet, unterstreicht als die Verbindung der einzelnen Wohneinheit mit der Gemeinde im Ganzen. Wright beschäftigte sich wie Freud, und zwar in genau denselben Jahren, mit dem „Familienidyll" des Bürgertums im 19. Jahrhundert. Während Freud den Versuch unternahm, die Geheimnisse der familiären Beziehungen zu entschleiern, war es Wrights Anliegen, die idealen Voraussetzungen für sie zu schaffen, insbesondere für die Erziehung der Kinder. Nicht umsonst heißt das amerikanische Einfamilienhaus auch „Traumhaus".

Trotz dieser Abweichungen und Widerstände müssen Wrights Häuser aus den Jahren in Oak Park im traditionellen urbanen Kontext gesehen werden. Sie stellen einen Bautyp dar, der in den Vorstädten seinen Sinn hat. Ihre Individualität – trotz Wrights Vorliebe für dieses Wort und trotz der Tatsache, daß er beinahe nie von ihrem Kontext spricht, es sei denn, um ihn zu verspotten – hält sich somit in Grenzen, wie dies für die Zeit des Internationalen Stils, besonders seiner späteren Phase, nicht immer zutrifft. Ungeachtet seiner aggressiven Haltung, fügt sich selbst das Larkin Building, wie die Tafel XXXIII [50–52] zeigt, nahtlos in seine Umgebung ein, und gleiches gilt für den Unity Temple, dessen geschlossene Baumasse sehr wohl die Straße aufnimmt, was etwa das Guggenheim Museum später nicht mehr tun wird.

Doch von alledem sahen die europäischen Architekten, als sie die *Ausgeführten Bauten und Entwürfe* betrachteten, so gut wie nichts, und wenn sie es sahen, wußten sie es nicht zu würdigen. Wrights Grundrißtypen führten darum folgerichtig zur Raumidee des Bauhauses, so als wolle man sich von den bestehenden Straßen befreien, und, weit darüber hinaus, zu dem beherrschenden Glauben des Internationalen Stils – seiner mit Abstand schlechtesten Idee –, all die herkömmlichen Städte und Vorstädte mitsamt ihren Bauten seien schlicht lächerlich und verdienten, bei jeder sich bietenden Gelegenheit mit Verachtung gestraft zu werden. In dieser Hinsicht vereinten sich Wrights Kompromißlosigkeit, seine Geringschätzung der jüngsten Vergangenheit und seine individualistische demokratische Polemik miteinander zu dem Zweck, die moderne Stadt zu zerstören, welche doch immerhin die letzte große Hervorbringung der modernen Kunst war.

Vielleicht war dies alles sehr amerikanisch an Wright. Er *wollte* integrierend wirken, aber das wollte er unter allen Umständen *allein*. Die Zeichnungen, die er in Florenz überarbeitete, Tafel LIII [81, 82] und LXII [95, 96], entschweben allmählich in den luftleeren Raum, die Gehwege verblassen, die Straßen lösen sich auf, bis die Entwürfe schließlich nur noch auf sich selbst verweisen, als wollten sie ein Diktum Wallace Stevens' bewahrheiten: „Die amerikanische Vorstellung vom Erhabenen . . . der reine Geist im freien Raum."

Welch eine seltsame moderne Vision, und wie deutlich tritt sie in diesem Werk zu Tage. Während die Publikation in Amerika praktisch ignoriert wurde, war ihr Erfolg in Europa so groß, daß sich ihm nur ein Jahr später eine weitere anschloß, *Frank Lloyd Wright: Ausgeführte Bauten*, ein bescheideneres Werk, das Photographien und Entwürfe fertiger Arbeiten in sich vereint. Auch diese Veröffentlichung wurde zu einem wichtigen Dokument der Architektur des 20. Jahrhunderts, und sie tat Wright den großen Dienst, der Welt zu zeigen, wie seine Entwürfe in der Realisierung aussahen. Dennoch bleibt das vorliegende Werk einzigartig. Es skizziert eine edle Version und feiert ihr Andenken; in ihm erfüllt sich beinahe ein Traum. Vielleicht wird seine Neuauflage Amerika nun ebenso aufrühren wie die Erstauflage Europa vor mehr als zwei Generationen.

VINCENT SCULLY

# AUSGEFÜHRTE BAUTEN UND ENTWÜRFE VON FRANK LLOYD WRIGHT.

Nach der Veröffentlichung eines früheren Artikels, den ich in der Absicht geschrieben habe, die Natur des Glaubens und der Art und Weise, welche dieses Werk geschaffen haben, festzustellen, hat sich mir Gelegenheit geboten, die Werke jener herrlichen Gruppe der Florentiner Architekten, Bildhauer und Maler als da sind: Giotto, Arnolfo, Pisano, Brunelleschi und Bramante, Sansovino und Michel Angelo zu studieren.

Keine Grenze war zwischen den Künsten ihrer Epoche gezogen. Einige Werke der Skulptur sind gute Malerei, das meiste der Malerei ist gute Skulptur, und in beiden liegen die Vorbilder der Architektur. Wo diese Vermischung nicht eine harmonische Verschmelzung ist, ist sie ebenso staunenerregend wie unglücklich. Der Versuch, die Werke streng als reine Malerei, reine Skulptur oder reine Architektur zu klassifizieren, würde ganz unmöglich sein, selbst wenn es auch für erziehliche Zwecke wünschenswert wäre. Aber sei dem, wie es wolle, was diese Männer von Florenz von ihren griechischen, byzantinischen und römischen Vorfahren sich zu eigen gemacht hatten, vermachten sie Europa als den Kern der Renaissance, und diese hat, wenn wir den gotischen Einfluss des Mittelalters davon abziehen, die Seele der akademischen schönen Künste Europas ausgemacht. Von diesen italienischen Leuchten wurden Tausende von französischen, deutschen und englischen Lichtern entflammt, welche loderten, für eine Zeit schwach flackerten und bald in der Sinnlichkeit und Übertreibung späterer Perioden nur noch glimmten, bis sie in banaler Architektur wie in der des Rokoko oder in namenlosen Bauarten, wie z. B. der des Louvre, ganz verlöschten.

Das bezieht sich auf jene Bauwerke, welche mehr oder weniger professionelle Verkörperungen eines Strebens nach dem Schönen waren, welche gewissenhaft danach trachteten, schön zu sein. Trotzdem liegt hier, wie anderswo, die wahre Basis für irgendein ernsthaftes Studium der Baukunst in jenen einheimischen Bauwerken, jenen bescheidensten Bauten, welche für die Architektur das sind, was die Volkssagen für die Literatur oder die Volkslieder für die Musik bedeuten, und für die die Architekten sich selten interessierten. In dem Aggregat derselben liegen die Züge, welche ihre Natur charakteristisch deutsch, italienisch, französisch, holländisch, englisch oder spanisch gestaltet — je nachdem. Die Charakterzüge dieser Bauwerke sind national, und wenn oft auch nur schwach angedeutet, so hängt doch ihre Kraft eng zusammen mit der Umgebung und den Lebensgewohnheiten des Volkes. Ihre Funktionen werden wahrhaft aufgefasst und mit natürlichem Gefühl ausgeführt. Sie sind immer lehrreich und oft schön. So liegt unter den ehrgeizigen und selbstbewussten Blüten der menschlichen Seele, den Ausdrücken der „Marienabgötterei" oder der Anbetung der Göttlichkeit, dem Kriechen vor der weltlichen Macht, die ruhige Liebe zum Leben. Diese findet unvermeidlich den rechten Weg und tut sich kund in lieblicher Färbung, anmutiger Linie und harmonischer Anordnung, ungestört durch irgendeine bestimmte Last, und ebenso unbekümmert um die Gelehrsamkeit oder sich derselben ebensowenig verpflichtet fühlend, wie die Blume am Wege, welche ihre Blumenblätter aufwärts zur Sonne wendet, sich um den Pflanzer, welcher an ihr vorübergeht, kümmert oder sich ihm im geringsten für die Konstruktion ihrer Blumenblätter oder die Gleichmässigkeit ihres Baues zu Dank verpflichtet fühlt.

Von dieser Lebensfreude gibt es nirgends deutlichere Beweise als in Italien. Gebäude, Bilder und Skulpturen scheinen wie die Blumen am Wege geboren zu sein und sich selbst in das Dasein hineinzusingen. Im Geiste ihrer Idee betrachtet, flössen sie uns die wahre Musik des Lebens ein.

Kein echt italienisches Gebäude scheint sich in Italien nicht an seinem Platze zu fühlen: Alle sind glücklich zufrieden mit dem Schmuck und der Farbe, die sie so natürlich tragen wie die Felsen und Bäume und Gartenabhänge, welche eins mit ihnen sind. Wo immer sich eine Zypresse erhebt, da gruppieren sich, wie hingezaubert, alle diese Dinge in harmonischer und vollständiger Weise.

Das Geheimnis dieses unaussprechlichen Reizes würde vergebens in der verdünnten Luft der Scholastik oder der pedantischen schönen Kunst gesucht werden. Es ist eng mit dem Boden verwachsen. Es ist so einfach, dass es für moderne Geister, welche in geistiger Gymnastik trainiert sind, in gar keiner Beziehung zu grossen Zwecken zu stehen scheint, ebensowenig wie eine Handvoll feuchter Erde. Es liegt so nah, dass es fast allgemein übersehen wird.

Am Wege zieht uns irgendeine Blume durch ihre ungewöhnlich leuchtenden Farben oder ihre Formenschönheit an; machen wir vor ihr Halt, so nehmen wir ihre vollkommene Lieblichkeit dankbar in uns auf; wenn wir nun aber versuchen, das Geheimnis ihres Reizes zu entdecken, so finden wir, dass die Blüte, die zuerst unsere Aufmerksamkeit fesselte, in engster Beziehung zu der Textur und der Gestalt ihrer Blätter steht, wir entdecken eine seltsame Sympathie zwischen der Form der Blume und dem System, nach welchem die Blätter um den Stengel geordnet sind. Und diese Beobachtung führt uns zu einer anderen, zu der charakteristischen Gewohnheit des Wachstums und der daraus resultierenden Natur des Baus, dem sein Weg und seine Gestalt in den Wurzeln vorgeschrieben ist, die in der warmen Erde verborgen liegen, und durch das beständige Bedecken mit vermoderten Blättern feucht gehalten werden. Diese Bauart geht von dem Allgemeinen zum Besonderen in ganz unvermeidlicher Weise über, bis sie schliesslich die Blüte erreicht, welche in ihren Linien und Formen die Natur des Baus zeigt, welcher sie erzeugte. Es ist eine organische Einheit. Gesetz und Ordnung ist die Grundlage ihrer vollendeten Anmut und Schönheit. Anmut und Schönheit sind der Ausdruck der fundamentalen Bedingungen in Linie, Form und Farbe, und ihr Vorhandensein dient dazu, sie nach irgendeinem Plane vollendet zu gestalten.

Wir können keineswegs beweisen, dass Schönheit das Resultat dieser harmonischen inneren Bedingungen ist; wir finden, dass das, was uns durch Jahrhunderte als Schönheit angezogen hat, diese Elemente des Geistes und der Ordnung in seinem innersten Wesen kennt. Auch bedarf es nicht langer Zeit, um die Tatsache festzustellen, dass keine dauernde Schönheit diese Elemente, die immer als Bedingung ihres Daseins gegenwärtig sind, nicht kennt. Es wird sich bei jedem Studium von Formen oder grossen Stilarten, welche die Menschheit für schön gehalten hat, zeigen, dass diejenigen, welche sich am längsten erhielten, die sind, welche im grössten Umfange diese Bedingungen erfüllt haben. Das Wachstum einer Sache kommt für uns nicht in Betracht, weil die Natur des Lebens ausser unserem Bereich liegt, und ein Studium in dieser Beziehung ganz zwecklos wäre.

Das Wesen der Schönheit ist für uns ebenso geheimnisvoll wie das Leben. Alle Versuche, auszudrücken, was sie ist, würden ebenso töricht sein, als wenn man das Fell der Trommel abnehmen wollte, um herauszufinden, woher der Ton kam. Aber wir können mit Nutzen diese Wahrheiten der Form und des Baues studieren, ebenso wie gewisse Tatsachen der Form mit Bezug auf ihre Funktion, materielle Züge der Linie, die charakterbestimmend sind; gewisse Gesetze des Baues, die der Natur, von der wir selbst nur ein Teil sind und mit der wir eins sind, innewohnen: Wahrheiten also, in Harmonie mit unserem innersten Wesen und folglich von uns als gut befunden. Wir fühlen instinktiv, dass das Gute, Wahre und Schöne eins ist in den letzten Konsequenzen einer analytischen Untersuchung. In uns ist eine göttliche Bestimmung des Wachstums und zwar auf ein ganz bestimmtes Ziel hinleitend: demgemäss wählen wir als gut alles, was in Harmonie mit diesem Gesetz steht.

Wir streben nach dem Licht geistig, wie die Pflanze physisch, wenn wir gesund und nicht überbildet sind.

Wenn wir ein Etwas als schön empfinden, so ist es, weil wir instinktiv die Richtigkeit der Sache anerkennen, das heisst, dass wir einen Strahl von etwas empfangen, das in unserer eigenen Natur schlummert — unbewusst und ungeweckt — und das uns durch einen Instinkt enthüllt und offenbart wird, der feiner und mächtiger im Schildern ist als unser eigener; ein Strahl der Wahrheit durchfährt uns — eine Vision der Harmonien, die nicht heute, aber vielleicht morgen zerlegt oder verstanden werden kann.

Wenn dies so ist, woher kommen dann Korruptionen wie die Renaissance? Von falscher Bildung; von der Verwechslung des Seltsamen mit dem Schönen, der verhängnisvollen Neigung, die Empfindung, die das Seltsame in uns hervorruft, als Wirkung des Schönen anzusehen; und diese Neigung steigert sich in dem Masse, wie die Zivilisation sich von der Natur entfernt und in Unkenntnis oder zum Trotz des natürlichen Gesetzes Übereinstimmungen herstellt.

Die Auffassung des Schönen bei den alten Völkern, den Mongolen, Indern, Arabern, Ägyptern, Griechen und Goten war durchaus richtig. Sie besassen die Kenntnis der Schönheit in hochentwickeltem Sinne, und ihr Werk ist uns heute so verständlich, dass eine andere und wahrere Renaissance daraus entstehen wird, welche das tote Holz davon abhauen und den aufgehäuften Kehricht von Jahrhunderten falscher Erziehung beiseite fegen wird. Sie wird durch eine Rückkehr zu einfachen abstrakten Formen, die in Harmonie mit der Natur stehen, kommen, zuerst durch ein vereinfachendes Verfahren. Nachdem wir dann die geistigen Lehren in uns aufgenommen haben, welche der Osten fähig ist, den Westen zu lehren, können wir auf dieser Basis die höher entwickelten Formen, deren unser höher entwickeltes Leben bedürfen wird, aufbauen.

Die Natur in diesem Sinne, auf diese Weise gesucht, kann uns allein von der hoffnungslosen Verwirrung der Ideen retten, die aus der Behauptung entstanden ist, dass Schönheit ein Gebilde der Laune sei, ein Einfall der Fantasie, dem einen göttlich, dem andern widersinnig, dem dritten bedeutungslos erscheinend. Wir kennen zu gut die Behauptung, dass, wenn jemand elf Zylinderhüte auf die Spitze seines Hausgesimses stellen und sie schön finden würde, sie auch Schönheit wären. Ja, vielleicht für ihn; aber der einzig mögliche Schluss, den wir daraus ziehen können, ist der, dass er, ebenso wie die elf Hüte auf dem Gesims, nicht schön ist, weil Schönheit für ihn eine äusserste Verletzung aller Harmonien, jedweder Ordnung in seiner eigenen Natur ist. Unorganische Dinge von keiner richtigen Beziehung zueinander schön zu finden, heisst nur den Mangel an Schönheit in sich selbst beweisen; seine Unfähigkeit, der Schönheit zu dienen und sie andern mitzuteilen; noch eine weitere irreführende Verwechslung des Seltsamen mit dem Schönen — das ist alles.

Die Bildung scheint den modernen Menschen weniger als den Wilden zu befähigen, die Grenze zwischen diesen beiden Eigenschaften zu ziehen.

Eine Kenntnis von Ursache und Wirkung in Linie, Farbe und Form wie sie in einer organischen Natur gefunden wird, gibt Leitlinien, an welchen ein Künstler Materiale auswählen, Motive prüfen und Ziele richten kann, und so führt er, wenn auch roh, wenigstens die rationelle Basis seiner Ideen und Ideale aus. Grosse Künstlernaturen tun dies unwillkürlich. Es ist etwas Gefühltes oder Geahntes, eine Inspiration vielleicht, wie die synthetische Analyse ihres Werks zeigt. Die Poesie, welche Prophezeiung ist, ist keine Sache für Demonstration. Aber was von grossem Wert für den Künstler beim Forschen nach dieser Art ist, ist die Kenntnis jener Tatsachen der Beziehung, jener Eigenschaften der Linie, Form und Farbe, die selbst eine Sprache der Empfindung sind und die Fichte als Fichte charakterisieren, verschieden von denen, die die Weide als Weide bestimmen; jene charakteristischen Züge, welche die Japaner graphisch ergreifen und ohne fehlzugehen auf einfache Geometrie reduzieren, die graphische Seele des Dinges, wie man sie in den geometrischen Analysen von Hokusais sieht. Korin war bewusster Meister des Wesentlichen in allem, was er auch darstellte, und sein Werk steht da wie eine überzeugende Offenbarung der Seele des Gegenstandes, den er schilderte, als unverfälschte Niederschrift seines Wesens, seiner Poesie, welche weit von Realismus oder dem Realistischen entfernt war. So wird es mit jedem grossem Werke sein, bei Velasquez, bei Franz Hals, in der gotischen Architektur, in allem ist ein organischer Charakter.

Durch Kenntnis der Natur in diesem Sinne allein können die leitenden Prinzipien festgestellt werden. Ideale, welche innerhalb dieser Grenzen gewonnen werden, sind niemals verloren, und ein Künstler kann seiner „Bildung" Trotz bieten „Wenn er wirklich in diesem Sinne der Natur gehorcht, kann er ein Rebell gegen seine Zeit und ihre Gesetze, aber niemals gesetzlos sein."

Die verderbten Perioden der Kunst sind weit entfernt von irgendeiner Vorstellung dieser Grundsätze. Renaissance, Barock, Rokoko, die Stilarten der Ludwige sind nicht eine Entwicklung von innen heraus. Es liegt wenig oder nichts Organisches in ihrer Natur. Sie sind von aussen angelegt. Die Freiheit von dem Joch der Autorität, welche die Bewegung den Menschen gab, war ein grosser Gewinn, aber scheinbar nur, um sie um so fester an Tradition zu binden und die Kunst des Mittelalters, ohne die Möglichkeit einer Verbesserung, zu verderben. Man kann nicht in die schönen Bauwerke dieser grossen Periode eintreten, ohne furchtbaren Hass gegen die Renaissance in seiner Seele aufkeimen zu fühlen. Sie erweist sich als das Achtloseste, Zerstörendste in ihrer grässlichen Verderbtheit. In jedem Lande, in welchem die Gotik oder der byzantinische oder romanische Baustil, der dem byzantinischen so nah verwandt war, wuchs, ist sie ein seelenloser Gifthauch, eine Warnung, eine wirkliche Verdammnis des Schönen. Die schönen Dinge, die sie uns hinterliess, entstanden ihrer Natur zum Trotz oder zu einer Zeit, als sie am wenigsten sie selbst war.

Deshalb sind Gebäude, die aus wirklichen Bedürfnissen entspringend entstanden und die ihrer Umgebung angepasst sind von Leuten, die nicht besser wussten, als sie hierfür mit natürlichem Gefühl passend zu machen, Gebäude, die wie Folklore und Volkgesang entstanden sind, mehr des Studiums wert, als höchst selbstbewusste akademische Versuche des Schönen; akademische Versuche, die die Nationen gemeinsam als ein Geschenk Italiens zu besitzen scheinen, nachdem sie ihre Quellen der Inspiration anerkannt haben.

Die römische Architektur, auf welche die Renaissance grösstenteils basiert war, ist weniger organisch als irgendeine grosse Architektur. Sie war gewaltig aufgeführt. Ihre Formen, mit Ausnahme der Bogenform waren schon von der griechischen entlehnt und verderbt und so zum Untergange durch Nachahmer vorherbestimmt.

Die griechische Kunst selbst war eine edle, schöpferische Kunst, die nur verstanden und geschätzt werden kann unter dem wunderbar blauen griechischen Himmel und in ihrer Lage in nackter, unfruchtbarer Landschaft, auf mächtigen Felsen und Höhen, an den denkbar blauesten Seen. Dort sang das Vielfarbige, das ihr Leben war, in der klaren Luft; seine einfachen reinen Formen, die sich mit wunderbarer Wirkung gegen den Himmel abhoben, jede einzige einfache Form wurde eine scharf geschnittene Basis für alle Arten durcheinanderspielender Farben. Barbarisch war es und schön.

In trüberem Klima würde es etwas Kaltes und Gemaltes sein. Da die Malerei als wirkungslos anerkannt wird, erscheint sie uns, wenn sie nachgeahmt wird, in demselben Grade gefühllos und heidnisch wie ihre blossen Formen edel in sich selbst sind.

Alle Architektur, die dieses Namens würdig ist, ist ein Wachsen in Übereinstimmung mit dem natürlichen Gefühl und den industriellen Mitteln, um wirklichen Bedürfnissen zu dienen. Sie kann nicht von aussen angezogen werden. Ausser der Sympathie mit dem Geist, der sie geschaffen und einem Verständnis für die Ideale, die sie geformt hat, gibt es wenig, das man von ihr richtig benutzen kann. Jedweder Versuch, Formen, die einer anderen Zeit und anderen Verhältnissen entlehnt sind, zu gebrauchen, muss ebenso enden, wie die Renaissance endet — mit völligem Verlust des natürlichen Zusammenhangs mit dem Seelenleben des Volkes; es wird etwas Fremdes in den Händen der „Professoren", das wenig mehr bedeutet als eine Maske für irgendein Geschehnis oder ein Zeichen weltlicher Macht für diejenigen, deren Leben durch sie belastet, aber nicht zum Ausdruck gebracht ist; ein schrecklicher Verlust für das Leben, für den die Wissenschaft niemals entschädigen kann. Bauwerke werden immer der kostbarste Besitz in der Menschen Umgebung sein, das, was am meisten Bildungswert hat. Aber bis das Volk wieder Freude empfinden wird an der Architektur als an einer lebenden Kunst, die man den Gebäuden aller wirklich grossen Perioden aufgeprägt sieht, oder vielmehr solange, als verderbte Ideale die Maske für wirkliche Tatsachen und Züge bewahren — die Maske, die die Renaissance trug, solange wird die Architektur etwas Totes bleiben. In der ganzen Bewegung kann man die Kunst nur zu dem Niveau eines Hilfsmittels herabgedrückt sehen. Welche Zukunft hat ein Volk, das damit zufrieden ist? Es ist dann ein Volk, dessen Leben in jedem edlen Sinne des Wortes gelebt ist — ein Ueberleben von Parasiten, die sich von vergangener Grösse nähren; ein Volk, für das Frieden und Wohlbefinden auf der Lebensreise das einzige Ideal ist auf dem Wege zu ihrer Vernichtung durch irgendein barbarisches Geschlecht, das Ideale und heftiges Verlangen nach ihrer Verwirklichung in edler konkreter Form hat.

In Amerika ist man durch diese Zustände in schlimmere Irrtümer geraten als in Europa, weil die Amerikaner keine traditionellen Formen haben, mit Ausnahme derer, die nach und nach von allen Völkern angehäuft worden sind, die sich aber nicht ohne Opfer den neuen Zuständen anpassen; und folglich gibt es auch in Amerika keine wahre Verehrung für Tradition. Da die Architektur eine Notwendigkeit ist, so treffen die amerikanischen Architekten ihre Auswahl unter dem Lager „fertiger Architektur" in der ganzen Welt, und sie haben den meisten Erfolg, wenn sie Form für Form, Linie für Linie wiedergeben und Einzelheiten nach photographischen Aufnahmen von den Originalen anfertigen.

Gewiss, das geht. Die Menschen werden architektonisch eingekleidet und überdacht. Die modernen Bequemlichkeiten werden sehr geschickt, wie wir zugeben müssen, eingeschmuggelt. Aber ist dies Architektur? Formte die Tradition in dieser Weise grosse Stile? Liegt in dieser vielzüngigen Verwirrung geborgter Formen ein grosser Geist, der Ordnung aus diesem Chaos schaffen wird? Lebenskraft, Einheit und Grösse aus Hohlheit und Disharmonie?

Die Ideale der Renaissance werden uns nicht retten, denn die Renaissance selbst war unorganisch.

Ein Begriff dessen, was eine organische Architektur bildet, wird uns zu besseren Dingen führen, sobald er einmal in Herz und Geist der Menschen gepflanzt ist, deren Mittel und Kenntnis, deren wirkliche Macht unzweifelhaft ist, und die nicht durch Hilfsmittel und Formen, deren Natur und Ursprung sie nicht in Beziehung zu dem Geist, der sie erschaffte, studiert haben, im Banne gehalten werden. Die Natur dieser Formen wird nicht in lebensfähigem Sinne in der bildenden Kunst, auch nicht in irgendeiner Schule, in der Architekten gebildet werden, gelehrt.

Eine Wiederbelebung des gotischen Geistes ist in der Kunst und Architektur des modernen Lebens nötig; eine Auslegung der besten Traditionen, die wir in der Welt haben, die wir mit unsern eigenen Methoden gebildet haben, nicht ein dummer Versuch, ihre Formen an ein Leben zu fesseln, das ihnen entwachsen ist. Das Wiederbeleben des gotischen Geistes heisst nicht, dass wir die Formen der gotischen Architektur, die uns vom Mittelalter überliefert worden sind, gebrauchen sollen. Es bedeutet durchaus etwas ganz Verschiedenes. Die Zustände und Ideale, die die Formen des XII. Jahrhunderts bestimmten, sind nicht die Zustände und Ideale, welche die Formen des XX. Jahrhunderts wahrhaft festsetzen können. Der Geist, der jene Formen bestimmte, ist der Geist, der die neuen Formen befestigen wird. Klassizisten und Schulen werden die neuen Formen ableugnen und keine Gotik in ihnen finden; das wird kein grosser Schaden sein. Sie werden doch weiter leben, ihr Werk ruhig und wirksam tun, bis die geborgte Kleidung, welche von den Akademien zurechtgeschnitten worden war, weggeworfen ist, nachdem sie nur dazu gedient hatte, die Nacktheit eines Moments zu verbergen, da die Kunst abgesondert, akademisch und fremd für das Leben des Volkes wurde.

Amerika bietet mehr als andere Nationen ein neues architektonisches Problem. Sein Ideal ist die Demokratie, und in demokratischem Geiste sind seine Einrichtungen unverhohlen ausgedacht. Das heisst, dass es eine Lebensprämie auf Individualität setzt; die höchstmöglichste Entwicklung mit dem harmonischen Ganzen, in dem Glauben, dass das Ganze, dem man dadurch nützen will, dass man jene Eigenschaft des Individuums opfert, die rechtmässigerweise als seine Individualität angesehen wird, verloren geht; in dem Glauben, dass das Ganze, um würdig ein Ganzes zu sein, aus individuellen Einzelwesen, die nicht von aussen durch ein Joch aneinander gefesselt sind, sondern von innen vereinigt sind, mit der Berechtigung, sich in Einheit zu bewegen, jedes in seinem eigenen Bereich, doch so, dass dieses Recht in höchstmöglichem Grade für alle bewahrt bleibt. Dies bedeutet grösseres individuelles Leben und mehr Zurückgezogenheit! Lebensinteressen, welche ganz privater Natur sind. Es bedeutet ein in grösserer Unabhängigkeit und Abgeschiedenheit gelebtes Leben, mit allem, wonach ein englischer Edelmann strebt, ohne dass er gewillt wäre, für sein Privilegium den von ihm verlangten Preis an Fürsorge und Schutz zu bezahlen. Dieser Freiheitstraum, wie er von der Unabhängigkeitserklärung verkündet ist, ist dem Herzen jedes Menschen teuer, der den Geist amerikanischer Einrichtungen erfasst hat; folglich also das Ideal jedes Menschen, der amerikanisch denkt und fühlt. Individualität ist ein nationales Ideal. Wo dieses zu kleinlichem Individualismus ausartet, ist es nur ein Beweis von Schwäche in der menschlichen Natur, und kein verhängnisvoller Flecken in dem Ideal.

In Amerika hat jeder Mensch ein besonders unveräusserliches Recht, in seinem eigenen Hause nach seiner eigenen Weise zu leben. Er ist ein Pionier im wahren Sinne des Wortes. Seine häusliche Umgebung darf sich frei zeigen, darf seinen Charakter, seinen Geschmack und seine Ideen, wenn er welche hat, und jeder Mensch hat irgendwelche, widerspiegeln.

Dies ist ein Zustand, vor welchem Europäer mit ihrem grossen Respekt vor den traditionellen Formen, die sie aus Pflichtgefühl bewahren müssen, wahrhaft entsetzt stehen. Ein Amerikaner ist verpflichtet, Traditionen in Harmonie mit seinen Idealen, mit seinem noch nicht durch Kultur verdorbenen Boden, mit seinen industriellen Gelegenheiten herzustellen, und industriell ist der Amerikaner (wegen seiner fortschrittlichen Natur) mehr auf Maschinen angewiesen als irgendein anderer Mensch. Ihnen verdankt er Behagen und Hilfsquellen, das, was ihm die Herrschaft über ein unzivilisiertes Land verschafft hat.

Seine Maschine, das Werkzeug, in welchem seine Zukunft liegt, kann nur die traditionellen Formen anderer Völker und früherer Zeiten töten. Er muss neue Formen, neue industrielle Ideale erfinden oder sowohl seine Chancen wie auch seine Formen vernichten. Aber unter den Formen gab es zu allen Zeiten gewisse Bedingungen, welche diese bestimmten. In ihnen allen war ein menschlicher Geist, und in Übereinstimmung mit diesem wuchsen sie. Und insofern die Formen wahre Formen waren, werden sie sich auch als organische Formen erweisen: mit andern Worten, ein Herauswachsen aus den Bedingungen des Lebens und der Arbeit, die sie durch ihr Entstehen zum Ausdruck bringen wollten. Sie sind schön und bedeutungsvoll, wenn sie in dieser Beziehung studiert werden. Sie sind für uns tot, wenn sie als etwas Geborgtes dastehen.

Ich habe dies Gefühl für den organischen Charakter der Form und der Behandlung den gotischen Geist genannt, denn er war vielleicht vollständiger in den Formen jener Architektur als in irgend einer andern verwirklicht. Wenigstens sind die unendlich verschiedenen Formen jener Architektur organisch deutlicher und genauer als die irgend einer andern, und der Geist, in welchem sie aufgefasst und ausgearbeitet wurden, war ein Geist von absoluter Unverfälschtheit der Mittel zum Zweck. In diesem Geiste wird Amerika die Formen finden, die am besten seinen Gelegenheiten, seinen Zwecken und seinem Leben angepasst sind.

Alle die grossen Stilarten sind, wenn sie von innen heraus studiert werden, geistige Schatzhäuser für die Architekten. Werden sie aber als Formen verpflanzt, so sind sie Grabdenkmäler eines Lebens, das gelebt worden ist.

Dieses Ideal der Individualität hat sich schon rücksichtslos seinen Weg durchgebahnt und macht sich bereits bemerkbar in den toten Körpern der fremden Formen, welche es in achtloser Schwelgerei, die sowohl im Osten wie im Westen in ein wirkliches Durcheinander ausartet, überall verbreitet und ausgestreut hat.

Brown ruft nach Renaissance, Smith nach einem französischen Schloss, Jones nach einem englischen Herrenhaus, Mc Carthy nach einer italienischen Villa, Robinson nach Hanseatischem, und Hammerstein nach Rokoko, während die konservativen Familien mit spröder selbstbewusster Überlegenheit am „hergebrachten Backwerk" festhalten. In allem diesen findet man den äussersten Ausdruck des Unorganischen. Die Renaissance endete hierin: etwas, das Zeit, Ort oder Volk absolut fernstand; ein geborgter Putz, hastig angetan, mit keinem grösseren Begriff seiner Bedeutung oder seines Charakters als den, den Titania von dem Esel hatte, den sie liebkoste. „Alles eine Sache des Geschmacks", wie die elf Zylinderhüte auf dem Gesims.

Eine Reaktion war unvermeidlich.

Von dieser Reaktion zu sprechen, fühle ich mich befähigt, denn dieses Werk ist nach dem Werk von Louis Sullivan der erste folgerichtige Protest in Ziegeln und Mörtel gegen dieses klägliche Verderben, und ist ein ernstlicher Versuch, einige industrielle und ästhetische Ideale zu formulieren, die eines Amerikaners Heim ruhig und vernunftgemäss gestalten und dazu beitragen könnte, es schön zu machen. Dies kann aber nur dann der Fall sein, wenn er es mit seinen eigenen Werkzeugen, ohne Missbrauch derselben geschaffen und es sich selbst in jeder Hinsicht gewidmet hat.

Die Ideale von Ruskin und Morris in ihrer blinden Opposition gegen die Maschine, und der Unterricht in der Akademie der Beaux Arts sind bis auf unsere Tage die massgebenden Autoritäten in Amerika gewesen, und haben beständig unsere Gelegenheiten sowohl verwirrt, wie sie auch in mancher Hinsicht uns offenbart haben. Auch der Amerikaner, der von diesem Zustand der Dinge angewidert ist, da er vor seinen Augen die schöne Harmonie in der Architektur eines englischen Dorfes, eines europäischen ländlichen Städtchens oder in dem grossangelegten Plan von Paris hat, ist leicht überredet worden, dass er nichts Besseres tun könnte, als einen Stil anzunehmen, der ihm am wenigsten fremd ist, an diesem festzuhalten und ihn immer weiterzupflanzen; eine in jedem Fall nutzlose parasitische Handlung. New York ist, was den äusseren Schmuck betrifft, eine Reklame der Akademie der schönen Künste, während das Innere seiner Gebäude den amerikanischen Ingenieur verrät.

Andere Städte sind New Yorks Führung gefolgt.

Unsere besten Wohnhäuser sind meistens veränderte und ausgeschmückte Beiträge englischer Architektur, mit Vorhallen und allem Komfort: das Resultat — ein elender Mischling in den meisten Fällen. Ihr Anstrich ist ein äusserst abgeschmackter, und man merkt ihnen an, dass sie sich des Mangels der Traditionen und des Versuches der schnell reich gewordenen Bürger, Traditionen „ready made" zu kaufen, schmerzlich bewusst sind. Sie erstrecken sich weit vorwärts, sind aber doch mit dem Gesicht rückwärts gewandt, und sind so charakteristische Beispiele eines deutlichen Verfalles geworden.

Der Hauptpunkt in allem diesen ist die Tatsache, dass die Wiederbelebung der Ideale einer organischen Architektur mit diesem schnell sich vermehrenden Flug ausländischer Narrheit wird kämpfen müssen. Selbst der einigermassen gebildete Amerikaner, der, entgegen seiner gewöhnlichen Weise in anderen Dingen, sich seiner Niedrigkeit in betreff von Kleidung und Architektur peinlich bewusst ist und ins Ausland geht, um sicher zu sein, dass sie beide richtig sind, beunruhigt sich nicht länger darüber, ja vergisst beides, sobald er einmal die Gewissheit hat — ein Zug, der charakteristischer für den Osten als für den Westen ist. Der echt amerikanische Geist,

17

der befähigt ist, eine Streitfrage um ihrer selbst willen und nach ihrem Werte zu beurteilen, findet sich im Westen und Mittelwesten, wo ein weiter Blick, unabhängiges Denken und ein Trieb, gesunden Menschenverstand in das Bereich der Kunst und des Lebens zu bringen, charakteristischer ist. Nur in einer Atmosphäre dieser Natur kann der gotische Geist in der Baukunst neu belebt werden. In dieser Atmosphäre, unter Auftraggebern dieses Typus, habe ich gelebt und gearbeitet.

Es ist etwas Widerwärtiges, gesunden Menschenverstand in den heiligen Bereich der Kunst zu bringen und in akademischen Kreisen höchst unbeliebt. Es ist eine Art Flachheit, aber einige dieser verwickelten Fragen sind von den Gelehrten und Akademikern so mit Legenden von „guter Schule" durchsetzt, dass ihre wahre Natur verborgen ist. Wenn wir sie mit gesundem Menschenverstand zu lösen versuchen, werden sie kindlich einfach.

Ich glaube, dass jede Frage von künstlerischer Bedeutung, welche einen Geschäftsmann betrifft, der einen Bau ausführen lassen will, dem gesunden Menschenverstand desselben überlassen werden kann; und wenn ihm so die Gelegenheit gegeben ist, gibt er selten eine falsche Entscheidung. Die Schwierigkeit, die dieser Mann in der Renaissance findet, wenn er versucht in ihr Wesen einzudringen, das heisst, wenn er mehr tut, als nur den Befehl zur Ausführung zu geben, rührt von der Tatsache her, dass diese Kunst ihm keine organische Basis zu geben hat, keinen guten Grund, etwas — gerade in jener Weise mehr als in einer andern zu tun, eine Weise, die weder von ihm, noch irgendeinem andern begriffen werden kann; es ist alles nur Sache des Geschmacks. In einem organischen Plan liegen treffliche Gründe, warum die Sache so ist, wie sie ist, warum sie da ist, und wohin sie zielt. Wenn nicht, sollte sie nicht weiter gehen, und gewöhnlich geht sie dann auch nicht weiter. Die Menschen selbst sind ein wesentlicher Bestandteil des organischen Dinges und tragen so zu seiner Erzeugung bei. Sie können es verstehen und es sich zu eigen machen, und auf diese Weise ist es die einzige populäre Form des Kunstausdruckes, die für eine Demokratie in Betracht kommen kann, und ich gehe sogar so weit, zu sagen, dass sie die wahrste aller Formen ist.

So behaupte ich, dass die hier erläuterten Bauwerke, in sich selbst betrachtet, grösstenteils im gotischen Geist ausgedacht und zu Ende geführt worden sind, sowohl in dieser Hinsicht als auch in bezug auf die Werkzeuge, durch die sie hergestellt wurden, in bezug auf die Arbeitsmethoden und schliesslich auch in bezug auf ihre organische Natur. Dies sind Einschränkungen, reizlose Einschränkungen, aber es gibt kein Projekt in den schönen Künsten, das nicht ein Problem wäre.

Mit dieser Idee als Basis verbindet sich noch ein weiterer Begriff über die Bedeutung eines Gebäudes.

Die Frage entsteht nämlich: Was ist Stil? Das Problem bleibt nicht länger eine Sache der Arbeit in einem vorgeschriebenen Stil, sondern es handelt sich jetzt darum, was für Veränderungen er ohne Sinnwidrigkeit erleiden kann, wenn der Besitzer zufällig ein ruheloses Individuum ist; deshalb ist diese Frage nicht leicht zu beantworten.

Was ist Stil? Jede Blume hat ihn; jeder Baum hat ihn; jedes Tier hat ihn; jedes Individuum, würdig des Namens, hat ihn in gewissem Grade, gleichviel wie viel das Sandpapier für ihn getan haben mag. Er ist ein freies Produkt: ein Naturprodukt, das Resultat eines organischen Herausarbeitens, eines Projektes in Charakter und eines Zustandes des Gefühls.

Einer harmonischen Wesenheit, welcher Art sie auch sei, kann in ihrer Ganzheit der Stil im besten Sinne nicht fehlen.

In Sachen der Kunst kann das individuelle Gefühl des Schöpfers dem Werke, das er schafft, nur die Farbe seiner eigenen Neigungen und Abneigungen, seinen eigenen Geist, verleihen. Er gibt seine Individualität, aber er wird nicht verhindern, dass das Gebäude für diejenigen charakteristisch ist, für die es gebaut war, weil es notwendigerweise eine Erfüllung der Bedingungen ist, die sie stellen, und weil es ausgeführt ist, um ihren Zwecken in ihrer eigenen Weise zu dienen. In so weit wie diese Bedingungen individuell in sich selbst sind, oder eine Sympathie zwischen den Auftraggebern und ihrem Architekten besteht, wird das Gebäude ihr Gebäude sein. Das Gebäude wird viel wahrer das ihrige sein, als wenn sie in unwissender Selbstsucht törichterweise Mittel, die sie sich noch nicht zu eigen gemacht haben und die sie zu einem nur unklar vorher gesehenen Ziel führen, zu gebrauchen versuchen. Der Architekt ist also ihr Mittel, ihre Technik und ihr Dolmetscher, und das Gebäude eine Verdolmetschung, wenn er ein wahrer Architekt in gotischem Sinne ist. Ist aber sein Hauptinteresse nur auf ein wunderbares Resultat gerichtet, das als Architektur in guter Form zu seinem Ruhm dastehen soll, „der Auftraggeber sei verurteilt", das ist ein Unglück, welches nur eine andere Art des Unverstandes seines Auftraggebers ist. Dieser Architekt ist ein gefährlicher Mann, und es gibt deren viele ausserhalb des Bereiches der gotischen Architekten, und selbst viele von den Anhängern der Gotik sind Versuchungen unterworfen. Aber der Mann, der das Schöne mit Idealen der organischen Natur liebt, ist sich, wenn er ein Künstler ist, zu sehr der Natur seines Auftraggebers als grundlegende Bedingung seines Problems bewusst, als dass er dessen Persönlichkeit ausser acht lassen würde, obgleich er ihm auch etwas geben kann, in das er hineinwächst, etwas, in dem er sich „jetzt" ein wenig unbehaglich fühlt.

Hierin liegen Versuchungen zu Missbräuchen. Wo Unwissenheit der Natur der Sache besteht, oder wo sich kein besonderer Charakter oder keine besondere Vorliebe zeigt, ist es bis zu einem gewissen Grade die Pflicht eines Architekten, seinem Auftraggeber etwas für die Zukunft zu geben, denn dieser hat ihm seine Interessen in Angelegenheiten anvertraut, in welchen er selbst grösstenteils unwissend ist. Ein Auftrag ist also ein dem Architekten anvertrautes Gut. Jeder Architekt ist verpflichtet, seinen Klienten, so weit seine Geschicklichkeit und seine Befähigung reichen, auf den Standpunkt zu bringen, den er als professioneller Ratgeber als den fundamental richtigen hält. Hierin liegt viel Gelegenheit für Betrug des Klienten; Versuchungen, ihn im Interesse der persönlichen Idiosynkrasien zu opfern, so zu arbeiten, wie es für ihn, den Architekten, am leichtesten ist, nämlich seinem Geschmack nach. Aber in jedem anvertrauten Pfand liegt die Chance des Misserfolges. Diese erziehliche Einwirkung zwischen Klient und Architekt ist etwas Selbstverständliches und künstlerisch deshalb von Wert, weil der Architekt den Klienten und der Klient den Architekten erzieht. Und ein gewisser bestimmender Faktor bei dieser Eigenschaft des Stils ist das Resultat, das sich aus diesem Verhältnis zwischen Architekten und Klienten zu der auszuführenden Arbeit ergibt, ebenso wie es auch die bestimmten Elemente der Konstruktion sind. Diese Eigenschaft der Kunst ist etwas äusserst Feines, das es auch so bleiben sollte, anstatt in sich selbst so viel definiert zu werden, damit man es als Resultat künstlerischer Reinheit ansieht.

Der Stil wird also, wenn man für die Bedingungen folgerichtig und künstlerisch Sorge trägt, nach und nach für sich selbst Sorge tragen. Wenn es sich um das Arbeiten in einem bestimmten Stile handelt, so ist es undenkbar für den Bildner eines wahren schöpferischen Werkes, über seine natürliche Vorliebe für gewisse Formen hinauszugehen.

Wenn es gleichartige Bedingungen, gleichartige Werkzeuge, gleichartige Leute sind, so glaube ich, dass Architekten mit richtiger Schätzung für die organische Natur des ausgeführten Werkes zu verschiedenen unter sich durchaus harmonischen Resultaten gelangen werden, zu Resultaten, die aber auch von grosser Individualität sind. Man könnte die ganze gotische Architektur der Welt in eine einzige Nation zusammenfegen und sie mit Gebäuden vermischen, die wie jene vertikal oder diagonal, horizontal behandelt werden; Gebäude und Türme mit flachen Dächern, lange, niedrige Gebäude mit viereckigen Öffnungen, vermischt mit grossen Gebäuden mit spitzen Öffnungen, in all der verwirrenden Verschiedenheit jener wunderbaren architektonischen Kundgebung, und doch würde Harmonie aus dieser allgemeinen Gesamtheit unvermeidlich hervorgehen: denn der Gleichklang herrscht in allen genügend, um sie unwillkürlich in ein harmonisches Verhältnis zueinander zu bringen.

In diesem Ideal einer organischen Arbeit, die mit normalen Mitteln zu einem folgerichtigen Ende führt, liegt das Heil des Architekten, der an keine Schule gebunden ist. Er ist in Wahrheit strenger von diesem Ideal regiert als seine Brüder, die an bestimmte Stile gebunden sind und wird wahrscheinlich seltener als sie zu einem falschen Resultat gelangen.

Also sind wir den Schulen, die das verschiedenartige ihrer Obhut anvertraute Material mit scheelen Blicken ansehen, und die versuchen, die Nation vor dem schrecklichen Übel verkehrter Träume blosser Idiosynkrasie dadurch zu retten, dass sie sie „den sicheren Weg einer guten Kopie lehren", Dank für eine konservative Haltung schuldig; gleichzeitig aber müssen wir sie tadeln, weil sie dem Materiale, das heisst den jungen Architekten, deren die Nation bedarf, keine schöpferischen Ideale geben, die diese von innen heraus genügend erziehen und ihnen gleichzeitig eine Gelegenheit bieten würden, durch ihren eigenen Geist etwas Echtes, das in Berührung mit der Wirklichkeit steht, zu schaffen. Mit anderen Worten sie zu tadeln, weil sie den Schülern nicht den Begriff der Architektur als einen organischen Ausdruck der Natur eines Problems einprägen; die Gewohnheit, in dieser Natur nach den Elementen zu suchen, durch die sein vollendetes Werk in Übereinstimmung mit Prinzipien steht, die im natürlichen Organismus gefunden werden.

Ein Studium der grossen Weltarchitektur sollte in Hinsicht allein auf den Geist, der in den Formen ausgedrückt ist, damit gleichen Schritt halten. Aber vor allen Dingen sollte das Studium der Natur der Materiale gelehrt werden, die Natur der Werkzeuge und der Vorgänge, die zu Gebote stehen und die Natur der Arbeit, die sie berufen sind, auszuführen.

Eine solche Erziehung war den grossen Künstlern Japans zu teil. Obgleich sie nicht intellektuell selbstbewusst war, so zweifle ich nicht, dass die Lehrzeit des Mittelalters gleiche Resultate erzielte.

Deutsche und österreichische Kunstschulen gehen zu diesen Ideen zurück. Bis der Schüler gelehrt wird, das Schöne von innen heraus zu betrachten, wird es keine bedeutenden, lebenden Gebäude geben, welche im Aggregat den Geist wahrer Architektur zeigen.

Ein Architekt in diesem neubelebten Sinne ist dann ein Schaffender, der von innen heraus durch eine Auffassung der organischen Natur seiner Aufgabe geschult ist, der seine Werkzeuge und seine Gelegenheit kennt, der seine Probleme mit soviel Schönheitssinn, wie nur die Götter ihm verliehen haben, löst.

Der, der von der Natur seines Unternehmens selbst geschult ist, ist der einzige sichere Bildner.

Bei gemeinsamer Arbeit mit ihm zeigt es sich, dass er Herr der Mittel ist, die zu einem bestimmten Ende führen. Er erwirbt eine Technik im Gebrauch seiner Werkzeuge und Materialien, die ebenso vollständig und in jeder Hinsicht ebenso bewunderungswert sein mag, wie die Herrschaft, die ein Musiker über die Hilfsmittel seines Instrumentes besitzt. In keinem anderen Geiste kann diese in irgendeinem lebensfähigen Sinne erworben werden, und ohne sie — nun — ist eine gute Kopie das sicherste. Wenn man nicht leben kann, so kann man wenigstens ein bescheidener Parasit werden.

Mit dem Mut, den eine Überzeugung der Wahrheit dieses Gesichtspunktes verliehen hat, sind die Probleme in dieser Arbeit zu lösen versucht worden. In jenem Geiste sind sie ausgearbeitet worden; mit welchem Grade von Misserfolg oder Erfolg kann niemand besser wissen als ich. Um für den Schüler von Wert zu sein, müssen sie von innen heraus und nicht von dem Gesichtspunkte des Mannes aus studiert werden, der die Sache nur oberflächlich aus den Tiefen der Renaissance betrachtet. Insoweit sie als organische Lösungen der Bedingungen, zu deren Erfüllung sie nur dastehen, aufgefasst werden, mit Rücksicht auf die Beschränkungen, die ihnen durch unsere industriellen Bedingungen auferlegt sind, und insoweit sie in sich selbst eine Harmonie der Idee von Form und Behandlung tragen, die etwas ziemlich Schönes aus ihnen in Beziehung zum Leben macht, werden sie nützlich sein. Sucht man in ihnen aber ebenso bedeutende charakteristische Schönheit der Form und der Züge, wie man sie bei denen der Griechen, Goten und Japaner findet, werden sie enttäuschend wirken, und ich kann nur hinzufügen, dass es noch ein wenig zu früh zur Erreichung eines solchen Zieles ist. Aber die Eigenart des Stils in dem unbestimmbaren Sinne, dass sie etwas Charakteristisches von jedem organischen Dinge ist, diese

Eigenart besitzen sie. Ruhe und einfache Haltungen sind ihnen eigen. Einigkeit der Idee, eine an Hilfsmitteln reiche Anpassung von Mitteln wird nicht fehlen, auch nicht jene Einfachheit der Ausführung, welche die Maschine nicht nur aus zwingender Notwendigkeit, sondern auch als etwas Bevorzugtes macht. Obgleich vollständig, sind sie in Einzelheiten nicht hoch entwickelt.

Teilweise sind hierfür von selbst auferlegte Einschränkungen, teilweise die unvollkommen entwickelten Hilfsquellen unseres industriellen Systems verantwortlich. Ich glaube auch, dass viel Schmuck in dem alten Sinne noch nicht für uns ist; wir haben seine Bedeutung verloren, und ich glaube nicht an das Hinzufügen von Verzierungen, nur um der Verzierungen willen. Wofern sie nicht Klarheit zu der Erklärung des Themas fügt, ist sie nicht wünschenswert, da sie sehr wenig verstanden wird.

Ich möchte auch etwas sagen, was mehr zur Sache gehört, dass, bei einem Bauwerk, das in organischem Sinne ausgedacht ist, Ornamentierung mit dem Grundplan zusammen gebildet und von derselben Beschaffenheit des Baues ist. Was für Verzierung sich auch am Bauwerke finden mag, eben nur als solche hinzugefügt, so bleibt sie immer nur ein Notbehelf oder ein Bekenntnis der Schwäche oder des Missglückens.

Da, wo die Kette und der Einschlag des Gewebes nicht genug Zufälliges oder Verschiedenes bieten, wird es selten haften. Zartheit muss oft Redlichkeit geopfert werden.

Es ist nur richtig, auch den Punkt zu erklären, der beim Studium des Werkes vermisst zu sein scheint, nämlich, dass im Plane diese Bauwerke als streng abstrakte Formen angesehen werden, deren Hauptaufgabe es ist, als Hintergrund oder Rahmen für das Leben in ihnen und um sie herum zu stehen. Sie werden als Folie für das Laubwerk und die Blumen angesehen, die sie zu tragen eingerichtet sind, wie auch als ein klarer Akkord oder Gegensatz in ihrer streng konventionellen Natur zu der Überfülle der Bäume und des Laubwerkes, woran ihre Umgebung überreich ist.

So sind die Formen also und die Feinheiten der Formen ihrem Charakter nach elementarer als es bisher in hoch entwickelter Architektur der Fall gewesen ist. Um mit ihnen leben zu können, sollten die ornamentalen Formen von jedes Menschen Umgebung so geplant werden, dass sie nicht quälend wirken, das heisst, dass sie absolut ruhig wirken und keinen besonderen Anspruch machen, die Aufmerksamkeit auf sich zu lenken; dass sie so weit von realistischen Tendenzen entfernt sind, als ein Gefühl der Wirklichkeit sie fortnehmen kann. Gute Farben, sanfte Textur, lebende Materialien, die Schönheit der Materiale im Schema offenbart und nutzbar gemacht, dies sind die Mittel der Dekoration, die nur als solche betrachtet wird.

Und es ist ganz unmöglich, das Gebäude als eine Sache und seine Einrichtung als eine andere anzusehen und seine Lage und seine Umgebung wieder als eine andere. In dem Geist, in dem diese Gebäude geplant sind, sind der Bau, die Einrichtung, die Lage, alles eins, etwas, das vorher zu bedenken und das auch bei der Natur des Baus berücksichtigt werden muss. Sie sind alle blosse strukturale Einzelheiten seines Charakters und seiner Vollständigkeit. Heizapparate, Beleuchtungsgegenstände, selbst die Stühle und Tische, die Schränke, die Klaviere, wo es nur möglich ist, sollten ein Teil des Hauses sein. Nichts von den wandfesten Hausgeräten wird als rein solches gestattet, wo die Umstände die volle Entwicklung des Bauschemas zulassen.

Tapeten, Vorhänge und Teppiche sind ebenso ein Teil des Hauses wie der Kalk auf den Wänden oder die Ziegel auf dem Dache. Dieser Teil der Entwicklung hat am meisten Mühe gekostet und ist bis heute der am wenigsten befriedigende für mich geblieben, und zwar wegen der Schwierigkeiten, die der notwendigen Vollständigkeit des Planes und der Ausführung eigen sind. Diese Elemente zu genügend leichten, anmutigen und biegsamen Teilen eines unzeremoniellen Gebrauches eines Heimes zu machen, erfordert viel mehr Zeit und Nachdenken und Geld als gewöhnlich vorhanden ist. Aber es ist in neueren Gebäuden schon mehr in dieser Beziehung erreicht und wird mit der Zeit noch mehr vervollkommnet werden. Es ist noch auf einer verhältnismässig primitiven Stufe der Entwicklung, und doch sind schon die Heizungskörper verschwunden, die Beleuchtungsgegenstände einverleibt, Tapeten, Teppiche und Vorhänge leicht angepasst. Aber Stühle und Tische und tägliche Gebrauchsgegenstände sind in den meisten Fällen noch nicht eingefügt, obgleich sie im Gefühl schon so mit dem Gebäude entworfen sind.

Es gibt keine Verzierungen, auch keinen Platz für sie als solche. Das Staffeleigemälde hat keinen Platz an den Wänden. Weil es sich wie ein Musikstück vielleicht einer Laune anpasst, wird es auch so behandelt; man richtet, wenn es gewünscht wird, eine Nische dafür in der Wand ein, mit einer Tür, die man wie den Deckel einer Mappe niederfallen lassen kann, so dass das gewünschte Bild für einige Zeit studiert werden mag. Es kann vielleicht für Tage den Blicken ausgesetzt bleiben, um dann einem andern Platz zu machen oder ganz dem Auge verborgen werden, einfach dadurch, dass man die Holzmappe schliesst. Bedeutende Gemälde sollten ihre Galerie haben. Ein Oratorium wird nicht in einem Gesellschaftszimmer gespielt. Das Piano sollte, wo es möglich ist, in der Struktur verschwinden und tut es auch — seine Tastatur und das Schnitzwerk, das nötig ist, damit der Ton herauskommt, ist das einzig Sichtbare davon. Der Speisetisch und die Stühle sind leicht der Architektur des Gebäudes angepasst. So weit ist diese Einrichtung vorgeschritten.

Es ist natürlich möglich, dass Wandverzierungen und Skulptur in diesem Ideal eines Baus wieder ihre Stelle als architektonische Entwicklungen einnehmen werden und zwar so geplant, dass sie seiner Natur angepasst sind.

Aus einem Wohnhaus ein vollständiges Kunstwerk zu machen, das in sich selbst ebenso ausdrucksvoll und schön wie irgend ein einzelnes Stück Skulptur oder Malerei ist, das sich frei den persönlichen Bedürfnissen der Wohnenden anpasst, eine harmonische Einheit, die in Farbe, Muster und Natur mit den Nützlichkeiten übereinstimmt und in sich selbst wirklich ein charakteristischer Ausdruck von ihnen ist: das sind die modernen amerikanischen Aussichten für die Zukunft. Ist diese Idee einmal aufgestellt, so wird sie eine Tradition werden, ein weiter Fortschritt vorwärts von dem Zeitpunkte, wo eine Wohnung eine Anordnung von einzelnen Zimmern war, blosse Kammern, dazu bestimmt, eine Anhäufung von Möbeln aufzunehmen, bar von jeder nützlichen Bequemlichkeit. Dies ist eine organische Einheit im Gegensatz zu jener Anhäufung: sicherlich ein höheres Ideal der Einheit, ein höheres und intimeres Herausarbeiten des Ausdrucks von eines jeden Menschen Leben in seiner Umgebung. Ein Gegenstand anstatt vieler: ein grosser anstatt einer Sammlung kleiner.

Eine weitere moderne Gelegenheit wird durch unser wirksames System der Heisswasserheizung gewährt. Hierdurch können die Formen der Gebäude in ihren verschiedenen Teilen vollständiger entwickelt werden, sie werden Licht und Luft von mehreren Seiten erhalten. Weil wir die Zimmerdecken niedrig machen, können die Wände mit Reihen von Fenstern versehen werden, die sich zur freien Luft, den Blumen und Bäumen und der Aussicht öffnen, und man kann ebenso bequem wie früher, aber weniger eingeschlossen leben. Viele der Gebäude führen dieses Prinzip der Einteilung bis zu dem Punkt, dass jeder Teil seine eigene Individualität hat, die vollständig im Grundriss des Hauses berücksichtigt wird. Das Speisezimmer, die Küche und die Schlafräume werden so jedes in sich selbst kleine Gebäude und werden wie in dem Coonley-Haus wie ein Ganzes zusammen gruppiert. Es ist auch möglich, Gebäude, die gewöhnlich in unserm Klima der Gegensätze kompakte Kasten sind, in die man die Zellen hineingeschnitten hat, in die Länge zu ziehen, in einen organischen Ausdruck, und so ein Haus, das in einem Garten oder auf dem Lande steht, etwas lieblicher in bezug auf dieses oder jenes oder auf beides zusammen zu gestalten, wie die Phantasie es gerade gern haben möchte.

Wenn man die Typen der Bauwerke betrachtet, sollte man der Tatsache eingedenk sein, dass sie beinahe alle Gebäude für die Prärie sind; für die sanft wellenförmigen oder ebenen Prärien des mittleren Westens; für die grossen Ebenen, wo jede einzelne Erhöhung etwas Ausserordentliches, wo jeder Baum ein Turm über den grossen ruhigen Ebenen ihrer geblümten Flächen, wie sie unter einem wunderbaren Himmelsgewölbe liegen, wird. Die natürliche Neigung jedes schlecht geplanten Gebäudes zeigt sich darin, dass es sich absondert und aggressiv hervorsticht aus seiner von Natur absolut ruhigen Umgebung. Alle unnötigen Höhen sind aus diesen und anderen ökonomischen Gründen verbannt worden und intimere Beziehungen zu der Aussenumgebung sind als Ersatz für den Höhenverlust gesucht worden.

Die Abweichung von einer einzigen gewissen einfachen Form charakterisiert den Ausdruck eines Gebäudes. Eine ganz verschiedene Form kann für ein anderes dienen, aber von einer fundamentalen Idee werden auf jeden Fall alle formalen Elemente des Planes hergeleitet und im Umfang und Charakter zusammen gehalten. Die gewählte Form kann sich nach aussen erweitern, sich wie eine Blume gen Himmel öffnen, wie es im Thomas-Haus der Fall ist, eine andere kann hernieder hängen, um artistisch das Gewicht der Massen zu betonen; noch eine andere ist vielleicht nicht sehr bestimmt oder im Gegenteil sehr scharf ausgeprägt, oder ihr Organismus mag von irgend einer Pflanzenform hergeleitet sein, die durch gewisse Eigenheiten in Linie und Form besonders gefällig ist, wie z. B. manche Linien und Formen der Sumak, die im Lawrence-Hause in Springfield verwendet worden sind. Aber in jedem Fall ist das Motiv überall durchgeführt.

In den Gebäuden selbst, im Sinne des Ganzen, fehlen weder Pracht noch angenehme Unterbrechungen, doch sind diese Eigenschaften nicht durch hinzugefügten Schmuck erreicht, sondern sie sind in der Bildung des Ganzen zu suchen, in der auch die Farbe eine ebenso bedeutende Rolle spielt wie in einem alten japanischen Holzschnitte.

Diese Ideale nehmen die Gebäude aus irgend einer Schule und „verheiraten" sie sozusagen mit dem Boden, machen sie zu intimen Ausdrücken oder Offenbarungen des Innern, individualisieren sie, ohne Rücksicht auf vorhergefasste Ideen des Stils. Ich habe versucht, ihren Organismus in seiner Art vollkommen zu machen und ihren Formen und Verhältnissen eine Wahrheit zu verleihen, die ein Studium ertragen kann, obgleich wenige von ihnen, wenn sie abgesondert von ihrer Umgebung sind, so studiert werden können, dass sie verständlich sind.

Aus dem Studium der Zeichnungen wird man ersehen, dass die Gebäude in drei Gruppen zerfallen, die eine Familienähnlichkeit untereinander haben: die holländischen Dächer mit niedriger Steigung, die sich pyramidal erheben oder ruhige, ungebrochene Silhouetten darstellen; die niedrigen Dächer mit einfachen Giebeln, die in langen Firsten auslaufen; und schliesslich die Gebäude, die mit einer einfachen Platte gedeckt sind. Für die erste Art sind die Winslow-, Henderson-, Willits-, Thomas-, Heurtley-, Heath-, Cheney-, Martin-, Little-, Gridley-, Millard-, Tomek-, Coonley- und Westcott-Häuser, die Hillside-Heim-Schule und Pettit-Gedächtnis-Kapelle typisch. Für die zweite die Bradley, Hichox, Davenport und Dana und für die dritte das Atelier von Richard Bock, die Unity-Kirche, das Betonhaus of the Ladies Home Journal und andere im Bau begriffene Entwürfe. Das Larkin Gebäude ist der einfache, würdevolle Ausdruck eines schlichten utilitarischen Typus mit steilen Ziegelmauern und einfachen Mauerkappen aus Stein. Das Atelier ist nur ein früherer Versuch in der Entwickelung der individuellen Gliederung.

Einen Typus der Bauart, der besonders der Prärie angepasst ist, findet man in den Coonley-, Thomas-, Heurtley-, Tomek- und Robie-Häusern, die wirklich nur aus einem Stockwerk bestehen, das in niedriger Stockwerkhöhe über den Erdboden erhebt. Die Schlafräume sind, wo es die Notwendigkeit erheischt, in einem anderen Stockwerk angebaut.

Es gibt keine Keller für diesen Typus, ausgenommen für Heizungszwecke. Das Erdgeschoss bietet allen nötigen Raum hierfür, sowie auch für die Billiardzimmer und Spielzimmer der Kinder. Nach diesem Plane sind die Wohnzimmer in ziemlicher Höhe vom oft feuchten Erdboden. Dadurch wird auch das gewöhnlich feuchte Souterrain vermieden, das, wenn man es, um das Haus trocken zu halten, einen Teil des Hauses bilden lässt, dieses so hoch über den Erdboden setzt, dass es sich im Verhältnis zu der gewöhnlichen Bauart wie eine Drohung gegen den Frieden der Prärie erhebt.

Auch die abwechselnden Gegensätze von Hitze und Kälte, Sonne und Sturm müssen berücksichtigt werden. Der Frost dringt im Winter vier Fuss in den Erdboden ein; im Sommer brennt die Sonne mit fast tropischer Hitze auf den Dächern; eine schattige Architektur ist beinahe eine Notwendigkeit, sowohl um das Gebäude vor der Sonne als auch die Mauern vor der Feuchtigkeit zu schützen, die immer gefriert, später taut und eine schnellere und zerstörendere Wirkung auf die Gebäude ausübt als alle sonstigen natürlichen Ursachen. Die überhängenden Dachtraufen jedoch lassen das Haus im Winter ohne die nötige Sonne, und dies wird durch die Art vermieden, nach der die Fenster in manchen Zimmern bis zur Dachrinne vorgeschoben werden. Die sanft abfallenden Dächer, die für die Prärie angenehm wirken, lassen nicht grosse Lufträume über den Zimmern, und so ist der Schornstein ungeheuer gewachsen und wichtig geworden und ventiliert bei heissem Wetter an den hohen Teilen des Daches die zirkulierenden Lufträume, welche unter den Dächern sind und in welche durch Öffnungen unter den Dachtraufen, die leicht im Winter geschlossen werden können, frische Luft eintritt.

Die Leitungsröhren, die entstellenden Speiröhren, gefrieren in diesem Klima besonders da, wo Dachtraufen überhängen und werden im Winter nutzlos, oder sie bersten mit schrecklichem Resultat für die Mauern, und deshalb werden Beton-Regenbecken in den Boden unter den Winkeln der Dachtraufen angelegt, und das Wasser fällt durch die offenen Speiröhren in ihre konkaven Oberflächen und wird durch unterirdische Rinnziegel zu der Zisterne geleitet.

Die Zeichnungen dieser Gebäude, die direkt für dieses Werk angefertigt wurden, sind von farbigen Zeichnungen entlehnt worden, die von Zeit zu Zeit ausgeführt wurden, jedesmal, wenn einer dieser Pläne zur Ausführung kommen sollte. Sie streben nur darnach, die blosse Komposition in Umriss und Form mit einer Idee von Gefühl für die Umgebung wiederzugeben. Sie sind in keinem Sinne Versuche, den Gegenstand malerisch zu behandeln und in manchen Fällen gelingt es ihnen sogar nicht, die Idee des wirklichen Gebäudes zu übertragen. So ist auf diesen Zeichnungen gerade das, was dem Hause das Heimische verleiht, einer anmutigen dekorativen Wiedergabe der Idee einer Anordnung geopfert worden, die in den Originalen zu einem farbigen Schema anregt. Den Dank, den sie japanischen Idealen schulden, erkennen sie selbst genügend an.

FRANK LLOYD WRIGHT.

FLORENZ, ITALIEN
15. MAI 1910.

CHARLES E. ROBERTS, FRANCIS W. LITTLE UND DARWIN D. MARTIN — DREI IN DER GESCHÄFTSWELT AMERIKAS BEKANNTE MÄNNER — WAREN ES, WELCHE ZUTRAUEN IN MEINE IDEEN GESETZT UND MEIN SCHAFFEN BEGÜNSTIGT HABEN ZU EINER ZEIT, DA DER UNVERMEIDLICHE ÄUSSERE WIDERSTAND UND DIE MANCHERLEI INNEREN FEHLER MEIN WERK BEINAHE SCHEITERN LIESSEN. OHNE IHRE HILFE, OHNE DAS VERTRAUEN, DAS SIE ZU MEINER ARBEIT GEHABT, WÜRDE DIESE NIE IHRE HEUTIGE ENTWICKLUNG ERREICHT HABEN.

FRANK LLOYD WRIGHT.

[2] Tafel I. Villa für Herrn W. H. Winslow in River Forest, Illinois, Eingangsdetail. 1893.
Gewisse Züge der Typen haben ihren Ursprung in diesem Hause, wie z. B. die Vorbereitungen für den Unterbau, der Fries, der sich vom Fenstergesims des oberen Stockes bis zu den Dachrinnen ausdehnt und durch Fenster unterbrochen und durch andere Materiale gekennzeichnet ist, die breiten, flachen Soffiten der weit überhängenden Dachrinnen, der massive einzige Schornstein, das Gefühl des Kontrastes zwischen einfachen Maueroberflächen und konzentrierten Massen reicher Verzierungen und die Annäherung, die die Architektur des Baues mit dem Erdboden vereint. Eine herrliche Ulme, die in der Nähe steht, gab die Anregung für die gesamte Idee des Gebäudes.

[1] Tafel I. Deckblatt. Einzelteile, Eingang des Winslow-Hauses.

[3] Tafel II. Grundrisse und Perspektive (Wasserseite), städtisches Wohnhaus bei Chicago für Frau Aline Derin.
Plan für ein Haus für schmalen Bauplatz berechnet, mit der Front nach Lake Shore Drive und bis zum Michigan-See reichend. Nach dem Plan liegen die Wohnzimmer nach dem See, mit Blick auf die Drive und den See von der Bibliothek und dem Esszimmer aus.
Der Hintereingang, die Dienerzimmer und Küche sind so gedacht, dass sie ganz getrennt vom Vorderhaus sind.

[4] Tafel III. Stallgebäude vom Winslow-Gebäude in River Forest, Grundriss und Perspektive. Grundriss vom Winslow-Haus.

[5] Tafel IV. Perspektive und Grundriss der städtischen Villa für Isidor Heller, Chicago. Detail vom Husser-Haus in Chicago.
Im Jahre 1896 gebaut. Mauern aus Ziegelstein, Ziegeldach und plastischer Fries.

[6] Tafel V. Francis Mietshaus, Chicago.
Eine einfache Lösung des gewöhnlichen Wohnhaus-Problems, wie man es im Süden von Chicago im Jahre 1893 hatte.

[7] Tafel VI. Atelier von Herrn Frank Lloyd Wright, Oak Park, Illinois.
Eine frühere Studie in der Entwicklung individueller Gliederung. Die verschiedenen Funktionen des Gebäudes eingehend behandelt, individualisiert und gruppiert. Das Atelier des Architekten.

[9] Tafel VII. Vogelperspektive der Lexington Terraces.
Eine Lösung des typischen billigen Häuserproblems, wie man es in dem grossen Westen von Chicago findet. Das Gebäude ist ein Aggregat von 3-, 4- und 5-Zimmerwohnungen, 3 Stockwerke hoch nach der Strasse, 2 Stockwerke hoch nach dem inneren Hof, mit Zentralheizung, Beleuchtung, Bad, Waschküche und Portierbedienung. Eine 4-Zimmerwohnung kostet 20 Dollar pro Monat, die anderen Wohnungen zu entsprechenden Preisen. Der Eingang zu jeder Wohnung direkt vom offenen Hof. Keine inneren Korridore oder gemeinsamen Treppen, was jeder Wohnung einen ganz privaten Charakter gibt. Alle Treppen, die zur gemeinsamen Benutzung dienen, führen von aussen herein. Jede Wohnung hat eine Hinterhalle und den Dienstboten-Eingang von dem Hinterhof aus. Dem hier vorgeführten Plan liegt der Plan der Francisco Terraces zu Grunde, von Herrn E. E. Waller, 1894, gebaut.

[8] Tafel VII. Deckblatt. Generalplan der Lexington Terraces, Chicago, Illinois.
Anordnung von Wohnungen zu billigem Mietspreis.
Viertel-Grundriss des ersten Geschosses. Viertel-Grundriss des zweiten Geschosses. Halb-Grundriss des ersten Geschosses des ersten Teils.

[11] Tafel VIII. Wohnhaus Mc. Afee, bei Chicago, am Ufer eines Sees. Perspektive (Seeseite)
Speisezimmer sowie Bibliothek mit Oberlicht, das grosse Wohnzimmer mit von zwei Seiten einfallendem Licht. In Ziegelstein, Stein und Terracotta auszuführen. Ein früherer Plan.

[10] Tafel VIII. Deckblatt. Wohnhaus für Herrn Mc. Afee, Chicago, Grundriss.

[13] Tafel IX. Perspektive der Villa für Herrn Victor Metzger, Sault St. Marie, Michigan.
Bestimmt, auf einem Vorstadt-Hügel zu stehen. Terrassenförmig von der Landstrasse aus zu erreichen. Zum Bau soll einheimischer Stein verwandt werden.

[12] Tafel IX. Deckblatt. Perspektive der Villa für Herrn Victor Metzger, Vorstudie und Grundriss.

[15] Tafel X. Hillside Heimschule, Lloyd Jones Schwestern, Hillside, Wisconsin, Vogelperspektive. 1900.
Die Aussenmauern sind von einheimischem Sandstein und festem Eichenholz. Das Innere durchweg aus unbekleidetem festen Eichenholz. Die Wände unten Sandstein, oben getüncht.

[14] Tafel X. Deckblatt. Hillside Heimschule, Grundriss des Hauptgeschosses.

[16] Tafel XI River Forest Golf Club, Grundriss und Perspektive. 1895.
Ein nicht kostspieliger leichter Holzbau. Ungehobelte horizontale Bretter, auf Stuhlsäulen (4×4 inches), welche in regelmässigen Abständen voneinander stehen. Die Bretter sind durch vorspringende Latten von einander getrennt. Das ganze Äussere und Innere mit Kreosot gebeizt.

[18] Tafel XII. Studie zu einem Bankgebäude in Beton, Perspektive und Grundriss.
Ein Entwurf für „The Brickbuilder" — eine amerikanische architektonische Zeitschrift, unter dem Titel „A Village Bank".

[17] Tafel XII. Deckblatt. Studie zu einem Bankgebäude in Beton. Innenperspektive.

[19] Tafel XIII. Typisches Haus, das Modell des Quadruple Block Plan.

[20] Tafel XIIIa. Der Quadruple Block Plan.
Neuer Plan zur nochmaligen Teilung eines Grundstückes, so geplant, dass das gewöhnliche amerikanische Häuserviereck mittels eines Privatweges, der durch die Mitte führt und die Häuser jeder Hälfte in Gruppen von vier zusammenstellt, in zwei Teile geteilt wird.
Die Häuser liegen so, dass sie einen vollständig privaten Charakter haben und ihnen allen verschiedene Vorteile in Bezug auf die Lage, die bei der gewöhnlichen Einteilung unmöglich wären, geboten sind. Die Wohnräume jedes Hauses nehmen ganz die eine Seite jedes Häuservierecks ein und liegen den Wohnräumen der anderen Häuser gegenüber.
Küchen, Vorratsräume usw. liegen alle nach den hintern Höfen, und so wird die notwendig unerfreuliche Aussicht auf die Hintereingänge für die Bewohner des Häuserblocks vermieden.

[21] Tafel XIV. Haus in Beton für das „Ladies Home Journal", Perspektive Lösung A.
Einfaches Haus, die vier Seiten gleich, um das Anfertigen der Formen zu vereinfachen. Haupteingang an der Seite, Terrasse von Gitter umgeben. Der Schornstein stützt die Fussböden, lässt das Wasser vom Dach ablaufen. Eine Einfügung von viereckigen farbigen Ziegeln unter den Soffiten der Dachrinnen, einige von ihnen können im Sommer zur Luftzirkulation geöffnet werden. Das Haus kann in zwei verschiedenen Weisen auf der Baustelle stehen, wie auf Schema A und B sichtbar.

[22] Tafel XIVa. Haus in Beton ausgeführt für das „Ladies Home Journal", Perspektive Lösung B.

23

[25] Tafel XV. Perspektivische Ansicht des Thomas P. Hardy-Hauses.
: Ein Wohnhaus auf einem schmalen Bauplatz, auf dem steilen Ufer des Michigan-Sees, dicht an der Strasse. Der ebene Platz, der der Strasse zunächst gelegen, ist regelmässig auf beiden Seiten des Hauses eingeschlossen, und das Ufer ist mit malerischen Gruppen von Laubwerk geziert.

[23] Tafel XV. Deckblatt 1. Grundriss vom Hardy-Haus.

[24] Tafel XV. Deckblatt 2. Eine malerische Ansicht des Hardy-Hauses.

[27] Tafel XVI. 1. Perspektive vom Ullman-Haus. 2. Perspektivische Studie für das Westcott-Haus.
: Eine weitere Entwicklung des Schemas für das Robert Clark-Haus in Peoria. Das Esszimmer liegt in gleicher Höhe mit dem Garten, die bedeckte Veranda darüber — beide können direkt vom Wohnzimmer aus erreicht werden. Die Küche liegt in gleicher Höhe mit dem Esszimmer und dem Treppenabsatz des Zwischenstockes. Arbeits- und Dienerzimmer liegen in gleicher Höhe mit der gedeckten Veranda. Das Schlafzimmer-Stockwerk ist oben.

[26] Tafel XVI. Deckblatt. Grundriss vom Ullman-Haus.

[29] Tafel XVII. Perspektive zu einem Wohnhause im Vorort für W. R. Heath, Buffalo, New York. 1903.

[28] Tafel XVII. Deckblatt. Pläne des Heath-Hauses.

[30] Tafel XVIII. Wohnhaus im Vorort für Herrn Frank W. Thomas, Oak Park, Illinois. 1904.

[31] Tafel XIX. Vorstadt-Villa für Frau Emma L. Martin, Oak Park, Illinois. 1901.
: Eine praktische Lösung des Hallen-Problems. Sie ist hier wie ein halbfreistehender Pavillon behandelt, mitten im Garten, nach Süden gelegen, aber nicht das Sonnenlicht von den Wohnzimmern ausschliessend. Das Haus ist aus Sandstein, und die Dachrinnen sind in ihren Formen plastisch.

[32] Tafel XX. Wohnhaus von Herrn Arthur Heurtley, Oak Park, Illinois. 1901.
: Gleicher Typus wie das Thomas-Haus; Wohnzimmer, Küche und Familienschlafzimmer im ersten Stock. Zwei Fremdenzimmer, Badezimmer, Kinderspielzimmer, Dienerzimmer im Erdgeschoss.

[33] Tafel XXI. Wohnhaus im Vorort und Garten für Herrn W. E. Martin, Oak Park, Illinois. 1904.

[34] Tafel XXII. Wohnraum, Vorstadthaus für B. Harley Bradley, Kankakee, Illinois, 2 Rue Patterns. 1900.

[35] Tafel XXIII. Typisches, billiges Wohnhaus für die Curtis Publishing Company.

[36] Tafel XXIV. Wohnhaus im Vorort für Herrn Warren Hickox in Kankakee, Illinois. 1900.

[37] Tafel XXV. Ward W. Willets Grundriss und Perspektive Villa, Highland Park, Illinois. 1903.
: Ein Holzhaus, verputzt an der Aussenseite mit Zement auf Metall-Latten. Fundament und Grundmauer aus Beton. Leisten und Latten aus Holz.

[38] Tafel XXVI. Ziegelstein-Haus für D. D. Martin, Buffalo, New York, an die Martin-Villa grenzend. 1904. Perspektive und Grundrisse.
: Typus eines Planes, der von dem Walser-Haus in Austin herrührt. Das Hauptstockwerk umfasst ein grosses Zimmer mit Eingang und Veranda auf einer Seite, Treppe und Küche auf der anderen. Von zwei architektonischen Wandschirmen, die nicht bis zur Decke reichen, werden Speisezimmer und Bibliothek gebildet.

[39] Tafel XXVII. Wohnhaus für Herrn Henderson im Vorort Elmhurst, Illinois.
: Ein Haus mit verputzter Fassade mit Zementgrundmauer und Holzverkleidung. Typus für das Haus aus einem einzigen Raume, mit kleinen Alkoven an den Enden; das erste so gebaute Haus ist das Warren Hickox-Haus in Kankakee.

[40] Tafel XXVIII. Wohnsitz und Stallung für Herrn F. W. Little, Peoria, Illinois. 1900.
: Eine Villa aus cremefarbigen Ziegelsteinen. Die Villa wurde ganz nach dem entworfenen Plan ausgeführt. Die Skizze des Äusseren war der Originalplan.

[41] Tafel XXIX. Haus von K. C. DeRhodes in South Bend, Indiana.
: Der Hauptstock ist ein einziger Raum, der durch hohe Wandschirme geteilt werden kann. Küche und Vestibül liegen getrennt davon.

[43] Tafel XXX. Perspektive einer Villa des Herrn E. H. Cheney, Oak Park, Illinois. 1904.
: Ein einstöckiges Ziegelhaus mitten in einem von Ziegelmauern umgebenen Garten. Die Schlafräume sind von den Wohnzimmern durch einen Korridor getrennt. Heizraum, Waschküche, Vorratsräume und Dienerzimmer im Kellergeschoss.

[42] Tafel XXX. Deckblatt. Grundriss Cheney, Grundriss Künstlerheim.

[45] Tafel XXXI. Aussenansicht vom städtischen Wohnhause für Frau Dana, Springfield, Illinois. 1899.
: Ein Haus, eingerichtet für die Kunstsammlung der Eigentümerin und in ausgedehntestem Sinne für Gesellschaftszwecke, sehr sorgfältig in allen Einzelheiten ausgearbeitet. Wandfeste Gegenstände, äusserer Schmuck, mit der Einrichtung zusammen entworfen. Das Gebäude ist nicht ganz neu. Das alte Haus, welches in den Bau einverleibt ist, ist durch eine starke Linie auf dem Plan skizziert. Die Galerie ist als Sammelplatz für die Kunsthandwerker der Stadt bestimmt, sowie zur Aufnahme der Sammlung der Kunstgegenstände der Besitzerin. Sie ist durch einen gedeckten Gang mit dem Haus verbunden. Der Gang selbst dient als Gewächshaus. Die Halle, das Speisezimmer und die Galerie erstrecken sich durch zwei Stockwerke, und ihre Decken sind in das Dach hineingebildet. Die Terrakottafigur am Eingang ist das Werk des Bildhauers Richard W. Bock. Die inneren Wände aus sahnfarbigen, eng zusammengelegten Ziegeln. Das Holzwerk aus leicht geädertem roten Eichenholz. Die Decken aus Sandmörtel sind mit Holz gerippt und gestrichen. Um das Speisezimmer ist eine Dekoration von Sumak (das eigentliche Pflanzenmotiv für die Dekoration des Hauses), Herbstblumen sind auf den Sandmörtel im Hintergrunde von George Niedecker ausgeführt. Die Einrichtung und Ausrüstungsgegenstände sind mit dem Bau zusammen geplant.

[44] Tafel XXXI. Deckblatt. Grundrisse des Dana-Hauses.

[46] Tafel XXXIa. Aussenansicht vom Stadthaus für Frau Susan L. Dana, Springfield, Illinois.

[47] Tafel XXXIb. Exterieur der Dana-Villa.

[49] Tafel XXXII. Villa D. D. Martin. Buffalo, N. Y. 1904.
: Ein Blick auf den allgemeinen Plan der Villa Martin zeigt mehrere freistehende Gruppen viereckiger, massiger Pfeiler. In dem durch diese Pfeiler gebildeten Raum sind die Radiatoren angebracht, und die Beleuchtungskörper befinden sich an den Pfeilern selbst. Bücherschränke, die sich herausziehen lassen, stehen unten zwischen den Pfeilern; die offenen Räume darüber werden als Schränke gebraucht, und von hier aus verbreitet sich die Wärme in die Zimmer. Die frische Luft kommt in diesen Raum durch Öffnungen zwischen den Pfeilern und den Bücherschränken. Auf diese Weise bilden die Heiz-, Ventilations-, Beleuchtungskörper usw. einen artistischen Teil der Architektur. Die Martin-Villa ist feuersicher, die Mauern sind aus Ziegeln, die Fussböden aus „reinforced concrete" verstärktem

Beton, überkleidet mit keramischer Mosaik, die Dächer aus Ziegeln. Der glasartige Ziegelstein, der an den Aussenmauern verwandt ist, ist mit bronzierten Gliedern an den Wänden und Pfeilern des Innern verarbeitet. Der Ziegel auf diesen inneren Oberflächen ist in dekorativem Sinne als Mosaik gebraucht. Das Holzwerk ist durchwegs aus gebeiztem Eichenholz. Ein Laubengang verbindet das Haus mit einem Gewächshaus, welches seinerseits durch einen gedeckten Weg mit dem Stalle verbunden ist.

[48] Tafel XXXII. Deckblatt. Plan der Lage und Grundriss der Villa Martin.

[51] Tafel XXXIII. Verwaltungsgebäude für The Larkin Company, Grundriss und Perspektive. 1904.
Das Larkin-Gebäude ist eines aus einer grossen Gruppe von Fabrikgebäuden in dem Fabrikdistrikt von Buffalo. Es wurde gebaut, um den gesamten Verwaltungsorganismus der Larkin-Company in hellen, gesunden, gut ventilierten Räumen unterzubringen. Der Rauch, der Lärm und der Schmutz, die für solche Lokalität charakteristisch sind, machte es unbedingt notwendig, dass alle äusseren Flächen so eingerichtet wurden, dass kein Schmutz an ihnen haften konnte, und dass der innere Bau unabhängig von der Umgebung ausgeführt wurde. Das Gebäude ist eine einfache Lösung gewisser notwendiger Bedingungen. Sein Äusseres ist eine einfache Klippe von Ziegeln, deren einziger ornamentaler Schmuck der Ausdruck des zentralen Seitenflügels ist, der durch die skulpturartig geformten Pfeiler an jedem Ende des Hauptblocks gebildet ist. Die Maschinerie der verschiedenen Apparatsysteme, die Röhrenschafte, die dazu gehören, die Heizung und Ventilationslufteinmundungen und die Treppen, die auch als Rettungsleitern dienen, sind im Plan in vier gleiche Teile geteilt und ausserhalb des Hauptgebäudes an den vier äusseren Ecken angebracht, so dass der ganze Küchenraum für Arbeitszwecke freiliegt. Diese Treppenräume sind von oben erleuchtet. Das Innere des Hauptgebäudes bildet demgemäss einen einzigen grossen Raum, in dem die Hauptflure Galerien bilden, die sich nach einem grossen Zentralhof öffnen, der ebenfalls von oben erleuchtet wird. Alle Fenster der verschiedenen Stockwerke oder „Galerien" befinden sich sieben Fuss über dem Fussboden, so dass der Raum unten für Stahlkammern benutzt werden kann. Überall sind Fenster, und das Gebäude ist tatsächlich gegen Schmutz, Geruch und Lärm versiegelt. Die frische Luft wird ihm in grosser Entfernung vom Erdboden durch Lufttröhren, welche weit über die Dächer hinausragen, zugeführt. Das Innere ist durchweg aus glasartigen cremefarbigen Ziegelsteinen, Leisten, Tür- und Fensterrahmen, Treppengeländer, Treppen und Flure aus „magnesite" von derselben Farbe. Alles dies wird in dem Gebäude selbst angefertigt, und zwar mittels einfacher hölzerner Formen, in den meisten Fällen an dem Platz selbst, für den sie bestimmt sind. So wurden die dekorativen Formen notwendigerweise einfach, besonders deshalb, weil dieses Material beim Formen heiss wird und sich bei diesem Vorgang etwas ausdehnt. Alle Einrichtungsgegenstände sind aus Stahl und gleichzeitig mit dem Bau geplant worden. Die Vestibüle von beiden Strassen und das Hauptvestibül, sowie die Toiletten und Ruhezimmer für die Angestellten befinden sich alle in einem Nebengebäude, welches das Licht von dem Hauptgebäude so wenig wie möglich entzieht. Im fünften Stock ist das Restaurant für die Angestellten und in den Zwischenstockwerken über Küche und Bäckerei an jedem Ende des Stockes sind Gewächshäuser, die nach dem Hauptdach führen. Dies alles zusammen bildet die Erholungsstätte für die Angestellten. Die Kosten des Baues, welcher vollständig feuersicher ist, betragen inklusive der modernen Heizung, der Ventilation und allem sonstigen Zubehör, doch exklusive sämtlicher Metalleinrichtungsgegenstände, nur wenig mehr als der Durchschnitt erstklassiger Fabrikgebäude, 18 Cents per Kubikfuss. Deshalb kann das Werk ebenso Anspruch darauf erheben als ein Kunstwerk angesehen zu werden, wie ein Ozeandampfer, eine Lokomotive oder ein Kriegsschiff.

[50] Tafel XXXIII. Deckblatt. Verwaltungsgebäude für The Larkin Company, Grundriss und Perspektive.

[52] Tafel XXXIIIa. Verwaltungsgebäude für The Larkin Company, Grundriss und Perspektive.

[54] Tafel XXXIV. Landhaus für Herrn Thaxter Shaw, Montreal.
Ein Plan für ein Haus aus behauenem Granit an der Bergseite in Montreal. Auf beiden Seiten führen Wege nach einer Vorderterrasse mit bedecktem Pavillon. Eingang durch eine Loggia von dieser Terrassenebene zu den Wohnzimmern im Hauptstock, welcher mit dem Hinter- und Seitengarten in gleicher Höhe liegt. Schlafräume darüber. Umzäunter Vordergarten unter den Terrassen.

[53] Tafel XXXIV. Deckblatt. Landhaus für Herrn Thaxter Shaw, Montreal.

[55] Tafel XXXV. Wohnhaus im Vorort für Herrn Tomek in Riverside, Illinois. 1907.
Ein charakteristisches „Prairie house", ähnlich im Plan den Thomas-, Heurtley- und Coonley-Häusern. Dieser Plan wurde später weiter ausgearbeitet und als Plan für das Robie-Haus verwendet.

[56] Tafel XXXVI. Verwaltungsgebäude für The Larkin Company. 1907.
Ausstellungsgebäude, enthaltend einen Ausstellungsraum und ein Vortragszimmer für die Larkin-Company in Jamestown-Exposition, aus Holz und (Mörtel) Sandstein.

[56] Tafel XXXVI. Brownes Buchhandlung, Chicago. 1907.
Ein langer, schmaler Raum in einem Gebäude der Unterstadt in einen Bücherladen verwandelt. Die Wände und Decken wurden neugemacht und kleine Seitenzimmer mit Stühlen und Tischen für die Bequemlichkeit der Kunden eingerichtet.
Panele und Wände sind aus gestrichenem farbigen Mörtel, das Holzwerk aus grauem Eichenholz, die Fussböden aus elfenbeinfarbigem Magnesite, mit Messingstreifen ausgelegt. Die Beleuchtungsgegenstände aus elfenbeinfarbigem Glas und Messing. Die Decke steigt leicht von den Seiten nach der Mitte zu. Der kleine Raum unter der Galerie am Ende ist die „Kinderecke".

[58] Tafel XXXVII. Städtisches Wohnhaus für Herrn F. C. Robie, Chicago. 1909.
Eine Stadtvilla mit südlicher Front, aus schmalen, braunen Ziegelsteinen mit Steinleisten. Die Dächer sind mit Ziegeln gedeckt. Hauptgesimse aus Kupfer. Ein einziger Zimmertypus, ähnlich den Tomek-, Coonley- und Thomas-Häusern, ganz nach Süden gelegen, mit Balkon und eingefriedigtem Garten. Die Schlafräume im Belvedere. Garage mit dem Hause verbunden, über dieser die Dienerzimmer. Kein Kellergeschoss, ausser für die Heizofen und die Kohlen. Eine hochentwickelte Ausarbeitung der organischen Beziehung zwischen Äusserem und Innerem; gerade, langgestreckte Linien und niedere Verhältnisse mit dem charakteristischen Merkmal, dass Licht und Sonne überall Eingang finden.

[57] Tafel XXXVII. Deckblatt. Städtisches Wohnhaus für Herrn F. C. Robie, Chicago.

[60] Tafel XXXVIII. Horse Shoe Inn (Sommerhotel). Estes Park, Colorado.
Ein Sommerhotel oder Gasthof auf einem mit Fichten bewachsenen Abhang des Coloradogebirges. Gebaut aus rotem Holz — die Mauern mit breiten, horizontalen Bohlen mit gestrichenen Leisten. Schornsteine aus unbehauenen roten, flachen Feldsteinen. Ein Bergstrom fliesst unter einem der Seitenflügel.

[59] Tafel XXXVIII. Deckblatt. Horse Shoe Inn (Sommerhotel). Estes Park, Colorado.

[61] Tafel XXXIX. Wohnort im Vorort für Herrn Clark, Peoria, Illinois. Perspektive und Grundriss.
Ein Plan, im Jahre 1900 entworfen. Das Esszimmer liegt tiefer als das Wohnzimmer und eine bedeckte Veranda darüber, so dass beide direkt von dieser aus durch wenige Stufen erreicht werden

[62] Tafel XL. Arbeiterhäuser für Herrn E. E. Waller, Chicago. Landhaus für Fräulein Fuller im Vorort Glencoe, Illinois.
    Billige Arbeiterhäuser. 2 Stockwerke und Kellergeschoss.
    Ein niedriger Preis. Vorstadthäuschen.

könne. Von hier aus ist der Blick über die Stadt und den Fluss. Die Veranda steht so mit der Küche in Verbindung, dass sie im Sommer als Esszimmer benutzt werden kann. Sie steht in Verbindung mit dem Schlafzimmerstockwerk und kann als Schlafhalle benutzt werden.

[63] Tafel XLI. Vorstudie für die Gedächtniskapelle Pettit, Belvedere, Illinois.
    Eine kleine, nicht teure Begräbniskapelle in Belvedere, Illinois.
    Ein einfacher, nicht unbehaglicher Raum für Totengottesdienst. Hinten und an den Seiten geschützter Raum für Leute, welche auf Fahrgelegenheit warten.
    Die Gedenktafel und die einfache kleine Fontäne sollen das Gebäude als ein Memorial für Herrn Pettit charakterisieren.

[64] Tafel XLII. River Forest Tennis Club, Grundriss und Perspektive. 1906.
    Ein einfaches Holzhaus auf Pfählen, für den River Forest Tennis Club erbaut. So gelegen und geplant, dass es einen Blick auf die Tennishöfe und einen guten Tanzplatz gewährt — mit bequemen Kaminen.
    Die Wände sind aus breiten, horizontal laufenden Brettern — die Glieder mit dünnen Latten bedeckt.

[65] Tafel XLIII. Landhaus für Herrn W. A. Glasner im Vorort Glencoe. 1906.
    Ein Holzhaus „Bungalow-Type" am Rande einer Schlucht in Glencoe, Illinois.
    Bestimmt, ohne Dienerschaft bewohnt zu werden, obgleich unten Raum für sie vorgesehen ist. Das Wohnzimmer wird im Winter als Esszimmer benutzt. Im Sommer wird die verdeckte Veranda benutzt.

[66] Tafel XLIIIa. Sommerhaus in Fresno, Californien, Landhaus im Vorort Highland Park, Illinois.
    1. Ein Haus aus Fachwerk in Fresno, California, für Herrn Stewart.
    2. Skizze für ein einstöckiges, winkliges Wohnhaus am Seeufer hinter einer tiefen Schlucht in Highland Park, für Herrn Adams. Sandstein und Holz.

[67] Tafel XLIV. Vorstadthaus für Herrn George Millard, Highland Park, Illinois. 1906.
    Ein einfaches Holzhaus im Walde in Highland Park.

[68] Tafel XLV. Landhaus für Frau Gale im Vorort Oak Park, Illinois. 1909.
    Ein billiges abgeputztes Landhaus mit einem flachen Dach aus Komposition.

[70] Tafel XLVI. Übersichtsplan der „Como Orchard" Sommer-Colonie. 1909.
[69] Tafel XLVI. Deckblatt. Übersichtsplan der „Como Orchard" Sommer-Colonie.
[71] Tafel XLVII. Klubhaus der „Como Orchard" Sommer-Colonie.
[72] Tafel XLVIIa. Typische Einzelhäuser der „Como Orchard" Sommer-Colonie.
    Ein Plan für eine Kolonie in der Bitter Root Valley Mountains.
    Bestimmt, einer Anzahl von Universitäts-Professoren, deren Obstgärten zusammenstossen, und die im Sommer gerne zusammenleben möchten, Wohnhäuser zu bieten.
    Eine Anordnung von einfachen Holzhäuschen mit einem Zentral-Klubhaus, wo alle ihre Mahlzeiten einnehmen, und wo auch Passanten ein Unterkommen finden.

[74] Tafel XLVIII. Drei typische Landhäuser für Herrn E. E. Waller, River Forest, Illinois.
[73]

[76] Tafel XLIX. Bank und Bureaugebäude für City National Bank, Mason City, Iowa. 1909.
[75] Tafel XLIX. Deckblatt. Seitenansicht der Bank und Hotel in Mason City, Iowa.
    Eine Bank und ein Bureaugebäude verbunden.
    Der Bankraum von oben durch Fenster beleuchtet, die so mit den Bureaufenstern verbunden sind, dass sie einen prächtigen Fries über der schmucklosen Mauer bilden, die den Bankraum einschliesst.
    Das Gebäude steht entfernt von anderen Häusern, um von allen Seiten Licht und Luft zu erhalten.
    Das Hotel ist ein freistehender Bau, in den die Anwaltbureaus des Eigentümers, die einen Separateingang haben, einverleibt sind.

[77] Tafel L. Sommerlandhaus für Frau Elizabeth Stone, Glencoe, Illinois.
    Plan für ein Sommerhaus im Walde. Schlafräume, Wohnzimmer mit Balkon und Esszimmer, das wie eine Halle geöffnet werden kann, jeder Teil ist durch kleine, offene, mit Blumen geschmückte Höfe getrennt.

[78] Tafel LI. Grundriss und Perspektive eines Landhauses für Fräulein Isabel Roberts in River Forest, Illinois. 1909.
    Das Isabel-Roberts-Haus wurde nach dem Plane des Guthrie-Hauses gebaut, nachdem dieser so verändert, dass er für einen schmalen Bauplatz geeignet war. In den charakteristischen Zügen dem alten Plane sehr ähnlich.

[78]     Studie für ein Sommerheim für Herrn E. E. Waller. Charlevois, Michigan.

[79] Tafel LII. Wohnhaus im Vorort für Herrn Walter Gerts, Glencoe, Illinois.
[80]
    Ein einfaches, mit spitzem Dach versehenes, von einem Garten umgebenes Wohnhaus. Das Ganze von einer Mauer eingeschlossen.
    Das Musikzimmer, der Hauptraum des Hauses, im oberen Stock. Zwei Dächer. Das obere Dach ragt über die Enden, das untere über die Seiten des Hauses. Der Raum zwischen diesen Dächern, der einen Luftschacht bildet, lässt der Luft freien Eingang. Kein Keller. Der Plan ist nur für das untere Gartenparterre gegeben.

[82] Tafel LIII. Perspektivische Ansicht. Ländlicher Wohnsitz zu Springfield, Ohio, für Herrn Burton J. Westcott.
    Verputzte Mauern, Ziegeldach, Zementgrundmauern. Haus des Typus mit dem grossen Wohnzimmer, das durch Wandschirme, die auch als Bücherschränke und Sitze neben dem Kamin dienen können, in einzelne Privaträume geteilt werden kann.
    An der Vorderseite eine Fliesenterrasse mit einer besonderen Bedachung im Sommer und einem Lilienteich, mit grossen Betonvasen an jeder Seite.

[81] Tafel LIII. Deckblatt. Grundrisse des Wescott-Hauses.

[83] Tafel LIV. Wohnhaus aus Beton mit Vier-, Fünf- und Sechs-Zimmer-Wohnungen für Herrn Warren Mc. Arthur, Chicago, Illinois.
    Betonmiethaus in Kenwood. Wohnungen von drei, vier und fünf Zimmern für einfache Haushaltungen.
    Der Zentralhof ist nach Süden offen.

[84] Tafel LV. Ruderbootshaus „University of Wisconsin Boat Club".
    Ein Schuppen für leichte Ruderboote im Erdgeschoss, mit schwimmenden Landungsbrücken auf beiden Seiten. Das obere Stockwerk wird als Klubraum benutzt und hat Schränke und Bad.

[85] Tafel LVI a. Wohnhaus für Herrn Avery Coonley in Riverside, Illinois. 1908.
[86]   Innenperspektive der Halle und des Wohnzimmers und Anordnungsplan der Möbel.
[88] Tafel LVII. Landhaus für Avery Coonley, Riverside, Illinois.

Ein einstöckiges Haus, für die Prärie bestimmt, aber mit dem Kellergeschoss ganz über dem Erdboden, ähnlich den Thomas-, Heurtley- und Tomek-Häusern. Alle Räume, mit Ausnahme der Eingangshalle und dem Spielzimmer, sind in einem Stock. Die nach ihrer Bestimmung zusammengehörigen Zimmer sind gruppenweise einzeln behandelt, mit Luft und Licht von drei Seiten und als harmonisches Ganzes gruppiert. Das Wohnzimmer, die Achse der ganzen Wohnung, bildet mit dem Vestibül, den Terrassen, dem Spielzimmer, die in einer Ebene mit dem Garten liegen, den Hauptteil des Planes. Das Esszimmer bildet einen anderen Teil. Die Küche und die Dienerräume liegen in einem getrennten Flügel. Die Familienschlafräume bilden wieder einen anderen Teil und die Fremdenzimmer liegen in einem damit verbundenen Flügel. Der Stall und das Gärtnerhaus liegen nahe beieinander und sind durch einen bedeckten Gang, welcher in der Veranda des Gärtners endet, verbunden. Ein Laubengang durchkreuzt den Garten in seinem hinteren Teile und endet im Dienereingang. Die Ställe, Höfe und Gärten sind von Sandsteinmauern eingeschlossen.

[87] Tafel LVII. Deckblatt. Landhaus für Avery Coonley, Riverside, Illinois. Übersichtsplan.
[89] Tafel LVIII. Deckblatt. Sommerwohnsitz für Herrn Harold Mc Cormick, Lake Forest, Illinois.
[90]   Grundriss.

Fenster, Fensterkreuze, Mauern, sämtliche Leisten in Beton ausgeführt. Überhängende Ziegeldächer. Er sollte an einem hohen Ufer des Michigansees auf einem vorspringenden Punkt zwischen zwei Schluchten liegen.
Eingangshof führt auf den Wald, die Terrassen gehen auf den See. Bedeckte Veranden auf jeder Seite. Familienschlafzimmer in einem freistehenden Flügel mit umzäuntem Garten für die Kinder. Spielhaus in einem Gartenwinkel. Springbrunnen, dessen Wasser seinen Abfluss nach dem kleinen Bergwasser hat, das unter dem Schlafzimmerflügel fliesst. Fremdenzimmer über den Hauptzimmern. Die Dienerzimmer im Küchenflügel werden durch unterirdischen Gang mit den Schlafzimmern verbunden.

[91] Tafel LIX. Sommerwohnsitz für Herrn Harold Mc Cormick, Lake Forest, Illinois.
[93] Tafel LX. Vogelperspektive des Vergnügungsetablissements in Wolf Lake, Indiana.

Bestimmt, mittels Ausbaggerns einer Strecke Moorlandes, das an einen seichten See in der Nähe Chicagos grenzt, als Vergnügungspark zu dienen.
Die verschiedenen Unterhaltungsgegenstände, die gewöhnlich zu solchem Projekt gehören, befinden sich hier auf einem hinteren Felde und ind durch gleichmässige Eingänge, welche auf einer geräumigen runden Allee gebaut sind, verdeckt.
In der Mitte dieser Anordnung ist das Orchester, um welches ein kreisrunder Weg führt und Felder für Wettrennen und Festlichkeiten. Eine gedeckte Laube zieht sich mit Sitzen für Zuschauer um eine Seite herum. Hinter dieser verbindet ein Wasserhof die innere Lagune mit dem See so, dass die Boote von den „Chutes" ihren Weg zum See finden können. Brücken, auf welchen Verkaufsbuden stehen, führen über diesen Wasserhof und verbinden das Mittelfeld mit der Allee.
Auf jeder Seite des Mittelfeldes sind Konzert- und Tanzlokale. Türme, Lauben, Bootshäuser, die mit den angrenzenden Gärten durch Brücken und Wege, die durch architektonische Wände und Wasserhöfe gehen, verbunden sind. Ballons, welche Lichter tragen und fliegende Fahnen, die an farbigen Stangen befestigt sind, dienen als Dekoration.

[92] Tafel LX. Deckblatt. Übersichtsplan und Studie zum Vergnügungsetablissement in Wolf Lake, Indiana.
[94] Tafel LXI. Vorstadt-Wohnhaus für William Norman Guthrie, Sewanee, Tenessee.

Zusammensetzung des Erdgeschosses und Zwischenstockes für ein Haus in den Bergen.
Die Schlafzimmer liegen zehn Stufen über dem Hauptstockwerk, welches sich unmittelbar über dem Erdboden befindet. Unter den Schlafzimmern ist der Keller. Die Dienerzimmer über der Küche. Dieser Plan wurde für das Haus des Herrn Bahers in Wilmette benutzt und, nachdem er verändert, um ihn für einen schmalen Bauplatz passend zu machen, für Isabel Roberts, Herrn Davidson und Herrn Steffens gebaut.

[96] Tafel LXII. Atelier in Concrete für Richard Bock, Bildhauer, Oak Park, Illinois.

Bestimmt für das Heim und die Werkstatt des Bildhauers. Für einen 50 Fuss breiten und 175 Fuss tiefen Bauplatz berechnet. Ein Teich befindet sich in dem vorderen Teile des Bauplatzes.

[95] Tafel LXII. Deckblatt. Grundriss des Ateliers.
[97] Tafel LXIII. Deckblatt. Aufriss und Querschnitt vom Unity-Temple, Oak Park, Illinois.
[98] Tafel LXIII. House und Temple für die Unity Church, Oak Park, Illinois. 1908.

Ein Beton-Monolith in hölzernen Formen ausgeführt. Nach dem Entfernen der Formen werden die äusseren Oberflächen reingewaschen, um das kleine Kiesaggregat zu zeigen. Das vollendete Resultat ist in Textur und Wirkung einem rohen Granit nicht unähnlich. Die Säulen mit ihrer Dekoration wurden in derselben Weise gearbeitet und behandelt. Der Eingang, der beiden Gebäuden gemeinsam ist, verbindet diese im Zentrum. Beide sind von oben erleuchtet. Die Dächer bestehen aus einfachen verstärkten, wasserdichten Betonplatten. Das Auditorium ist eine getreue Wiederbelebung der alten Tempelform, da diese besser den Erfordernissen der Kirchenbesucher unserer Zeit gerecht wird als das Schiff und der Kreuzflügel des Domtypus. Der Platz des Redners ist weit vorne im Auditorium, die Zuhörer sind um ihn versammelt, so dass es dadurch mehr einem freundlichen Zusammenkommen gleicht als in den Kathedralen, wo sie in langen Reihen, die bis nach hinten gehen, sassen, und wo es notwendig, dass der Prediger der Mittelpunkt war, nach dem sich aller Augen richteten. Die Besucher brauchen nicht durch das Auditorium hereinzukommen, sondern durch niedrigliegende Gänge, die von jeder Seite aus hineinführen. Nach dem Gottesdienst schreitet die Versammlung direkt auf die Kanzel zu und verlässt nach zwei Seiten hin das Auditorium. Unity-Haus ist für verschiedene gesellschaftliche Zwecke der Kirche und für die Sonntagsschule bestimmt.

[100] Tafel LXIV. Front vom Unity-Temple.
[99] Tafel LXIV. Deckblatt. Lageplan und Grundriss von der Unity Church.

# FOREWORD

This book, the *Ausgeführte Bauten und Entwürfe von Frank Lloyd Wright*, suggested to Wasmuth, so Wright believed, by the German professor Kuno Francke, is one of the three most influential architectural treatises of the twentieth century. The other two are Le Corbusier's *Vers Une Architecture*, of 1923, and Robert Venturi's *Complexity and Contradiction in Architecture*, of 1966. How different those three books are. *Vers Une Architecture*, of very moderate size, mixes photographs, drawings and text in an explosive crackle of images and ideas. *Complexity and Contradiction*, printed microscopically in the first edition, also incorporates illustrations in the text but pursues a quiet, relentless argument, reflecting respectfully upon the past. Both books are concerned with an integrated structure of forms and ideas, and both were written by men whose own mature work was yet to come. *Ausgeführte Bauten und Entwürfe* is totally different. It presents the work of an architect who had been carrying on a rich and revolutionary practice for almost twenty years. It is a record of work accomplished. Words and images are separated. One may read the introduction or not. I suspect that most Europeans at the time merely skimmed it, since its message would have been familiar enough to them from the European criticism which they already knew. Attention is focused on the drawings. The whole publication is directed toward that end, and the quality of its reproductions, along with its air of noble detachment, make *Vers Une Architecture* and *Complexity and Contradiction* look very tatty indeed.

It is impossible to pick up this magnificent folio publication without feeling exalted. It is big, four-square, solid, and not very thick, like a structural tile or a Roman imperial brick. One feels that if such a unit of structure were to fall open into leaves, like those of a Consular diptych, this is precisely what it would reveal: hard drawings of geometric objects, spatially adjusted in generous sweeps to the broad proportions of the pages. The lines are thin and comparatively few, so that the pages seem vast and the drawings stretch across them as if opening out to reaches of space unknown before. They shape immense voids and come into form out of some primal emptiness. But every drawing is also as solid as the volume it adorns; its lines are lithographed but have the tautness of engravings, so that each page suggests the face of decorated brick or a tile or of one of the flat concrete blocks with which Wright was sometimes to build during the succeeding decades.

One tries to imagine further the reactions of a European opening this volume in 1910. Would he have been impressed by Wright's introduction, however familiar to him its turn of thought may have been? Probably not. It does not seem very impressive today and is surely not one of Wright's most convincing essays. Its virtue, if it can be called that, lies in its intransigence. It is already a document of the International Style. "Eclecticism" is condemned, root and branch, and most of nineteenth-century architecture along with it. But the ideas themselves are all nineteenth-century ones, more Gothic Revival than anything else but a very eclectic collection indeed. They had been formulated by any number of widely differing people, among whom John Ruskin, William Morris, Viollet-le-Duc, Victor Hugo, and Owen Jones had most impressed Wright. Elsewhere, though not here, he tells us that he had read and revered them all. In any event, English moralism is the major aesthetic determinant for Wright – or so the tone of his essay suggests. Fortunately, he ignored it in his actual buildings, often concealing steel flitches between his wooden beams. Theoretically, however, the Renaissance is the enemy for Wright; it enshrined absolutism in politics and academicism in the arts. Democracy is America's answer to it (this from Walt Whitman and Louis Sullivan) – democracy and Nature, the nineteenth-century's God, from which in the end all good and decent forms derive. Here Wright cannot resist playing Benjamin West's "Mohawk warrior" a bit (shown the Apollo Belvedere in Rome, West exclaimed: "God, how like a Mohawk warrior".) Europeans had after all been conditioned since the eighteenth century to expect that from Americans, but he is generally putting together a truly international potpourri of advanced architectural ideas. Louis Sullivan had perhaps expounded some of them earlier and with more Nietzschean consistency, and Adolf Loos had already injected them with an authentic twentieth-century madness which was foreign to Wright, although it would be hard to believe that he had not read *Ornament und Verbrechen* by this time. Wright's sympathetic attitude toward vernacular architecture, though also of Gothic Revival derivation, is similar to that of Loos, and in the end his theoretical rejection of ornament is even more sweeping than that of Loos, despite the fact that his work embodies elaborate ornamental devices of its own. These are especially striking in some of Wright's greatest interiors, those of the Dana House, the Larkin Building, Coonley House and the Unity Temple, which are spectacularly represented among these drawings, as in plates XXXI [47], XXXIII [51], LVI, LVII [85 88], LXIII [97, 98]. In those interiors Wright was creating his own equivalents of the classical orders: new kinds of capitals, vaguely Pre-Columbian in feeling, as in the Larkin Building; intricate systems of interwoven wooden moldings, as in the houses. All of these details were the product of enormous man-hours of work by Wright and the draftsmen in his office, some of them excellent architects themselves. Wright called these decorative systems "democratic" in contrast to the classical orders, because, so he tells us elsewhere, he varied their details and their scale in every project according to the kind of space he wanted to create in each instance. Those variations, so he tells us, had to do with the client. The spaces would, for example, be made higher for a tall client, lower for another and, in fact, lowest of all in the playroom he designed for his children, where adults had to stoop low to get in.

In all that elaborate detailing there was nothing architecturally reductive at all. Wright was trying to rival and to supplant classical architecture. He wanted to do everything it had done but to do it differently. It is therefore interesting that Wright's interiors had very little effect on European architects. Some of the reduced linear stripping in Gropius' Fagus factory of 1911–14 suggests Wright – or perhaps MacIntosh, whose white simplicity is certainly recalled elsewhere in that building – but there is not much more to find. Wright's decoration, and in most instances even the character of his interior spaces as a whole, were not what the young European architects of 1910 wanted to do themselves, and in consequence it was not this aspect of Wright's work that appealed to them. It was instead the abstraction of his plans and his exteriors that seized their imaginations and played a decisive role in setting them on their own ways. This is not surprising, because that abstraction itself was in fact the most important new and powerful quality in Wright's work as a whole. And when they opened the *Ausgeführte Bauten* in 1910 that is what the Europeans saw. The whole publication is, as we have already noted, one integral work of abstract art. As Wright remarks of Giotto's works in his introduction, it is painting and sculpture and suggestive of architecture all at once. The drawings for it had apparently been in preparation in Wright's office since 1907, where they had been worked on by the highly talented members of his staff, all of whom were, with Wright, *de facto* members of the Prairie School and carried its style on after Wright's flight from Oak Park in 1909. Marion Mahony, who married Walter Burley Griffin, another member of the group, and in 1912 helped him win the competition for Canberra with her renderings, was perhaps the most skillful of them all. Plate XIV [21] is signed with her initials and resembles the composition, framed by deep foliage, of Plate LXIII [98], a side view of Unity Temple itself. Her hand, in a more Japanese style, may perhaps be identified in Plate XV [24], a "malerische Ansicht" of the Hardy House in Racine. Its radical emptiness may well have thrown off the printers, who set it upside down in the first edition.

Simplification and abstraction were the objectives of all these drawings. They became so even more in the plates, such as LIII [82] and LXII [96], that Wright apparently worked over himself, and with the assistance of his son, Lloyd, in Florence, just before publication. In these last drawings the buildings really do seem to float in space, cutting their ties with their urbanistic settings and drifting off toward that ideal world of weightless lines and planes toward which the International Style was to yearn. But that abstraction had been central to Wright from very early days. He had come to believe that architecture's associational elements should be factored out as much as possible in order to avoid distracting the viewer from what he believed to be its true nature, which he called its "plastic" one. (We recall Mondrian's *Plastic Art and Pure Plastic Art* of some years later: in his view representation, involving association, irreparably weakened art.) What Wright meant by "plastic experience" is clearly involved with the nineteenth-century concept of empathy, *Einfühlung*. It is a German idea, and it involves the physical association by the viewer of himself with the object viewed. It was thus a newer aesthetic idea than the "associationism" of the late eighteenth and early nineteenth centuries, which involved the identification of cultural signs by the viewer. Empathy was regarded by people as different as Louis Sullivan and Geoffrey Scott as the basis of all aesthetic experience – including, for Scott, as basically for Berenson with his "tactile values" and Fry with his "significant form", that of Renaissance art as well. But Wright regarded the Renaissance and its historical progeny as having smothered the empathetic response under the weight of association – under, that is, eclecticism and the citation of historical styles. So Wright determined to eliminate those stylistic references so far as he was able or, at least, to employ only those which were so culturally remote that the viewer might not recognize them or so exotic that they could be regarded as something pure, fresh, and outside the European experience of history. The International Style, and especially its German wing, was to take exactly the same attitude in the following decades: Japan was acceptable; Greek islands were fine; the Renaissance was out; a residue of Gothic Revival morality, or mythology, kept the happy craftsmen of the Middle Ages in but their forms out. For Wright it was Japan, always strongly working underneath his design, and working through its dark-stripped, light-paneled architecture, not only through its prints, as Wright, who was in fact one of the great collectors of Japanese prints, liked to pretend. Pre-Columbian architecture placed a Mayan entrance mask on the façade of the Winslow House of 1893, the first building of his own that Wright regarded with pride and with which he chose to begin his volume (Plate I [1, 2]). Almost immediately after its publication he was to turn more overtly to Pre-Columbian forms, and they affected his work measurably to the very end. In those same years Wright was also to turn, as Neil Levine has shown, toward an aesthetic based on the imitation of natural forms rather than primarily on conceptual abstraction. Those forms were, however, to be subjected to a considerable level of stylization in order to make them architectural, and that double concept had also been an Amerindian idea.

For all these reasons it is obvious that the *Ausgeführte Bauten* and the concomitant trip to Europe marked a significant moment of crisis and change in Wright's career. His break with his family and with Oak Park in the same years also played a part in it, but it may well have been a result of the crisis rather than a cause. He felt, I believe, that he had played out his time in the suburbs and could develop the kind of architecture he had developed there no further. He needed to rethink his approach to architecture, but his early achievement had to be summed up, memorialized. This is what the *Ausgeführte Bauten* does. And the work of those first years which it commemorates so nobly had been based on pure abstraction, in which, in Wright's own words, art was a matter of "designing" the world rather than of "representing" it. Wright also tells us, though again not here, exactly where he got that idea. It, too, had come to him from Germany, specifically from Friedrich Fröbel, who invented the kindergarten and under whose system of visual education Wright was trained as a child. There is some uncertainty as to dates, since Wright severely edited and rearranged the events of his early life in his *Autobiography* and elsewhere, but it seems clear that from the age of nine at the latest Wright was working with Fröbel's "gifts" and designing with Fröbel's blocks, sticks, and strings. Shapes and patterns derived from them can be identified in all of Wright's buildings, from plan to massing to decorative details. The major characteristic which they share is a severe geometry, blocky, linear, and wholly abstract. Friedrich Fröbel's system was first expounded in his book, *The Education of Man*, of 1829. It was a neo-classic era, and the units of form with which Fröbel works are indeed neo-classic in character, but some significant non-classic variations may occur when they are employed in design. For example, the number of blocks in any gift is very limited, so that a determined child who wants to construct a large building may well be led toward leaving the corners open when he is laying out the plan. Any of Wright's plans will show those rhythmically related blocks and their complementary voids. (One of Wright's sons, John, was deeply interested for many years in a system of play construction involving "Lincoln Logs", which were designed to interlock solidly at the corners.)

German architects in 1910 would therefore have been presented in the *Ausgeführte Bauten* with a set of designs for which the basis was at once neoclassic, abstract, and German. It can be little wonder that they were entranced by them. But some of those architects had already participated in an even closer relationship with Wright's work. Part of that relationship may also be traced back to a common experience of the Fröbel system. The first Fröbel "gift", for example, was intended, in the nineteenth-century sexist way, to be presented by the mother to her son in his first year. It was a ball of yarn in a wooden box. The ball was to be squeezed by the child, through which he was intended by Fröbel to experience an empathetic connection alike with his mother's breast and the orb of the earth, and at the end of his play he was to return the ball snugly to the box. When, then, Joseph Maria Olbrich set out in 1897 to design a building which would shelter and symbolize a new art, in *Secession* from the art which was taught in the academies, he went to the ball in the box as a way to get closer to the empathetic beginnings of things than the academic tradition might be presumed to have done. His ball is a filigree of metal, as close as one can get to woven yarn on the exterior of a building, and it is posed above the center of a chunky composition which is pure Fröbel block, with the central lintel stretched just as far as one of those blocks can be made to span. The whole is spare and abstract, like the Fröbel models, but – how Viennese – Olbrich spreads a lacy Art Nouveau laurel sprouting some Art Nouveau faces across part of the surface. Then Wright takes over. He closely adapts the Secession Building to his needs in the Larkin Building of 1904 and Unity Temple of 1906, his two major monumental buildings of this period, both illustrated in this volume (Plates XXXIII [50, 52], LXIII [97, 98], LXIV [99, 100]). Unity Temple is closer to Olbrich in scale, but Wright has ruthlessly eliminated the laurels and kept the ornament of the piers abstractly Fröbelian. In the Larkin Building, though, Wright includes the ball, here two of them, and he has them being dandled by babies as well.

It would thus appear that there was a strong affinity between Wright and the more or less classicizing, abstracting European architects of the time, and that they even exerted a direct and formative influence upon him long before the Wasmuth publication appeared. Wright, who had been brought up in a cultural atmosphere dominated by German music, had come to love the art of Vienna in particular, and when he visited Europe in 1909 he found that he was called "the American Olbrich". He tells us in his *Autobiography* that he indeed went to Darmstadt to visit Olbrich but was forestalled by the latter's death. Several of the buildings Wright designed directly after his return to America, especially the incomparable Midway Gardens, show a direct connection with the massing and the associated sculpture of Olbrich's Studios at Darmstadt.

An International Style, based largely on abstraction, was therefore already in process of formation well before 1910. Chicago and Vienna were not the only participants. England played an important part, as she had done in all architectural matters throughout the nineteenth century. We have already noted that fundamental moral structure of the movement is largely English. So is the deification of Nature, though that has a considerable German component. It was, as we have seen, central to Wright and was to be more directly active in his later work – by which time, however, it was playing a rapidly diminishing role in the International movement as a whole. But the English influences could also be directly formal. A line can be traced, for instance, from Voysey's house at Bedford Park, of 1888, to the Habich House by Olbrich at Darmstadt, of 1900, to Wright's Fricke House at Oak Park, of 1902. The Fricke House contrasts with the Willitts House of the same year (Willitts was misspelled two or three different ways in this volume) in that it is built of masonry, whereas the other is of the more usual American wood frame construction. In the latter, as handled by Wright, the formal relationships seem to be with Japan, where a skeleton frame was also typical, but when he built in masonry, especially in his earlier houses but also in his monumental structures noted above, Wright seems to have turned toward Austria and, in general, toward the European urban tradition of cubical massing. But Wright's work differs from that of its models in a fundamental way. It is infinitely more integrated in plan, space, structure and massing than they are. In the Larkin Building and Unity Temple all the interior spaces and their functions can be read from the outside. The whole is a functional and formal unity far beyond anything that European architects had done up to that time or, in fact, were to be interested in later during the period of the International Style. Wright called that quality in his work "organic", as part of his obeisance to Nature, but it is a bad use of the term. "Intrinsic" would be a more accurate word to employ, since there is nothing whatever "natural" or which refers to nature biologically in Wright's early work, which is, as we have already said perhaps too often, abstract and conceptual. "Thought-built", Wright called it. Morover, through Fröbel it is connected with European classicism and its essential Neo-Platonic component, celebrating the cosmic order of the circle and the square. The circle was to take over toward the end of Wright's life, but in this earlier period it was the square and its derivatives which dominated his design, though in a distinctly nineteenth century materialist way, so that where Suger, Brunelleschi, or Palladio might well have described Unity Temple's perfect cube in ideal Neo-Platonic terms, Wright merely calls it "a noble form in masonry."

Wright's design was indeed integrated throughout like that of a working machine. Something of this was felt by European architects such as Berlage. Perhaps it played a part in Gropius' thinking when he closely adapted Wright's hotel in Mason City, Iowa, as it was published in the

Wasmuth drawing, Plate XLIX [75], for the court facade of his model factory at Cologne, of 1914. There, however, Gropius abandoned the richly articulated masses of Wright's lower floor in favor of the repetitive sequence of thin piers that Wright used in his Mason City bank next door, Plate XLIX [75, 76], a much less successful building highly flattered by Wright in his rendering of it. So Gropius was already stiffening Wright's work, thinning it out, as the International Style was eventually to do even more completely later. "Flat-chested façades", Wright called such buildings. The outer face of the factory at Cologne more closely resembles Wright's Yahara Boat Club project, Plate LV [84] in this volume, but Gropius spectacularly abandons that model in the swelling glass pavilons he projects from the corners, and thereafter there is almost nothing of Wright to be found in his work. With Mies Van der Rohe Wright's influence was a different matter. It was essential to Mies in his formative work of the twenties and in a sense remained with him throughout his career – which was to culminate in Wright's (though here more correctly Sullivan's) Chicago. Wright's Gerts plan, Plate LII [79, 80], suggests that of Mies' Country House of 1923. And here, in the differences between the two, we are led to speculate about Wright's influence in Holland directly after the Wasmuth publication. Part of it is reflected in the work of architects such as Robert van't Hoff, but it would also seem to have played a part in the abstract experiments of De Stijl, which exerted such a decisive formal influence on Mies and, not always adequately acknowledged, on the Bauhaus as a whole. From the plan of 1923 Mies himself moved rapidly on to his Barcelona Pavillon, of 1929, and here the Yahara Boat Club is vividly recalled once more. The story does not end there. Wright fell on difficult days in the twenties. He explored the Amerindian tradition, but had almost no work to do; but when he began to come back into his full creative flow in the 1930s it was the work of the International Style and that of Mies in particular which seems to have given him the final suggestions he needed to surge forward once more. So buildings such as the Goetsch-Winkler House of 1939 complete a European-American cycle which runs from Berlin to Barcelona and back to the American prairies. But alas, the prairie to which Wright so eloquently refers in his introduction is largely a mythical one so far as Wright's early work is concerned. It was designed, true enough, for land that was usually flat, and which had indeed been prairie a generation before. By Wright's time, though, it had become suburb, and Wright's early houses are conceived and laid out in relation to the overall urbanistic structure of that suburb and must be seen in relation to it. They are not set in vast, uninflected open spaces but on the typical American building lot, of which they make the most marvelous use through their cross-axial plans. Archetypally American, they are set in the middle of modest plots of ground which are covered with grass and planted with trees. In the early twentieth century, those lots were usually unfenced, so that the houses are seen as free-standing objects in space, but they are all bounded by a sidewalk, beyond which is a thin grass plot, also normally planted with trees. Beyond that lies the street, toward which the living areas of the house are customarily oriented. Almost every one of Wright's drawings shows that fundamental urban structure, which is the overall architectural frame without which his individual buildings would make no sense. True enough, Wright has his moments of revolt against that order: he tries to raise his houses on podia in order to lift them a bit above the street, and he likes to disguise the entrance as much as he can. He also eliminates the high-fronted gables and the open front porches of the late nineteenth-century vernacular tradition in favor of much lower gables or almost flat, hipped roofs which emphasize the special familiar world that the house shelters rather than the relation of the domestic dwelling unit to the community as a whole. Wright, like Freud, and in exactly the same years, was preoccupied with the "family romance" of the nineteenth-century middle class. Freud set out to unravel the secrets of those domestic relationships; Wright, quite consciously, to create the ideal setting for them and especially for their raising of children. The American single-family dwelling is not called a "dream house" for nothing.

Despite those variations and rebellions, Wright's houses of the Oak Park years must be seen in a traditional urban context. They are types which make suburban sense. Their individuality – despite Wright's love for the word and the fact that he almost never mentions their context except to deride it – is thus kept within bounds, as that of the International Style, especially in its later phases, not always was. Despite its aggressive stance, the Larkin Building, too, as Plate XXXIII [50–52] shows, fits solidly into its context, and so does Unity Temple, whose closed massing nevertheless reflects the street as, for example, the Guggenheim Museum later does not really do. But the European architects who opened the *Ausgeführte Bauten* saw very little of this, or did not value it if seen. Wright's spinning plan types thus led on to the Bauhaus spinning in space as if freeing itself from the existing roadways and, far beyond that, to the pervasive belief of the International Style – its very worst idea – that the traditional urban and suburban fabrics and all their existing buildings were ridiculous and deserved to be outraged at every turn. In this way the intransigence of Wright, his contempt for the recent past, and his individualistic polemic, all finally worked toward the destruction of the modern city, which had after all been the ultimate achievement of modern art.

All this was perhaps very American of Wright. He *would* integrate, but by God he would do it *alone*. So those drawings he worked over in Florence, Plate LIII [81, 82], LXII [95, 96], begin to drift off into the void, their sidewalks dimming, their street lines fading away, until finally they are related to almost nothing but themselves, having achieved what Wallace Stevens called "The American Sublime . . . the empty spirit in vacant space".

What a strange, modern vision it was, and how purely it shines out in this volume. The success of this publication in Europe – though not in America, where it was at first virtually ignored – was such that it was joined by another, the following year, the *Frank Lloyd Wright: Ausgeführte Bauten*, a more modest production consisting of photographs and plans of completed work. That, too, became a major document of twentieth-century architecture, and it did Wright the great service of showing the world what his work looked like in the flesh. But this book remains unique. It shapes a noble vision, commemorates it, and gets close to the dream. Perhaps this new printing of it will touch America afresh, as it moved Europe more than two long generations ago.

VINCENT SCULLY

# STUDIES AND ▪ ▪ ▪
# EXECUTED BUILDINGS
# BY FRANK LLOYD WRIGHT

FLORENCE, ITALY, June, 1910.

SINCE a previous article, written in an endeavor to state the nature of the faith and practice fashioning this work, I have had the privilege of studying the work of that splendid group of Florentine sculptors and painters and architects, and the sculptor-painters and painter-sculptors, who were also architects: Giotto, Masaccio, Mantegna, Arnolfo, Pisano, Brunelleschi, and Bramante, Sansovino and Angelo.

No line was drawn between the arts and their epoch. Some of the sculpture is good painting; most of the painting is good sculpture; and in both lie the patterns of architecture. Where this confusion is not a blending of these arts, it is as amazing as it is unfortunate. To attempt to classify the works severely as pure painting, pure sculpture, or pure architecture would be quite impossible, if it were desirable for educational purposes. But be this as it may, what these men of Florence absorbed from their Greek, Byzantine and Roman forbears, they bequeathed to Europe as the kernel of the Renaissance; and this, if we deduct the Gothic influence of the Middle Ages, has constituted the soul of the Academic fine arts on the Continent.

From these Italian flames were lighted myriads of French, German and English lights that flourished, flickered feebly for a time, and soon smouldered in the sensuality and extravagance of later periods, until they were extinguished in banal architecture like the Rococo, or in nondescript structures such as the Louvre.

This applies to those buildings which were more or less "professional" embodiments of a striving for the beautiful, those buildings which were "good school" performances, which sought consciously to be beautiful. Nevertheless, as elsewhere, the true basis for any serious study of the art of architecture is in those indigenous structures, the more humble buildings everywhere, which are to architecture what folk-lore is to literature or folk-songs are to music, and with which architects were seldom concerned. In the aggregate of these lie the traits that make them characteristically German or Italian, French, Dutch, English or Spanish in nature, as the case may be. The traits of these structures are national, of the soil; and, though often slight, their virtue is intimately interrelated with environment and with the habits of life of the people. Their functions are truthfully conceived, and rendered directly with natural feeling. They are always instructive and often beautiful. So, underlying the ambitious and self-conscious blossoms of the human soul, the expressions of "Maryolatry," or adoration of divinity, or cringing to temporal power, there is the love of life which quietly and inevitably finds the right way, and in lovely color, gracious line and harmonious arrangement imparts it untroubled by any burden,—as little concerned with literature or indebted to it as the flower by the wayside that turns its petals upward to the sun is concerned with the farmer who passes in the road or is indebted to him for the geometry of its petals or the mathematics of its structure.

Of this joy in living, there is greater proof in Italy than elsewhere. Buildings, pictures and sculpture seem to be born, like the flowers by the roadside, to sing themselves into being. Approached in the spirit of their conception, they inspire us with the very music of life.

No really Italian building seems ill at ease in Italy. All are happily content with what ornament and color they carry, as naturally as the rocks and trees and garden slopes which are one with them. Wherever the cypress rises, like the touch of a magician's wand, it resolves all into a composition harmonious and complete.

The secret of this ineffable charm would be sought in vain in the rarefied air of scholasticism or pedantic fine art. It lies close to the earth. Like a handful of the moist, sweet earth itself, it is so simple that, to modern minds, trained in intellectual gymnastics, it would seem unrelated to great purposes. It is so close that almost universally it is overlooked.

ALONG the wayside some blossom, with unusually glowing color or prettiness of form, attracts us: held by it, we accept gratefully its perfect loveliness; but, seeking to discover the secret of its charm, we find the blossom, whose more obvious claim first arrests our attention, intimately related to the texture and shape of its foliage; we discover a strange sympathy between the form of the flower and the system upon which the leaves are arranged about the stalk. From this we are led to observe a characteristic habit of growth, and resultant nature of structure, having its first direction and form in the roots hidden in the warm earth, kept moist by the conservative covering of leaf mould. This structure proceeds from the general to the particular in a most inevitable way, arriving at the blossom to proclaim in its lines and form the nature of the structure that bore it. It is an organic thing. Law and order are the basis of its finished grace and beauty; its beauty is the expression of fundamental conditions in line, form and color, true to them, and existing to fulfill them according to design.

We can in no wise prove beauty to be the result of these harmonious internal conditions. That which through the ages appeals to us as beautiful does not ignore in its fibre the elements of law and order. Nor does it take long to establish the fact that no lasting beauty ignores these elements ever present as conditions of its existence. It will appear, from study of the forms or styles which mankind has considered beautiful, that those which live longest are those which in greatest measure fulfill these conditions. That a thing grows is no concern of ours, because the quality of life is beyond us and we are not necessarily concerned with it. Beauty, in its essence, is for us as mysterious as life. All attempts to say what it is, are as foolish as cutting out the head of a drum to find whence comes the sound. But we may study with profit these truths of form and structure, facts of form as related to function, material traits of line determining character, laws of structure inherent in all natural growth. We ourselves are only a product of natural law. These truths, therefore, are in harmony with the essence of our own being, and are perceived by us to be good. We instinctively feel the good, true and beautiful to be essentially one in the last analysis. Within us there is a divine principle of growth to some end; accordingly we select as good whatever is in harmony with this law.

We reach for the light spiritually, as the plant does physically, if we are sound of heart and not sophisticated by our education.

When we perceive a thing to be beautiful, it is because we instinctively recognize the rightness of the thing. This means that we have revealed to us a glimpse of something essentially of the fibre of our own nature. The artist makes this revelation to us through his deeper insight. His power to visualize his conceptions being greater than our own, a flash of truth stimulates us, and we have a vision of harmonies not understood to-day, though perhaps to be to-morrow.

THIS being so, whence came corrupt styles like the Renaissance? From false education, from confusion of the curious with the beautiful. Confounding the sensations awakened by the beautiful with those evoked by things merely curious is a fatal tendency which increases as civilization moves away from nature and founds conventions in ignorance of or defiance of natural law.

The appreciation of beauty on the part of primitive peoples, Mongolian, Indian, Arab, Egyptian, Greek and Goth, was unerring. Because of this their work is coming home to us to-day in another and truer Renaissance, to open our eyes that we may cut away the dead wood and brush aside the accumulated rubbish of centuries of false education. This Renaissance means a return to simple conventions in harmony with nature. Primarily it is a simplifying process. Then, having learned the spiritual lesson that the East has power to teach the West, we may build upon this basis the more highly developed forms our more highly developed life will need.

Nature sought in this way can alone save us from the hopeless confusion of ideas that has resulted in the view that beauty is a matter of caprice, that it is merely a freak of imagination,--to one man divine, to another hideous, to another meaningless. We are familiar with the assertion, that, should a man put eleven stove-pipe hats on top of the cornice of his building and find them beautiful, why then they are beautiful. Yes, perhaps to him; but the only possible conclusion is, that, like the eleven hats on the cornice, he is not beautiful, because beauty to him is utter violation of all the harmonies of any sequence or consequence of his own nature. To find inorganic things of no truth of relation beautiful is but to demonstrate the lack of beauty in oneself and one's unfitness for any office in administering the beautiful, and to provide another example of the stultification that comes from the confusion of the curious with the beautiful.

Education seems to leave modern man less able than the savage to draw the line between these qualities.

A KNOWLEDGE of cause and effect in line, color and form, as found in organic nature, furnishes guide lines within which an artist may sift materials, test motives and direct aims, thus roughly blocking out, at least, the rational basis of his ideas and ideals. Great artists do this by instinct. The thing is felt or divined, by inspiration perhaps, as synthetic analysis of their works will show. The poetry which is prophecy is not a matter to be demonstrated. But what is of great value to the artist in research of this nature is knowledge of those facts of relation, those qualities of line, form and color which are themselves a language of sentiment, and characterize the pine as a pine as distinguished from those determining the willow as a willow; those characteristic traits which the Japanese seize graphically and unerringly reduce to simple geometry; the graphic soul of the thing, as seen in the geometrical analyses of Holkusai. Korin was the conscious master of the essential in whatever he rendered, and his work stands as a convincing revelation of the soul of the thing he portrayed. So it will be found with all great work,--with the paintings of Velasquez and Frans Hals; with Gothic architecture: organic character in all.

By knowledge of nature in this sense alone are these guiding principles to be established. Ideals gained within these limitations are never lost, and an artist may defy his "education." If he is really for nature in this sense, he may be "a rebel against his time and its laws, but never lawless."

The debased periods of the world's art are far removed from any conception of these principles. The Renaissance, Barok, Rococo, the styles of the Louis, are not developed from within. There is little or nothing organic in their nature; they are put on from without. The freedom from the yoke of authority which the Renaissance gave to men was seemingly a great gain; but it served only to bind them senselessly to tradition, and to mar the art of the Middle Ages past repair. One cannot go into the beautiful edifices of this great period without hatred of the Renaissance growing in his soul. It proves itself a most wantonly destructive thing in its hideous perversity. In every land where the Gothic or Byzantine, or the Romanesque, that was close to Byzantine, grew, it is a soulless blight, a warning, a veritable damnation of the beautiful. What lovely things remain, it left to us in spite of its nature or when it was least itself. It was not a development;--it was a disease.

This is why buildings growing in response to actual needs, fitted into environment by people who knew no better than to fit them to it with native feeling,--buildings that grew as folk-lore and folk-song grew,--are better worth study than highly self-conscious academic attempts at the beautiful; academic attempts which the nations seem to possess in common as a gift from Italy, after acknowledging her source of inspiration.

ALL architecture worthy the name is a growth in accord with natural feeling and industrial means to serve actual needs. It cannot be put on from without. There is little beyond sympathy with the spirit creating it and an understanding of the ideals that shaped it that can legitimately be utilized. Any attempt to use forms borrowed from other times and conditions must end as the Renaissance ends,--with total loss of inherent relation to the soul life of the people. It can give us only an extraneous thing in the hands of professors that means little more than a mask for circumstance or a mark of temporal power to those whose lives are burdened, not expressed, by it; the result is a terrible loss to life for which literature can never compensate. Buildings will always remain the most valuable asset in a people's environment, the one most capable of cultural reaction. But until the people have the joy again in architecture as a living art that one sees recorded in buildings of all the truly great periods, so long will architecture remain a dead thing. It will not live again until we break away entirely from adherence to the false ideals of the Renaissance. In that whole movement art was reduced to the level of an expedient. What future has a people content with that? Only that of parasites, feeding on past greatness, and on the road to extinction by some barbarian race with ideals and hungering for their realization in noble concrete form.

IN America we are more betrayed by this condition than the people of older countries, for we have no traditional forms except the accumulated ones of all peoples that do not without sacrifice fit new conditions, and there is in consequence no true reverence for tradition. As some sort of architecture is a necessity, American architects take their pick from the world's stock of "ready-made" architecture, and are most successful when transplanting form for form, line for line, enlarging details by means of lantern slides from photographs of the originals.

This works well. The people are architecturally clothed and sheltered. The modern comforts are smuggled in cleverly, we must admit. But is this architecture? Is it thus tradition molded great styles? In this polyglot tangle of borrowed forms, is there a great spirit that will bring order out of chaos? vitality, unity and greatness out of emptiness and discord?

The ideals of the Renaissance will not, for the Renaissance was inorganic.

A conception of what constitutes an organic architecture will lead to better things once it is planted in the hearts and minds of men whose resource and skill, whose real power, are unquestioned, and who are not obsessed by expedients and forms, the nature and origin of which they have not studied in relation to the spirit that produced them. The nature of these forms is not taught in any vital sense in any of the schools in which architects are trained.

A revival of the Gothic spirit is needed in the art and architecture of modern life; an interpretation of the best traditions we have in the world made with our own methods, not a stupid attempt to fasten their forms upon a life that has outgrown them. Reviving the Gothic spirit does not mean using the forms of Gothic architecture handed down from the Middle Ages. It necessarily means something quite different. The conditions and ideals that fixed the forms of the twelfth are not the conditions and ideals that can truthfully fix the forms of the twentieth century. The spirit that fixed those forms is the spirit that will fix the new forms. Classicists and schools will deny the new forms, and find no "Gothic" in them. It will not much matter. They will be living, doing their work quietly and effectively, until the borrowed garments, cut over to fit by the academies, are cast off, having served only to hide the nakedness of a moment when art became detached, academic, alien to the lives of the people.

AMERICA, more than any other nation, presents a new architectural proposition. Her ideal is democracy, and in democratic spirit her institutions are professedly conceived. This means that she places a life premium upon individuality,--the highest possible development of the individual consistent with a harmonious whole,--believing that a whole benefited by sacrifice of that quality in the individual rightly considered his "individuality" is undeveloped; believing that the whole, to be worthy as a whole, must consist of individual units, great and strong in themselves, not yoked from without in bondage, but united within, with the right to move in unity, each in its own sphere, yet preserving this right to the highest possible degree for all. This means greater individual life and more privacy in life,--concerns which are peculiarly one's own. It means lives lived in greater independence and seclusion, with all toward which an English nobleman aspires, but with absolute unwillingness to pay the price in paternalism and patronage asked of him for the privilege. This dream of freedom, as voiced by the Declaration of Independence, is dear to the heart of every man who has caught the spirit of American institutions; therefore the ideal of every man American in feeling and spirit. Individuality is a national ideal. Where this degenerates into petty individualism, it is but a manifestation of weakness in the human nature, and not a fatal flaw in the ideal.

IN America each man has a peculiar, inalienable right to live in his own house in his own way. He is a pioneer in every right sense of the word. His home environment may face forward, may portray his character, tastes and ideas, if he has any, and every man here has some somewhere about him.

This is a condition at which Englishmen or Europeans, facing toward traditional forms which they are in duty bound to preserve, may well stand aghast. An American is in duty bound to establish traditions in harmony with his ideals, his still unspoiled sites, his industrial opportunities, and industrially he is more completely committed to the machine than any living man. It has given him the things which mean mastery over an uncivilized land,--comfort and resources.

His machine, the tool in which his opportunity lies, can only murder the traditional forms of other peoples and earlier times. He must find new forms, new industrial ideals, or stultify both opportunity and forms. But underneath forms in all ages were certain conditions which determined them. In them all was a human spirit in accord with which they came to be; and where the forms were true forms, they will be found to be organic forms,--an outgrowth, in other words, of conditions of life and work they arose to express. They are beautiful and significant, studied in this relation. They are dead to us, borrowed as they stand.

I have called this feeling for the organic character of form and treatment the Gothic spirit, for it was more completely realized in the forms of that architecture, perhaps, than any other. At least the infinitely varied forms of that architecture are more obviously and literally organic than any other, and the spirit in which they were conceived and wrought was one of absolute integrity of means to ends. In this spirit America will find the forms best suited to her opportunities, her aims and her life.

All the great styles, approached from within, are spiritual treasure houses to architects. Transplanted as forms, they are tombs of a life that has been lived.

THIS ideal of individuality has already ruthlessly worked its way with the lifeless carcasses of the foreign forms it has hawked and flung about in reckless revel that in East, as well as West, amounts to positive riot.

Brown calls loudly for Renaissance, Smith for a French chateau, Jones for an English manor house, McCarthy for an Italian villa, Robinson for Hanseatic, and Hammerstein for Rococo, while the sedately conservative families cling to "old colonial" wedding cakes with demurely conscious superiority. In all this is found the last word of the *inorganic*. The Renaissance ended in this,--a thing absolutely removed from time, place or people; borrowed finery put on hastily, with no more conception of its meaning or character than Titania had of the donkey she caressed. "All a matter of taste," like the hats on the cornice.

A reaction was inevitable.

IT is of this reaction that I feel qualified to speak; for the work illustrated in this volume, with the exception of the work of Louis Sullivan, is the first consistent protest in bricks and mortar against this pitiful waste. It is a serious attempt to formulate some industrial and æsthetic ideals that in a quiet, rational way will help to make a lovely thing of an American's home environment, produced without abuse by his own tools, and dedicated in spirit and letter to him.

The ideals of Ruskin and Morris and the teaching of the Beaux Arts have hitherto prevailed in America, steadily confusing, as well as in some respects revealing to us our opportunities. The American, too, of some old-world culture, disgusted by this state of affairs, and having the beautiful harmony in the architecture of an English village, European rural community, or the grandiloquent planning of Paris in view, has been easily persuaded that the best thing we could do was to adopt some style least foreign to us, stick to it and plant it continually; a parasitic proceeding, and in any case futile. New York is a tribute to the Beaux Arts so far as surface decoration goes, and underneath a tribute to the American engineer.

Other cities have followed her lead.

Our better-class residences are chiefly tributes to English architecture, cut open inside and embellished to suit; porches and "conveniences" added: the result in most cases a pitiful mongrel. Painfully conscious of their lack of traditions, our get-rich-quick citizens attempt to buy Tradition ready made, and are dragged forward, facing backwards, in attitudes most absurd to those they would emulate, characteristic examples of conspicuous waste.

The point in all this is the fact that revival of the ideals of an organic architecture will have to contend with this rapidly increasing sweep of imported folly. Even the American with some little culture, going contrary to his usual course in other matters, is becoming painfully aware of his inferiority in matters of dress and architecture, and goes abroad for both, to be sure they are correct. Thus assured, he is no longer concerned, and forgets both. That is more characteristic of the Eastern than the Western man. The real American spirit, capable of judging an issue for itself upon its merits, lies in the West and Middle West, where breadth of view, independent thought and a tendency to take common sense into the realm of art, as in life, are more characteristic. It is alone in an atmosphere of this nature that the Gothic spirit in building can be revived. In this atmosphere, among clients of this type, I have lived and worked.

TAKING common sense into the holy realm of art is a shocking thing and most unpopular in academic circles. It is a species of vulgarity; but some of these questions have become so perplexed, so encrusted, by the savants and academies, with layer upon layer of "good school," that their very nature is hidden; approached with common sense, they become childishly simple.

I believe that every matter of artistic import which concerns a building may be put to the common sense of a business man on the right side every time, and thus given a chance at it, he rarely gives a wrong decision. The difficulty found with this man by the Renaissance, when he tries to get inside,--that is, if he does more than merely give the order to "go ahead,"--arises from the fact that the thing has no organic basis to give; there is no good reason for doing anything any particular way rather than another way which can be grasped by him or anybody else; it is all largely a matter of taste. In an organic scheme there are excellent reasons why the thing is as it is, what it is there for, and where it is going. If not, it ought not to go, and as a general thing it doesn't. The people themselves are part and parcel and helpful in producing the organic thing. They can comprehend it and make it theirs, and it is thus the only form of art expression to be considered for a democracy, and, I will go so far as to say, the truest of all forms.

So I submit that the buildings here illustrated have for the greatest part been conceived and worked in their conclusion in the Gothic spirit in this respect as well as in respect to the tools that produced them, the methods of work behind them, and, finally, in their organic nature considered in themselves. These are limitations, unattractive limitations; but there is no project in the fine arts that is not a problem.

With this idea as a basis, comes another conception of what constitutes a building.

The question then arises as to what is style. The problem no longer remains a matter of working in a prescribed style with what variation it may bear without absurdity if the owner happens to be a restless individualist: so this question is not easily answered.

What is style? Every flower has it; every animal has it; every individual worthy the name has it in some degree, no matter how much sandpaper may have done for him. It is a free product,--a by-product, the result of an organic working out of a project in character and in one state of feeling.

An harmonious entity of whatever sort in its entirety cannot fail of style in the best sense.

In matters of art the individual feeling of the creative artist can but give the color of his own likes and dislikes, his own soul to the thing he shapes. He gives his individuality, but will not prevent the building from being characteristic of those it was built to serve, because it necessarily is a solution of conditions they make, and it is made to serve their ends in their own way. In so far as these conditions are peculiar in themselves, or sympathy exists between the clients and the architect, the building will be their building. It will be theirs much more truly than though in ignorant selfhood they had stupidly sought to use means they had not conquered to an end imperfectly foreseen. The architect, then, is their means, their technique and interpreter; the building, an interpretation if he is a true architect in Gothic sense. If he is chiefly concerned in some marvelous result that shall stand as architecture in good form to his credit, the client be damned, why that is a misfortune which is only another species of the unwisdom of his client. This architect is a dangerous man, and there are lots of his kind outside, and some temptations to him inside, the ranks of the Gothic architects. But the man who loves the beautiful, with ideals of organic natures if an artist, is too keenly sensible of the nature of his client as a fundamental condition in his problem to cast him off, although he may give him something to grow to, something in, which he may be a little ill at ease at the outset.

In this lies temptation to abuses. Where ignorance of the nature of the thing exists or where there is a particular character or preference, it is to a certain extent the duty of an architect to give his client something dated ahead; for he is entrusted by his client with his interests in matters in which, more frequently than not, the client is ignorant. A commission therefore becomes a trust to the architect. Any architect is bound to educate his client to the extent of his true skill and capacity in what he as a professional adviser believes to be fundamentally right. In this there is plenty of leeway for abuse of the client; temptations to sacrifice him in the interest of personal idiosyncrasies, to work along lines instinctively his preference, and therefore easy to him. But in any trust there is chance of failure. This educational relationship between client and architect is more or less to be expected, and of value artistically for the reason that, while the architect is educating the client, the client is educating him. And a certain determining factor in this quality of style is this matter growing out of this relation of architect and client to the work in hand, as well as the more definite elements of construction. This quality of style is a subtle thing, and should remain so, and not to be defined in itself so much as to be regarded as a result of *artistic integrity*.

Style, then, if the conditions are consistently and artistically cared for little by little will care for itself. As for working in a nominated style beyond a natural predilection for certain forms, it is unthinkable by the author of any true creative effort.

Given similar conditions, similar tools, similar people, I believe that architects will, with a proper regard for the organic nature of the thing produced, arrive at various results sufficiently harmonious with each other and with great individuality. One might swoop all the Gothic architecture of the world together in a single nation, and mingle it with buildings treated horizontally as they were treated vertically or treated diagonally, buildings and towers with flat roofs, long, low buildings with square openings, mingled with tall buildings with pointed ones, in the bewildering variety of that marvelous architectural manifestation, and harmony in the general ensemble inevitably result: the common chord in all being sufficient to bring them unconsciously into harmonious relation.

It is this ideal of an organic working out with normal means to a consistent end that is the salvation of the architect entrusted with liberty. He is really more severely disciplined by this ideal than his brothers of the styles, and less likely to falsify his issue.

So to the schools looking askance at the mixed material entrusted to their charge, thinking to save the nation a terrible infliction of the wayward dreams of mere idiosyncrasies by teaching "the safe course of a good copy," we owe thanks for a conservative attitude, but censure for failure to give to material needed by the nation, constructive ideals that would from *within* discipline sufficiently, at the same time leaving a chance to work out a real thing in touch with reality with such souls as they have. In other words, they are to be blamed for not inculcating in students the conception of architecture as an organic expression of the nature of a problem, for not teaching them to look to this nature for the elements of its working out in accordance with principles found in natural organisms. Study of the great architecture of the world solely in regard to the spirit that found expression in the forms should go with this. But before all should come the study of the nature of materials, the *nature* of the tools and processes at command, and the *nature* of the thing they are to be called upon to do.

A training of this sort was accorded the great artists of Japan. Although it was not intellectually self-conscious, I have no doubt the apprenticeship of the Middle Ages wrought like results.

German and Austrian art schools are getting back to these ideas. Until the student is taught to approach the beautiful from within, there will be no great living buildings which in the aggregate show the spirit of true architecture.

AN architect, then, in this revived sense, is a man disciplined from within by a conception of the organic nature of his task, knowing his tools and his opportunity, working out his problems with what sense of beauty the gods gave him.

He, disciplined by the very nature of his undertakings, is the only safe man.

To work with him is to find him master of means to a certain end. He acquires a technique in the use of his tools and materials which may be as complete and in every sense as remarkable as a musician's mastery of the resources of his instrument. In no other spirit is this to be acquired in any vital sense, and without it--well--a good copy is the safest thing. If one cannot live an independent life, one may at least become a modest parasite.

IT is with the courage that a conviction of the truth of this point of view has given that the problems in this work have been attempted. In that spirit they have been worked out, with what degree of failure or success no one can know better than I. To be of value to the student they must be approached from within, and not from the viewpoint of the man looking largely at the matter from the depths of the Renaissance. In so far as they are grasped as organic solutions of conditions they exist but to serve, with respect for the limitations imposed by our industrial conditions, and having in themselves a harmony of idea in form and treatment that makes something fairly beautiful of them in relation to life, they will be helpful. Approached from the point of view that seeks characteristic beauty of form and feature as great as that of the Greeks, the Goths or the Japanese, they will be disappointing; and I can only add, it is a little too soon yet to look for such attainment. But the quality of style, in the indefinable sense that it is possessed by any organic thing, that they have. Repose and quiet attitudes they have. Unity of idea, resourceful adaptation of means, will not be found wanting, nor that simplicity of rendering which the machine makes not only imperative but opportune. Although complete, highly developed in detail, they are not.

Self-imposed limitations are in part responsible for this lack of intricate enrichment, and partly the imperfectly developed resources of our industrial system. I believe, too, that much ornament in the old sense is not for us yet: we have lost its significance, and I do not believe in adding enrichment merely for the sake of enrichment. Unless it adds clearness to the enunciation of the theme, it is undesirable, for it is very little understood.

I wish to say, also, what is more to the point,--that, in a structure conceived in the organic sense, the ornamentation is conceived in the very ground plan, and is of the very constitution of the structure. What ornamentation may be found added purely as such in this structure is thus a makeshift or a confession of weakness or failure.

Where the warp and woof of the fabric do not yield sufficient incident or variety, it is seldom patched on. Tenderness has often to be sacrificed to integrity.

It is fair to explain the point, also, which seems to be missed in studies of the work, that in the conception of these structures they are regarded as severe conventions whose chief office is a background or frame for the life within them and about them. They are considered as foils for the foliage and bloom which they are arranged to carry, as well as a distinct chord or contrast, in their severely conventionalized nature, to the profusion of trees and foliage with which their sites abound.

SO the forms and the supervisions and refinements of the forms are, perhaps, more elemental in character than has hitherto been the case in highly developed architecture. To be lived with, the ornamental forms of one's environment should be designed to wear well, which means they must have absolute repose and make no especial claim upon attention; to be removed as far from realistic tendencies as a sense of reality can take them. Good colors, soft textures, living materials, the beauty of the materials revealed and utilized in the scheme, these are the means of decoration considered purely as such.

And it is quite impossible to consider the building one thing and its furnishings another, its setting and environment still another. In the spirit in which these buildings are conceived, these are all one thing, to be foreseen and provided for in the nature of the structure. They are all mere structural details of its character and completeness. Heating apparatus, lighting fixtures, the very chairs and tables, cabinets and musical instruments, where practicable, are of the building itself. Nothing of appliances or fixtures is admitted purely as such where circumstances permit the full development of the building scheme.

Floor coverings and hangings are as much a part of the house as the plaster on the walls or the tiles on the roof. This feature of development has given most trouble, and so far is the least satisfactory to myself, because of difficulties inherent in the completeness of conception and execution necessary. To make these elements sufficiently light and graceful and flexible features of an informal use of an abode requires much more time and thought and money than are usually forthcoming. But it is approached by some later structures more nearly, and in time it will be accomplished. It is still in a comparatively primitive stage of development; yet radiators have disappeared, lighting fixtures are incorporated, floor coverings and hangings are easily made to conform. But chairs and tables and informal articles of use are still at large in most cases, although designed in feeling with the building.

There are no decorations, nor is there place for them as such. The easel picture has no place on the walls. It is regarded as music might be, suited to a mood, and provided for in a recess of the wall if desired, where a door like the cover of a portfolio might be dropped and the particular thing desired studied for a time; left exposed for days, perhaps, to give place to another, or entirely put away by simply closing the wooden portfolio. Great pictures should have their gallery. Oratorio is not performed in a drawing-room. The piano, where possible, should and does disappear in the structure, its key-board or open-work or tracery necessary for sound its only visible feature. The dining table and chairs are easily managed in the architecture of the building. So far this development has progressed.

Alternate extremes of heat and cold, of sun and storm, have also to be considered. The frost goes four feet into the ground in winter; the sun beats fiercely on the roof with almost tropical heat in summer: an umbrageous architecture is almost a necessity, both to shade the building from the sun and protect the walls from freezing and thawing moisture, the most rapidly destructive to buildings of all natural causes. The overhanging eaves, however, leave the house in winter without necessary sun, and this is overcome by the way in which the window groups in certain rooms and exposures are pushed out to the gutter line. The gently sloping roofs grateful to the prairie do not leave large air spaces above the rooms; and so the chimney has grown in dimensions and importance, and in hot weather ventilates at the high parts the circulating-air spaces beneath the roofs, fresh air entering beneath the eaves through openings easily closed in winter.

Conductor pipes, disfiguring down-spouts, particularly where eaves overhang, in this climate freeze and become useless in winter, or burst with results disastrous to the walls; so concrete rain basins are built in the ground beneath the angles of the eaves, and the water drops through open spouts into their concave surfaces, to be conducted to the cistern by underground drain tiles.

ANOTHER modern opportunity is afforded by our effective system of hot water heating. By this means the forms of buildings may be more completely articulated, with light and air on several sides. By keeping the ceilings low, the walls may be opened with series of windows to the outer air, the flowers and trees, the prospects, and one may live as comfortably as formerly, less shut in. Many of the structures carry this principle of articulation of various arts to the point where each has its own individuality completely recognized in plan. The dining-room and kitchen and sleeping-rooms thus become in themselves small buildings, and are grouped together as a whole, as in the Coonley house. It is also possible to spread the buildings, which once in our climate of extremes were a compact box cut into compartments, into a more organic expression, making a house in a garden or in the country the delightful thing in relation to either or both that imagination would have it.

THE horizontal line is the line of domesticity.
The virtue of the horizontal lines is respectfully invoked in these buildings. The inches in height gain tremendous force compared with any practicable spread upon the ground.

To Europeans these buildings on paper seem uninhabitable; but they derive height and air by quite other means, and respect an ancient tradition, the only one here worthy of respect,--the prairie.

In considering the forms and types of these structures, the fact that they are nearly buildings for the prairie should be borne in mind; the gently rolling or level prairies of the Middle West; the great levels where every detail of elevation becomes exaggerated; every tree a tower above the great calm plains of its flowered surfaces as they lie serene beneath a wonderful sweep of sky. The natural tendency of every ill-considered thing is to detach itself and stick out like a sore thumb in surroundings by nature perfectly quiet. All unnecessary heights have for that reason and for other reasons economic been eliminated, and more intimate relation with out-door environment sought to compensate for loss of height.

THE differentiation of a single, certain simple form characterizes the expression of one building. Quite a different form may serve for another; but from one basic idea all the formal elements of design are in each case derived and held together in scale and character. The form chosen may flare outward, opening flower-like to the sky, as in the Thomas house; another, droop to accentuate artistically the weight of the masses; another be non-committal or abruptly emphatic, or its grammar may be deduced from some plant form that has appealed to me, as certain properties in line and form of the sumach were used in the Lawrence house at Springfield; but in every case the motif is adhered to throughout.

In the buildings themselves, in the sense of the whole, there is lacking neither richness nor incident; but these qualities are secured not by applied decoration, they are found in the fashioning of the whole, in which color, too, plays as significant a part as it does in an old Japanese wood block print.

These ideals take the buildings out of school and marry them to the ground; make them intimate expressions or revelations of the interiors; individualize them, regardless of preconceived notions of style. I have tried to make their grammar perfect in its way, and to give their forms and proportions an integrity that will bear study, although few of them can be intelligently studied apart from their environment.

A study of the drawings will show that the buildings presented fall readily into three groups having a family resemblance; the low-pitched hip roofs, heaped together in pyramidal fashion, or presenting quiet, unbroken sky lines; the low roofs with simple pediments countering on long ridges; and those topped with a simple slab. Of the first type, the Winslow, Henderson, Willits, Thomas, Heurtley, Heath, Cheney, Martin, Little,

Gridley, Millard, Tomek, Coonley and Westcott houses, the Hillside Home School and the Pettit Memorial Chapel are typical. Of the second type, the Bradley, Hickox, Davenport and Dana houses are typical. Of the third, Atelier for Richard Bock, Unity Church, the concrete house of the *Ladies' Home Journal*, and other designs in process of execution. The Larkin Building is a simple, dignified utterance of a plain, utilitarian type, with sheer brick walls and simple stone copings. The studio is merely an early experiment in "articulation."

A type of structure especially suited to the prairie will be found in the Coonley, Thomas, Heurtley, Tomek and Robie houses, which are virtually one floor arrangements, raised a low story height above the level of the ground. Sleeping-rooms are added where necessary in another story.

There is no excavation for this type except for heating purposes. The ground floor provides all necessary room of this nature, and billiard-rooms, or play-rooms for the children. This plan raises the living-rooms well off the ground, which is often damp, avoids the ordinary damp basement, which, if made a feature of the house, sets it so high above the surface, if it is to be made dry, that, in proportion to the ordinary building operation, it rises like a menace to the peace of the prairie.

It is of course necessary that mural decoration and sculpture in these structures should again take their places as architectural developments conceived to conform to their fabric.

TO thus make of a dwelling place a complete work of art, in itself as expressive and beautiful and more intimately related to life than anything of detached sculpture or painting, lending itself freely and suitably to the individual needs of the dwellers, an harmonious entity, fitting in color, pattern and nature the utilities, and in itself really an expression of them in character,—this is the modern American opportunity. Once founded, this will become a tradition, a vast step in advance of the day when a dwelling was an arrangement of separate rooms, mere chambers to contain aggregations of furniture, the utility comforts not present. An organic entity this, as contrasted with that aggregation: surely a higher ideal of unity, a higher and more intimate working out of the expression of one's life in one's environment. One thing instead of many things; a great thing instead of a collection of smaller ones.

THE drawings, by means of which these buildings are presented here, have been made expressly for this work from colored drawings which were made from time to time as the projects were presented for solution. They merely aim to render the composition in outline and form, and suggest the sentiment of the environment. They are in no sense attempts to treat the subject pictorially, and in some cases fail to convey the idea of the actual building. A certain quality of familiar homelikeness is thus sacrificed in these presentments to a graceful decorative rendering of an idea of an arrangement suggesting, in the originals, a color scheme. Their debt to Japanese ideals, these renderings themselves sufficiently acknowledge.

CHARLES E. ROBERTS, FRANCIS W. LITTLE AND DARWIN D. MARTIN—THREE AMERICAN MEN OF AFFAIRS,—WHO HAVE BELIEVED IN AND BEFRIENDED THIS WORK WHEN NATURAL OPPOSITION FROM WITHOUT AND INHERENT FAULTS WITHIN THREATENED TO MAKE AN END OF IT. WITHOUT THEIR FAITH AND HELP THIS WORK WOULD NEVER HAVE REACHED ITS PRESENT DEVELOPMENT.

FRANK LLOYD WRIGHT.

# PLATES

[1] **Plate I.** House for Mr. W. H. Winslow in River Forest, Illinois, Entrance Detail 16.
[2] Many of the features which have since characterized this work originated in this house. The setting of the basement outside the main walls of the house to form a preparation for the projecting sill courses; the division of the exterior wall surfaces into body and frieze, changing the material above the second story sill line, the wide level eaves, with low sloping roofs; the one massive chimney; and the feeling for contrast between plain wall surface and richly decorated and concentrated masses: the use of the window as a decorative feature in itself; the lines of the building extending into the grounds, the low walls and parterre utilized to associate it with its site. A beautiful elm standing near gave the suggestion for the mass of the building.

[3] **Plate II.** House for Mrs. Aline Devin. Ground plan and perspective.
A working out of a difficult problem in planning. A house to be built on a fashionable Chicago Drive, lot fifty feet wide extending from the Drive to the lake shore. An arrangement was desired which should respect the thoroughfare and locate the living-rooms toward the lake,—that is, at the rear of the building. The rear outside entrance is screened within the building itself, the library and dining-rooms looking toward the Drive and toward the lake.
An urban character in the exterior. Designed to be executed in brick, stone and tile.

[4] **Plate III.** Stable of the Winslow house, River Forest. Ground plan and perspective.

[5] **Plate IV.** Perspective and ground plan of a city dwelling for Isadore Heller, Woodlawn Avenue.
Details of Husser house, Buena Park, Chicago. Built in 1896. Brick walls, tile roofs and plaster frieze

[6] **Plate V.** Francis Apartments, Forestville Ave. and 32nd St., Chicago.
A characteristic solution of the apartment house problem as it existed in that neighborhood in 1893.

[7] **Plate VI.** Atelier of Frank Lloyd Wright, Oak Park, Ill.
An early study in articulation—the various functions featured, individualized and grouped.
The working office of the architect.

[8] **Plate VII.** Bird's eye view of Lexington Terraces.
[9] A solution of the low cost housing problem, typical of the great middle west side of Chicago. The building is an aggregation of 3, 4 and 5-room flats—in two groups. Each group has its own inner court, with central heating, lighting, laundry and janitor service.
A 4-room flat for $20 per month, all included; other flats in proportion.
The entrance to each flat is direct from the outside, all common inside halls and stairs having been avoided, and perfect privacy secured.
All public stairs are located in the open at the angles of the courts, or in recessions of outside wall. Each flat has a rear entrance and rear porch. The plan is the development of the Francisco Terraces built for Mr. E. C. Waller in 1894.

[10] **Plate VIII.** Perspective of dwelling for Mr. McAfee, Kenilworth, Illinois.
[11] An early design, made about two years after the Winslow house was designed. A suburban dwelling on the lake shore.
Library top lighted; large living-room, light on two sides.
To be executed in brick, stone, and terra cotta with the roof

[12] **Plate IX.** Perspective of dwelling for Victor Metzger, Sault Ste. Marie, Michigan.
[13] Study and ground plan of Metzger dwelling.

[14] **Plate X.** Hillside Home School building.
[15] Built for the Lloyd Jones sisters in 1906.
Exterior walls are native sandstone and solid oak timber construction. Interior throughout framed of exposed solid oak timbers. Walls sandstone below and plastered above.

[16] **Plate XI.** River Forest Golf Club.

[17] **Plate XII.** Study for a concrete bank building in a small city.
[18] Illustrating an article contributed to the *Brickbuilder* under the caption, "A Village Bank."

[19] **Plate XIII.** A typical house intended to form the unit in the group as arranged in the
[20] "Quadruple Block Plan."
A new scheme for subdividing property, designed to divide the usual "American block" into two parts by means of a private way through the center, and to group the houses in squads of four on each half.
The houses are so placed that a maximum of privacy, and various advantages of position are made possible.

[21] **Plate XIV.** Concrete house originally designed for *Ladies' Home Journal*.
[22] A simple house, four sides alike, for sake of simplicity in making forms, with entry added at side, and trellised terrace.
The chimney supports the floors and carries the water from the roof. An insertion of square colored tiles occurs just beneath the soffit of the eaves, certain ones opening for circulation of air in summer.
The house may be placed upon the lot in two ways, as shown in schemes A and B.

[23]
[24] **Plate XV.** Perspective view of Thomas P. Hardy house, Racine, Wisconsin.
[25]
[26] **Plate XVI.** Perspective view of the Ullman house.
[27] A further development of the scheme for the Robert Clark house at Peoria.
The dining-room is dropped to the garden level and the covered porch placed above it, both being reached directly from the living-room.
The kitchen is level with the dining-room and the mezzanine stair landings. Study and servants'-rooms are level with the covered porch. The bed-room floor is above.

[28] **Plate XVII.** Perspective of a city dwelling for W. R. Heath, Buffalo, New York. 1903.
[29]
[30] **Plate XVIII.** Suburban dwelling of Frank Thomas, Oak Park, Illinois. 1904.
Plastered on wooden frame. No excavated basement; all rooms above grade. A prairie type.

[31] **Plate XIX.** Suburban dwelling for Mrs. Martin, Oak Park, Illinois. 1901.
A practical solution of the porch problem.
It is treated here as a semi-detached pavilion placed within the grounds to the south, but not shutting out the sunlight from the living-rooms.
The house is a plastered house, and the eaves are plastic in form.

[32] **Plate XX.** Dwelling of Arthur Heurtley.
Same type as Thomas house, with living-rooms, kitchen and family bed-rooms on main floor. Two guest-rooms and bath, children's play-room and servants'-room on ground floor. No upper floor.

[33] **XXI.** Dwelling and garden for W. E. Martin, Oak Park, Illinois.

[34] **XXII.** Living-room in the residence of Harley Bradley, Kankakee, Illinois.
Two rug patterns.

[35] XXIII. Typical low cost suburban dwelling contributed to the Curtis Publishing Company.

[36] XXIV. Suburban dwelling for Warren F. Hickox, Kankakee, Illinois. 1900.

[37] XXV. Ward W. Willitt's ground plan and perspective of villa, Highland Park, Illinois.
>A wooden house, plastered outside upon metal lath with cement plaster. Foundation and base-course of cement. Trimmings of wood.

[38] XXVI. Masonry dwelling for Mr. Martin, Buffalo, New York. Adjoining the Martin residence.
>A building in the larger Martin group, occupied as a separate residence.
>A type of floor plan originated in the Walser house at Austin. The main floor is one large room, with entrance and porch at one side, and stair and kitchen on the other.

[39] Plate XXVII. A plastered house with cement base and wooden trimmings of the open single room type, with alcoved ends, originated in the Warren Hickox house at Kankakee.

[40] Plate XXVIII. Residence of F. W. Little, Peoria, Illinois. 1900.
>A residence of cream-colored brick. The plan is as the residence was finally built.
>The exterior sketch, the original scheme.

[41] Plate XXIX. House of K. C. De Rhodes at South Bend, Indiana.
>A working out of the main floor as a single room, with utility screens. Kitchen and entrance apart. Similar in scheme to Walser, Martin, Henderson and Hickox houses.

[42] [43] Plate XXX. Residence of one-story and basement house of E. H. Cheney, Oak Park, Illinois. 1904.
>A one-story brick house set within gardens enclosed by brick walls.
>The sleeping-rooms separated from the living-rooms by a corridor.
>Heating-room, laundry, store-rooms and servants'-rooms in basement.

[44] [45] [46] [47] Plate XXXI. General view of a city dwelling for Mrs. Susan L. Dana, Springfield, Illinois. 1899.
>A home designed to accommodate the art collection of its owner and for entertaining extensively, somewhat elaborately worked out in detail.
>Fixtures and furnishings designed with the furniture.
>It is not entirely new. The old house, which was incorporated in the structure, is outlined by a heavy line on the plan.
>The gallery is designed as a gathering place for the artistic activities of the community, and to accommodate the collection made by its owner. It is connected by a covered passage with the house, the passage itself serving as a conservatory.
>The hall, dining-room and gallery extend through two stories, and with the ceilings formed in the roof.
>The terra cotta figure at the entrance was modeled by Richard W. Bock, sculptor.
>The interior walls are of cream-colored brick closely laid. The woodwork is of freely marked red oak.
>The sand-finished plaster ceilings are ribbed with wood and stained. Around the dining-room is a decoration of sumac (the plant motif for the decoration of the house proper) and fall flowers, stained in the sand-finished background by George Niedecken.
>The furniture and fittings were designed with the buildings.

[48] [49] Plate XXXII. Dwelling of D. D. Martin, Buffalo, New York. 1904.
>Reference to the general plan of the Martin house will show certain free standing groups of piers. In the central chamber formed by the piers the radiators are located, and the lighting fixtures are concentrated upon the piers themselves. Bookcases, swinging outward, are placed below between the piers; the open spaces above are utilized as cabinets, and from these the heat passes into the rooms. Fresh air is let into the central chamber through openings between the piers and the bookcases. The radiators and the appurtenance systems are thus made an artistic feature of the architecture.
>The Martin house is fireproof, the walls are of brick, floors of reinforced concrete overlaid with ceramic mosaic; roofs tiled. The vitreous brick used in the exterior walls is worked with bronzed joints into the walls and piers of the interior. The brick on these interior surfaces is used in a decorative sense as a mosaic. The woodwork throughout is of fumed white oak. A pergola connects the house with a conservatory, which in turn is connected by means of a covered way with the stable.

[50] [51] [52] Plate XXXIII. Administration building for the Larkin Co. Ground plan and perspective. 1903.
>*The Larkin Building* is one of a large group of factory buildings situated in the factory district of Buffalo. It was built to house the commercial engine of the Larkin Company in light, wholesome, well-ventilated quarters. The smoke, noise and dirt incident to the locality made it imperative that all exterior surfaces be self-cleaning, and the interior be created independently of this environment. The building is a simple working out of certain utilitarian conditions, its exterior a simple cliff of brick whose only "ornamental" feature is the exterior expression of the central aisle, fashioned by means of the sculptured piers at either end of the main block. The machinery of the various appurtenance systems, pipe shafts incidental thereto, the heating and ventilating air in-takes, and the stairways which serve also as fire-escapes, are quartered in plan and placed outside the building at the four outer corners, so that the entire area might be free for working purposes. These stair chambers are top-lighted. The interior of the main building thus forms a single large room in which the main floors are galleries open to a large central court, which is also lighted from above. All the windows of the various stories or "galleries" are seven feet above the floor, the space beneath being utilized for steel filing cabinets. The window sash are double, and the building practically sealed to dirt, odor and noise, fresh air being taken high above the ground in shafts extending above the roof surfaces. The interior is executed throughout in vitreous, cream-colored brick, with floor and trimmings of "magnesite" of the same color. The various features of this trim were all formed within the building itself by means of simple wooden moulds, in most cases being worked directly in place. So the decorative forms were necessarily simple, particularly so as this material becomes hot while setting and expands slightly in the process. The furnishings and fittings are all of steel, and were designed with the structure. The entrance vestibules, from either street and the main lobby, together with the toilet accommodations and rest rooms for employes, are all located in an annex, which intercepts the light from the main office as little as possible. The fifth floor is given to a restaurant for employes, with conservatories in mezzanines over kitchen and bakery at either end, opening in turn to the main roof, all of which together constitutes the recreation ground available for employes. The structure, which is completely fireproof, together with its modern heating, ventilating and appurtenance system, but exclusive of metal fixtures and furnishings, cost but little more than the average high-class fireproof factory building—18 cents per cubic foot. Here, again, most of the critic's "architecture" has been left out. Therefore the work may have the same claim to consideration as a "work of art" as an ocean liner, a locomotive or a battle ship.

[53] [54] Plate XXXIV. Country house for C. Thaxter Shaw, Montreal, Canada.
>A design for a granite house on the mountain side at Montreal. Approached on either side by drives, passing in front of the house on a terrace arrangement. Entrance through loggia on this terrace to the living-rooms on main floor, which is level with garden at rear and sides. Sleeping-rooms above.
>Enclosed garden at front, below terraces.

[55] Plate XXXV. Suburban residence for Mr. Tomek, Riverside, Illinois.
>A characteristic "prairie house," similar in scheme to the Thomas, Heurtley and Coonley houses.
>The plan was later elaborated into the plan of the Robie house.

[56] **Plate XXXVI.** Exposition building, containing an exhibition-room and lecture-room for the Larkin Co. at the Jamestown Exhibition.
Executed in wood and plaster.

[56] **Plate XXXVI.** Browne's Book-Store. A long, narrow room in a down-town building converted into a book-store. The walls and ceiling were re-formed, and alcoves with chairs and tables provided for the convenience of customers.
The panels and walls are of stained cream-colored plaster, the woodwork of gray oak, the floors of ivory-colored magnesite, with lines of brass inlay; the light fixtures of ivory glass and brass. The ceiling was given a slight pitch from sides to center. The alcove beneath the balcony at end is the "children's corner."

[57] **Plate XXXVII.** City dwelling of Fred. C. Robie, Woodlawn Ave. and 57th St., Chicago.
[58] 1909.
A city dwelling with a south front, built of slender brown bricks, with stone trimmings. Roofs tiled, with copper cornices.
A single room type, similar to Tomek, Coonley and Thomas houses, well open to the south, with balcony and enclosed garden. Sleeping-rooms added in belvedere. Garage connected to house, with servants-rooms over. No excavation except for heater and coal.
A highly developed working out of organic relation between exterior and interior—clean, sweeping lines and low proportions preserving openess and airiness of feature and arrangement throughout.

[59] **Plate XXXVIII.** "Horse Shoe Inn," Estes Park, Colorado.
[60] A summer hotel or "inn" on a pine-clad slope of the Colorado mountains. To be built of undressed lumber; the walls sided with wide boards put on horizontally, with battens; stained. The chimneys worked out in rough, flat field stones.

[61] **Plate XXXIX.** Suburban residence for Mr. Clark, Peoria, Illinois. Perspective and ground plan. 1900.
The dining-room dropped below the living-room, and covered porch above, so that both are reached directly from it by a short flight of stairs. From this side is the outlook over the city and the river. Service is arranged to this porch so that it may be used as a dining-room in summer. It is also connected with the bed-room floor, and may be used as a sleeping porch.

[62] **Plate XLa.** Workmen's cottages for Mr. E. C. Waller, Chicago, Illinois.
Two stories each and basement.

[62] **Plate XLb.** Suburban cottage for Miss Grace Fuller, Glencoe, Illinois.

[63] **Plate XLI.** Pettit Memorial Chapel, Belvidere, Illinois.
A small inexpensive burial chapel at Belvidere, Illinois.
A simple, not unhomelike room for services, with shelter at rear and sides to accommodate people waiting for cars.
A memorial tablet and modest fountain characterize it as a memorial to Mr. Pettit.

[64] **Plate XLII.** River Forest Tennis Club, River Forest, Illinois. 1906.
A simple wooden building set up on posts, built to house the River Forest Tennis Club. Located and planned to afford an outlook over the tennis courts and a good dancing floor, with comfortable ingle nooks.
The walls are of wide boards laid on horizontally, joints covered with battens.

[65] Plate XLIII. A simple wooden house of bungalow type on the edge of a ravine in Glencoe.
Designed to be occupied without servants, although room is provided for them below stairs. The living-room is used as the dining-room in winter. In summer the enclosed veranda is used.

[66] Plate XLIII. A board house for Mr. Stewart at Fresno, California.

[66] Plate XLIII. Sketch for one-story rambling dwelling on the lake shore, beside a deep ravine, at Highland Park, for Mr. Adams.
Plaster and wood.

[67] Plate XLIV. Suburban dwelling for George E. Millard, Highland Park, Illinois.
A simple wooden house in the woods by a Highland Park ravine.

[68] Plate XLV. Cottage for Mrs. Thomas H. Gale, Oak Park, Illinois.
A simple treatment of the small house problem, with flat composition roof.

[69] Plate XLVI. General perspective view of Como Orchard Summer Colony.
[70] Designed to give accommodation to a group of university men owning adjoining orchards and wishing to live near in summer time.
An arrangement of simple wooden cabins with a central club house, where all go for meals, and transients may also be accommodated with rooms.

[71] Plate XLVII. Central club house for the colony.

[72] Plate XLVIIa. Typical cottages, Como Orchard Colony.

[73] Plate XLVIII. Three typical houses for real estate subdivision for Mr. E. C. Waller.
[74] Hip roof, flat roof and gable.

[75] Plate XLIX. Bank and office building for the City National Bank, Mason City, Iowa.
[76] A bank with offices to let above.

[77] Plate L. Cottage for Elizabeth Stone, Glencoe, Illinois.
Design for a summer house in the wood.
Sleeping-rooms, living-room with balcony, and dining-room, which may be opened like a porch, and each separated by small, open, flower-filled courts.

[78] Plate LI. The house of Isabel Roberts in River Forest, Illinois.
A working out for a narrower lot of the plan devised for Wm. Norman Guthrie, Sewanee, Tennessee and afterwards built for Frank T. Baker at Wilmette, Illinois.

[78] Plate LIb. Study for a summer house for Mr. E. C. Waller at Charlevoix, Michigan.

[79] Plate LII. Home for Walter Gerts at Glencoe, Illinois.
[80] A simple gabled residence in a garden behind a wall.
The music-room, on the bed-room floor, the main feature of the house. The roof is doubled, with circulating air spaces between, the upper roof projecting over the ends, the lower over the sides of the building; the rooms extending into the roof space beneath the lower roof.
No excavation. Plan given of lower story on garden level.

[81] **Plate LIII.** House, pergola and garage for Burton S. Westcott at Springfield, Ohio.
[82]
    Plastered walls, tile roof, cement base courses and ground work. House of the large living-room type; the necessary privacy for various functions obtained by screens, contrived as bookcases, and seats beside the central fireplace.
    In front a tiled terrace, to be covered with awning in summer, and a lily pool, flanked with large cast concrete vases.
    The grounds are terraced above the street.

[83] **Plate LIV.** Concrete flat building at Kenwood for Warren McArthur. Arrangement of three, four and five-room apartments for light housekeeping.
    The central court open to the south.

[84] **Plate LV.** Boathouse for the University of Wisconsin Boat Club.
    A shelter for rowing shells on the ground floor, with floating landing piers on either side. The floor above is utilized as a club room, with lockers and bath.

[85] **Plate LVI.** Dwelling for Mr. and Mrs. Avery Coonley, Riverside, Illinois.
    Living-room interior.

[86] **Plate LVIa.** Dwelling for Mr. and Mrs. Avery Coonley.
    Inner perspective of entrance alcove of living-room, and plan showing disposition of furniture.

[87] **Plate LVII.** Residence of Mr. and Mrs. Avery Coonley.
[88]
    A one-story house designed for the prairie, with the basement entirely above ground, similar to Thomas, Heurtley and Tomek houses. All rooms, except entrance hall and play-room, are on one floor. Each separate function in the house is treated for and by itself, with light and air on three sides, and grouped together as an harmonious whole. The living-room is the pivot of the arrangement, with entrance, play-room and terraces below, level with the ground, forming the main unit of the design. The dining-room forms another unit. The kitchen and servants' quarters are in an independent wing. Family sleeping-rooms form still another unit, and the guest-rooms a pendant wing. Stable and gardener's cottage are grouped together and informally connected by a covered way, which terminates in the gardener's veranda. An arbor crosses the garden to the rear, terminating in the service entrance. The stables, stable yards and gardens are enclosed by plastered walls.

[89] **Plate LVIII.** Designed for summer residence of Harold McCormick at Lake Forest.
[90]
    To be cast, window mullions, walls and members in concrete, with overhanging tile roofs.
    To be situated on a high bank of Lake Michigan on a projecting point formed by two ravines.
    Entrance court toward forest; terraces toward lake. Several porches on either side.
    Family bed-rooms in independent wing, with enclosed garden for children; play-house at angle of wall. fountain emptying into head of ravine, which passes beneath the bed-room wing.
    Guest-rooms over main rooms. Servants in kitchen wing. Underground corridor connects servants' quarters with bed-rooms.

[91] **Plan LIX.** Summer residence of Harold McCormick, from the lake.

[92] **Plate LX.** Amusement resort designed to be built at Wolf Lake, Indiana.
[93]
    Designed to utilize, by means of dredging, a tract of swamp land bordering on a shallow lake in the vicinity of Chicago, as an amusement resort.
    The concessions usual to such a project are here screened in a back field by means of uniform entrances constructed on a spacious circular mall.
    At the center of the arrangement is the band stand, with a circular tract and field for races and fetes. A covered pergola extends around one side, with seats for onlookers. Back of this a water-court connects the inner lagoon with the lake, so that boats from the cluster may find their way to the lake. Bridges, carrying sale booths, cross this water court, connecting the central field with the mall.
    On either side of the central field are casinos, towers, pergolas, boat houses, bathing pavilions, connecting with the adjoining gardens by means of bridges and ways, passing through architectural screens and water courts.
    Balloon-carrying lights and colored streamers fixed to flying gaffs are utilized as decorations.

[94] **Plate LXI.** Dwelling for William Norman Guthrie, Sewanee, Tennessee.

[95] **Plate LXII.** Atelier in concrete for Richard Bock, sculptor, Oak Park, Illinois.
[96]
    Designed as a home and workshop for the sculptor. To be located on a lot 50 feet wide by 175 feet deep. A pool occupies the front of the lot.

[97] **Plate LXIII.** House and temple for Unity Church, Oak Park, Illinois.
[98]
    A concrete monolith cast in wooden moulds or "forms." After removing the forms the exterior surfaces are washed clean to expose the small gravel aggregate, the finished result in texture and effect being not unlike a coarse granite. The columns, with their decoration, were cast and treated in the same way. The entrance is common to both buildings, and connects them at the center. Both are lighted from above. The roofs are simple reinforced concrete slabs, waterproofed. The auditorium is a frank revival of the old temple form, as better suited to the requirements of a modern congregation than the nave and transept of the cathedral type. The speaker is placed well out in the auditorium, his audience gathered about him in the fashion of a friendly gathering, rather than as fixed in deep ranks, when it was imperative that the priest make himself the cynosure of all eyes. After services the audience moves directly toward the pulpit and out at either side of the auditorium itself. Unity House is designed for the various social activities of the church and for the Sunday school.

[99] **Plate LXIV.** Facade of Unity Temple.
[100]

# GLOSSAR · GLOSSARY

ab: down
Abhang: slope
Absatz: landing, stair
Abzug: sink, exhaust
Alkoven: alcoves
Allee: avenue
Anfahrt: entrance drive
Angestellte: employees
Ankleidezimmer: dressing room
Anrichtezimmer: pantry
Arbeitstisch: work table
Arbeitszimmer: study
Atelier: studio
auf: up
Aufbewahrungsort: depository
Ausgang: exit
Außenansicht: exterior view
Äußeres: exterior
Ausstellung: exhibition, display

Bach: brook
Bächlein: rivulet
Bäckerei: bakery
Bad: bath, bathroom
Badestrand: beach
Balkon: balcony
Bank: bank, bench
Baum: tree
bedeckt: covered
Berieselungsgraben: irrigation ditch
Bibliothek: library

Bildsäule: statue
Blumen: flowers
Blumenbeet: flowerbed
Bogen: arch
Bogengang: arched way
Brennholz: firewood
Brücke: bridge
Brunnen: fountain
Bücher: books
Bücherei: library
Bücherzimmer: library
Buchhalter: bookkeeper
Bude: booth, stall
Bureau: office

Cassierer: cashier
Chor: choir
Closet: lavatory, toilet
Coje: stand, booth

Dach: roof
Dachgarten: roof garden
darüber: above
Deckfenster: skylight
Diener: servant
Dienerin: maid
Diensthof: servants' court yard
Diensttreppe: service stairs
Dienstweg: service way
Druckerei: print room
durch: by

Ecke: corner
Einlage: insertion, inlay
einleitend: preliminary
Eintritt: entrance
Eintrittshalle: entrance hall
Einzelheit: detail
Eis: ice
Eltern: parents
Empfangszimmer: reception room
Entwurf: sketch
Entwurfszimmer: drafting room
Erdgeschoß: ground floor
erhöht: raised, elevated
Erholungsraum: recreation room
Eßtisch: dining table

Fahreintritt: entrance drive
Fahrräder: bicycles
Fahrstuhl: elevator
Fahrweg: driveway
farbig: colored
Fenster: window
Fensterrahmen: window frame
Festsaal: banquet hall
feuerfest: fireproof
Feuerraum: furnace room
Frauen: ladies
Frühstück: breakfast
Fundament: basement
für: for
Fuß: foot

Galerie: gallery
Gang: passage
Garderobe: wardrobe
Garten: garden
Gärtnerhäuschen: gardener's cottage
Gasse: alley, lane, street
Gastzimmer: guest room
Gedächtnisfeier: memorial service
Gedächtnisnische: memorial niche
Gehege: enclosure
gelb: yellow
Geld: money
Gemeintreppe: common staircase
Gerät: tool
Geschoß: floor, story
Gewölbe: vault
Glas: glass
Grund: ground
Grundriß: ground plan

Halbkreis: semicircle
Halle: hall
Haupteintritt: main entrance
Hauptgeschoß: main floor
Haus: house
Haushälterin: housekeeper
Hausmeister: caretaker
Heizkörper: radiator, heating
herüber: across
Hof: yard, court
Höhe: height

Höhe des Erdbodens: ground-floor level
höherer Teil: upper part
Holz: wood
Hörsaal: auditorium
Hühnerhof: chicken yard

im Freien: outdoor
Inneres: interior

Kamin: chimney, fireplace
Kanzel: pulpit
Kassengehilfe: bank clerk
Keller: cellar
Kinder: children
Klavier: piano
Kleider: clothes
Kloster: cloister
Klub-Haus: clubhouse
Koffer: trunk, luggage
Kohle: coal pile
Kommis: clerk
Konzertzimmer: music room
Küche: kitchen
Kühlraum: cold storage room
Kuhstall: cow barn
Kunstgewerbeklasse: applied-arts class
Kunstschule: art school
Kutscher: coach man

Laden: shop, store
Ladentisch: counter
Lageplan: site plan
Landungsbrücke: landing stage, pier
Laube: pergola
Leinen: linen
Licht: light
Lichtschacht: light well
Lisene: pilaster strip

Mädchen: maid
Männer: men
Mauer: wall
Meer: sea
Metall: metal
mit: with
Möbel: furniture
Mosaik: mosaic

Nähstube: sewing room

ober: upper
Obergeschoß: upper floor
Oberlicht: skylight
offen: open
Orgel: organ

Pfarrer: minister, pastor
Physisches: physics
Platte: plate, tile
Privatbureau: private office

Querschnitt: section

Rasenplatz: lawn
Raum: room
Rednerbühne: speaker's platform
Rettungsleiter: escape ladder
rot: red
Ruderboot: rowboat

Saal: hall
Schema: diagram, model
Schlafveranda: sleeping porch
Schlafzimmer: bedroom
Schlucht: ravine
schräg: slanting, inclined
Schrank: closet, locker

Schrankzimmer: locker room
Schule: school
Schuppen: barn
schwimmend: floating
Sicherheitsgewölbe: safety vault
sieben: seven
Sitz: seat
Sitzkasten: bench
Sommer-Wohnsitz: summer home, residence
Sonntagsschule: Sunday school
Speisetisch: dining table
Speisezimmer: dining room
Springbrunnen: fountain
Stallhof: stable yard
Stange: mullion
Steinschaft: stone column
Steinschnitt: stone-cutting, carved stone
Strand: beach
Straße: street
Stuck: stucco
Stufe: step
Süd: south

Tanzsaal: dance hall
Teich: pond, pool
Teil: section, portion
Telefonzelle: telephone booth
Tennisplatz: tennis court
tief: deep
Tisch: table
Treppe: steps, stairs
Turm: tower
Turnhalle: gymnasium
typisch: typical

über: above
um: around
umrändert: bordered, edged

und: and
unterbrochen: interrupted, broken
Unterhaltung: maintainance area
unterirdischer Gang: underground passage
untief: shallow
Urne: urn

Vereinszimmer: club room
Versammlung: assembly
versenkt: sunken
vertieft: sunk, embedded
Verzierung: decoration
vier: four
Vorbau: porch
Vorderfront: front
Vorfahrt: driveway
Vorort: suburb
Vorrat: stock, supply
Vorratsraum: pantry
Vorstadthaus: suburban house
Vorzimmer: anteroom

Wagenremise: coach house
Wäscherei: laundry room
Waschraum: lavatory
Weg: park, road
weiß: white
Werkstatt: workshop, studio
Wohnstube: living room
Wohnung: residence, apartment
Wohnungssaal: reception room
Wohnzimmer: living room

Ziegel: brick, tile
Zimmer: room
zu (zum, zur): to
zwei: two
Zwischenstock: mezzanine

TAFELN · PLATES

TAFEL LVILLA FÜR HERRN WINSLOW IN RIVER FOREST, ILLINOIS. EINGANGSDETAIL.   GEDRUCKT UND VERLEGT VON ERNST WASMUTH A.-G., BERLIN

QUERSCHNITT

STEINSCHNITTE UM DIE FENSTER

URNE

MOSAIC

EINZELHEIT DES EINTRITTS

[1]

TAFEL I. VILLA FÜR HERRN WINSLOW IN RIVER FOREST, ILLINOIS. EINGANGSDETAIL.

GEDRUCKT UND VERLEGT VON ERNST WASMUTH A.-G., BERLIN

TAFEL II GRUNDRISSE UND PERSPEKTIVE (WASSERSEITE) STÄDTISCHES WOHNHAUS BEI CHICAGO FÜR FRAU ALINE DEVIN

GEDRUCKT UND VERLEGT VON ERNST WASMUTH A.-G., BERLIN

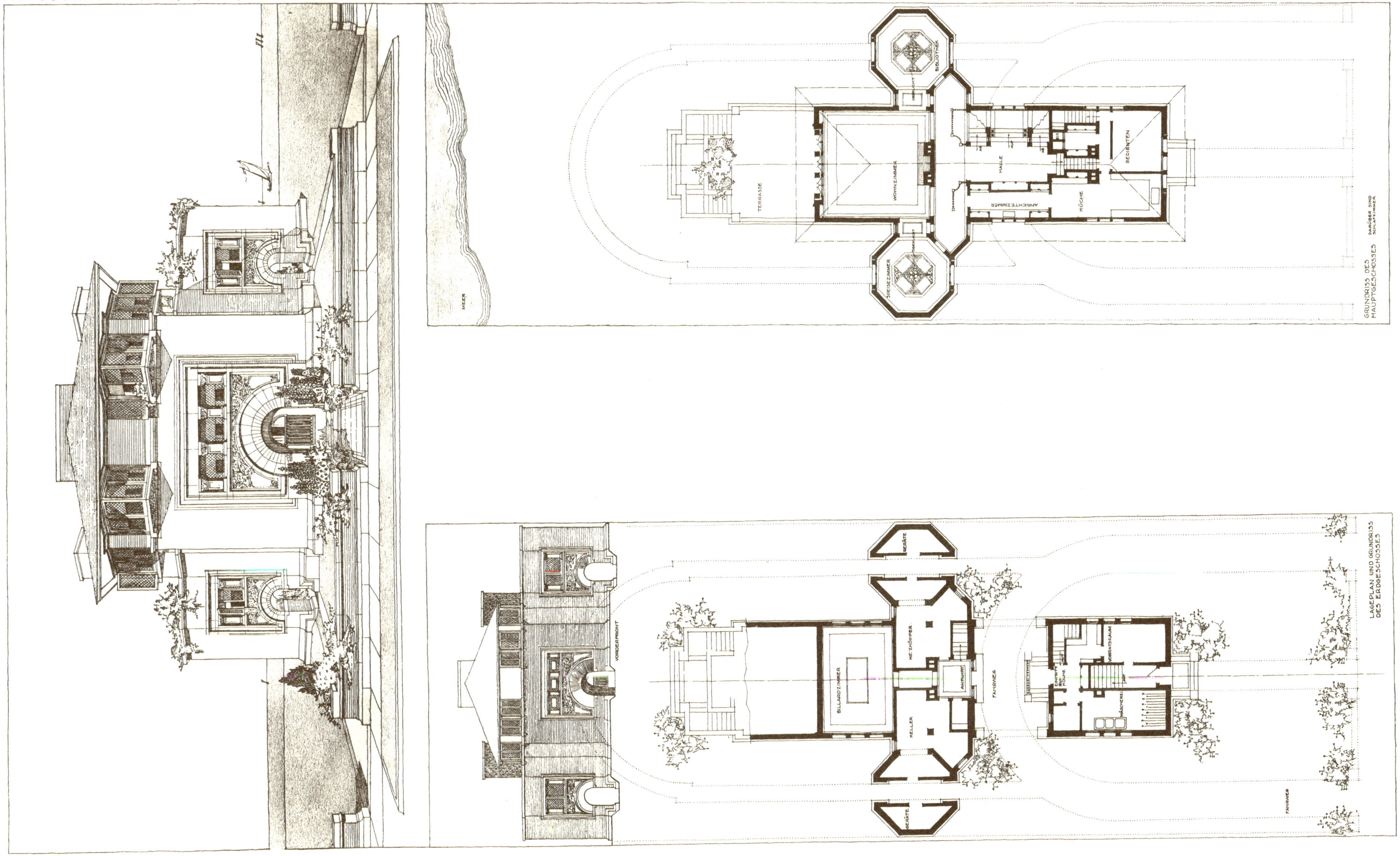

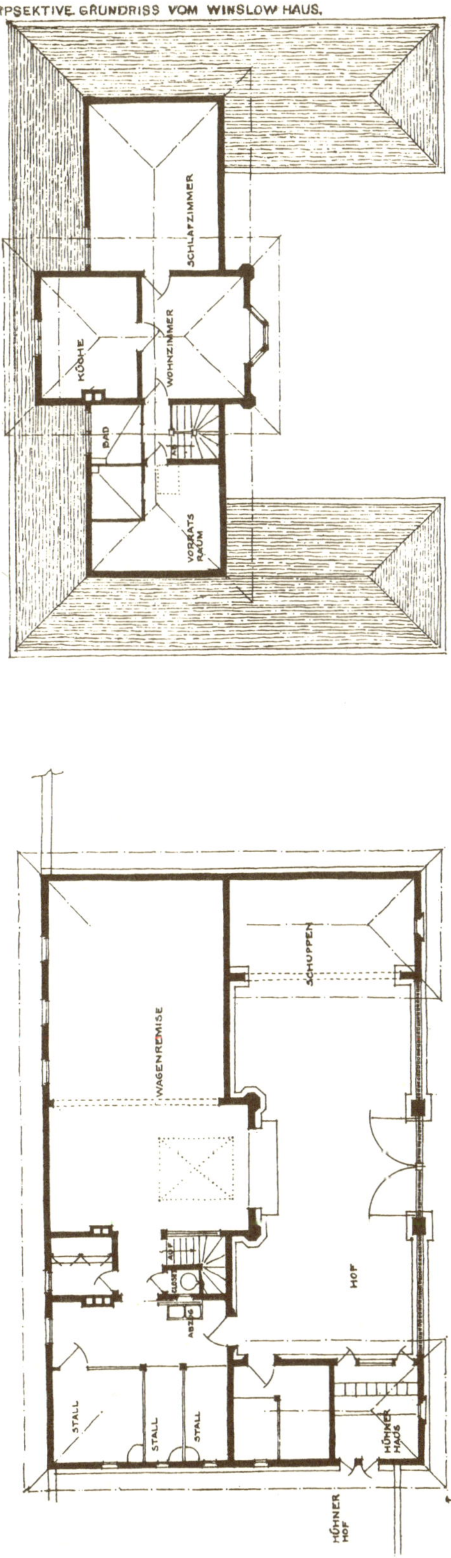

TAFEL III. STALLGEBÄUDE VOM WINSLOW-GEBÄUDE, RIVER FOREST. GRUNDRISSE UND PERSPEKTIVE. GRUNDRISS VOM WINSLOW HAUS.   GEDRUCKT UND VERLEGT VON ERNST WASMUTH A.-G., BERLIN

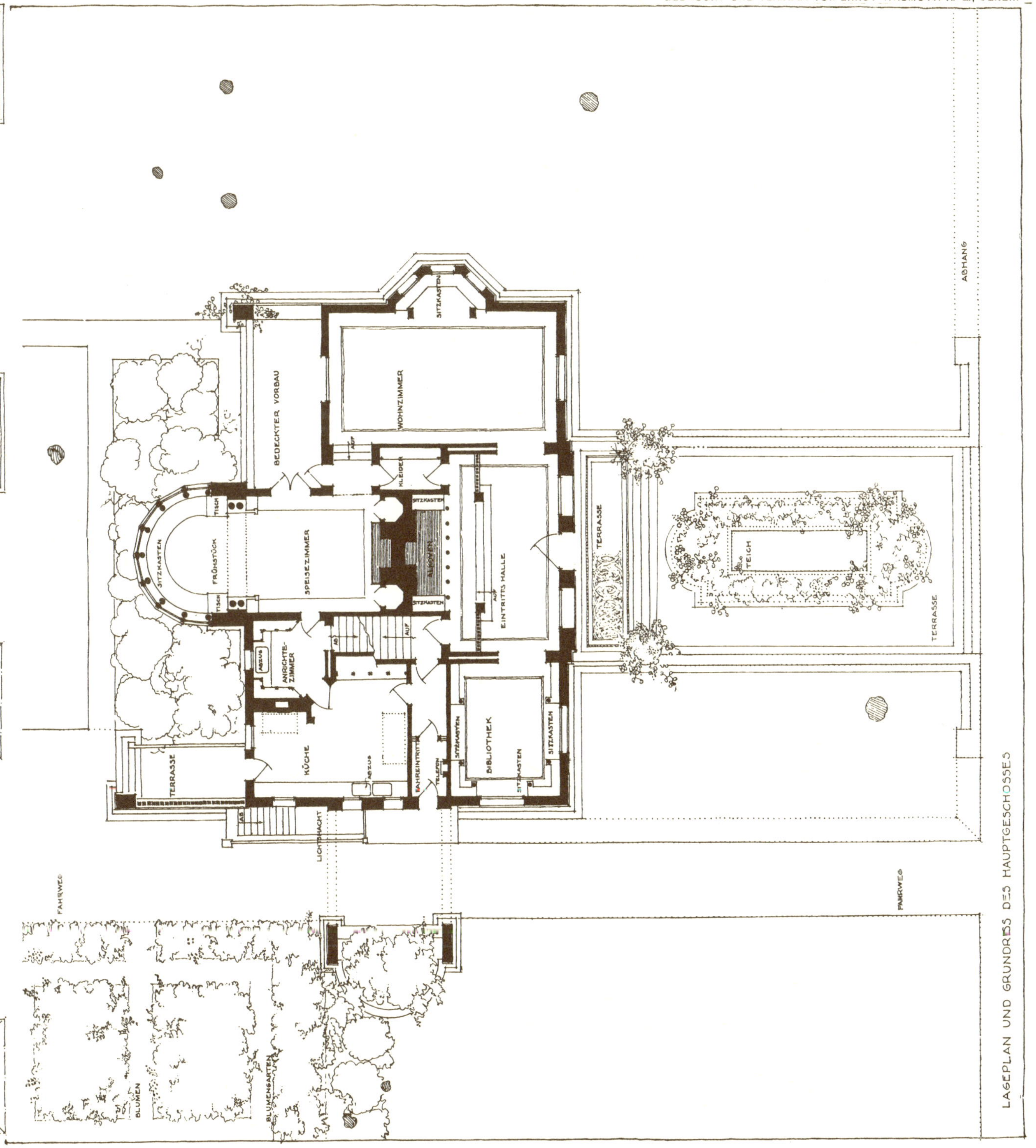

[4]

TAFEL IV. PERSPEKTIVE UND GRUNDRISS DER STÄDTISCHEN VILLA FÜR ISIDOR HELLER, CHICAGO. DETAIL VOM HUSSER-HAUS, CHICAGO.

GEDRUCKT UND VERLEGT VON ERNST WASMUTH A.-G., BERLIN

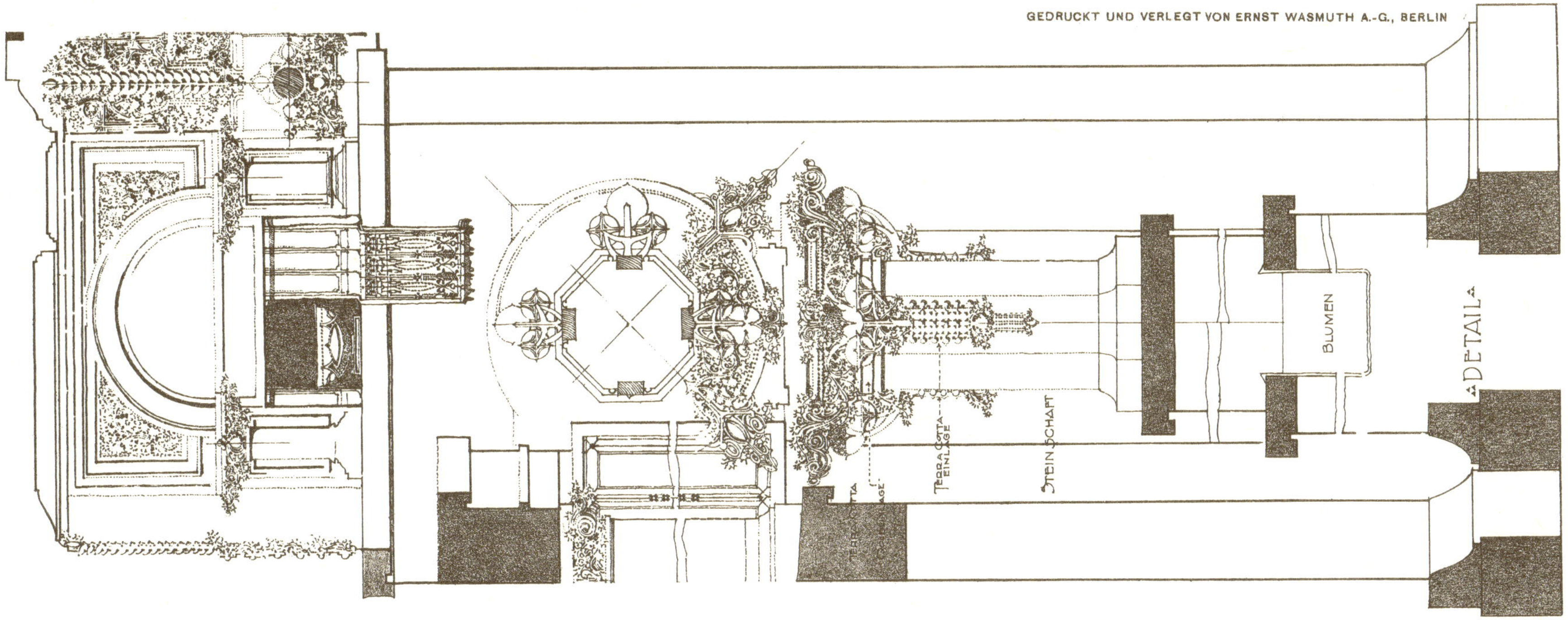

LAGEPLAN UND GRUNDRISS DES HAUPTGESCHOSSES

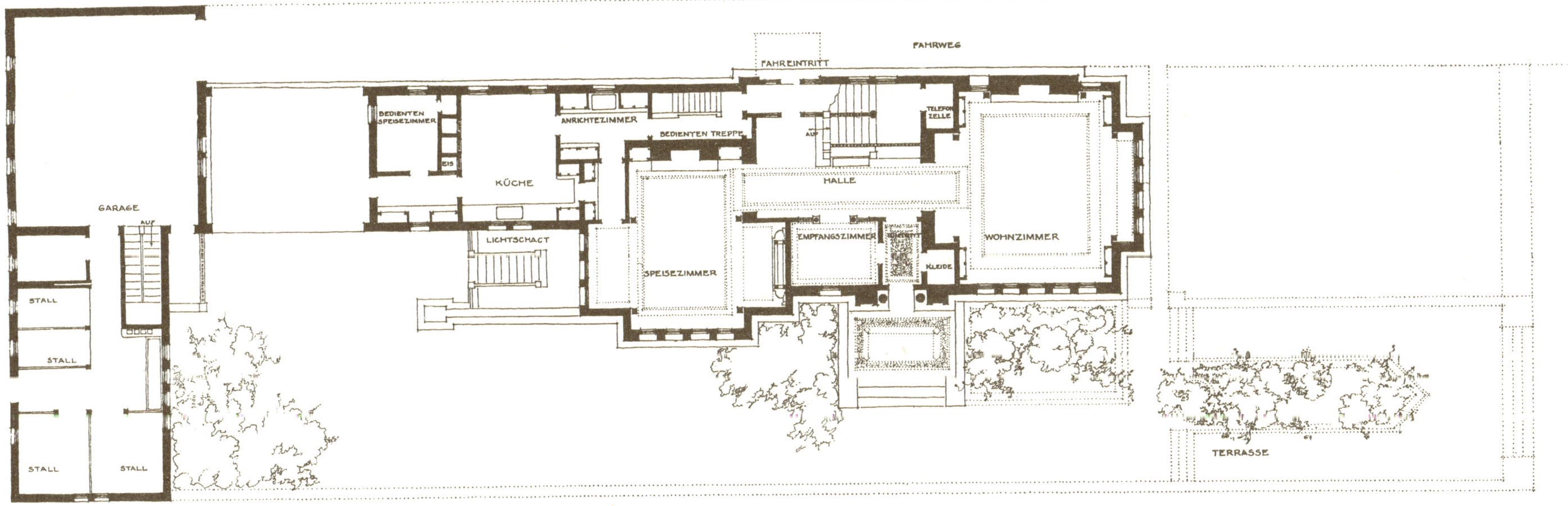

TAFEL V. FRANCIS' MIETSHAUS, CHICAGO.

GEDRUCKT UND VERLEGT VON ERNST WASMUTH A.-G., BERLIN

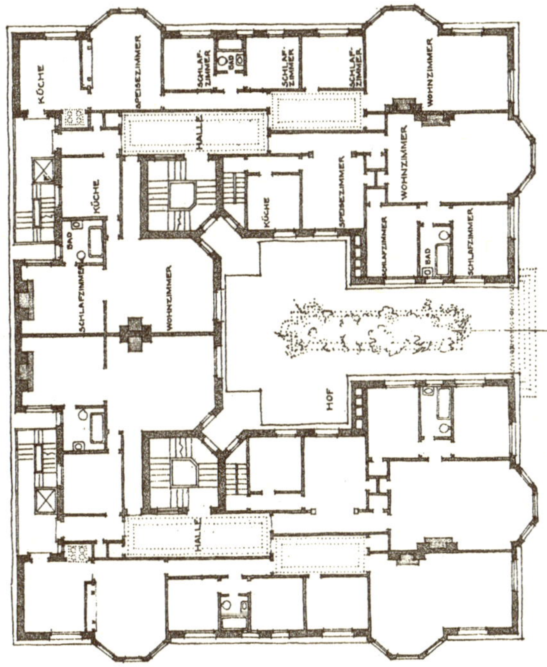

DER TYPISCHE GRUNDRISS

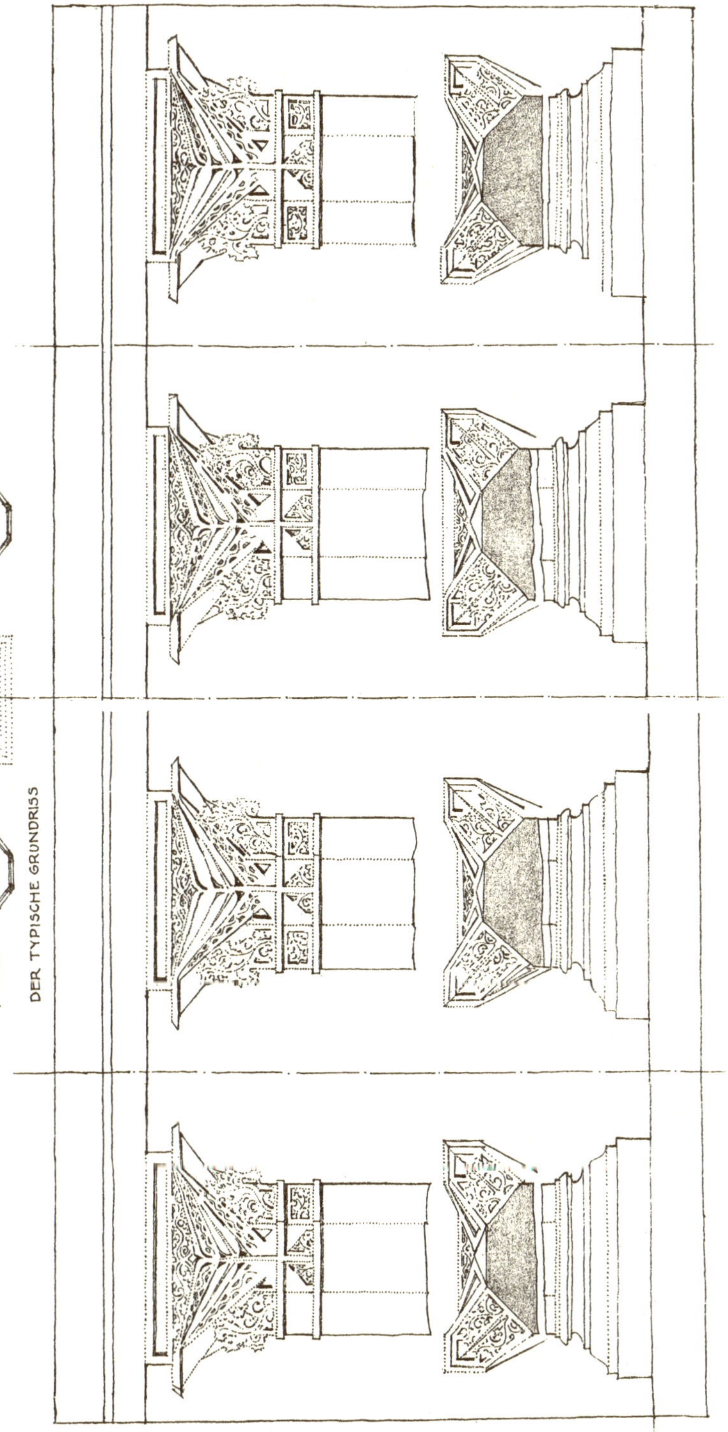

TAFEL VI ATELIER DES HERRN FRANK LLOYD WRIGHT, OAK PARK, ILLINOIS — GEDRUCKT UND VERLEGT VON ERNST WASMUTH A.-G., BERLIN

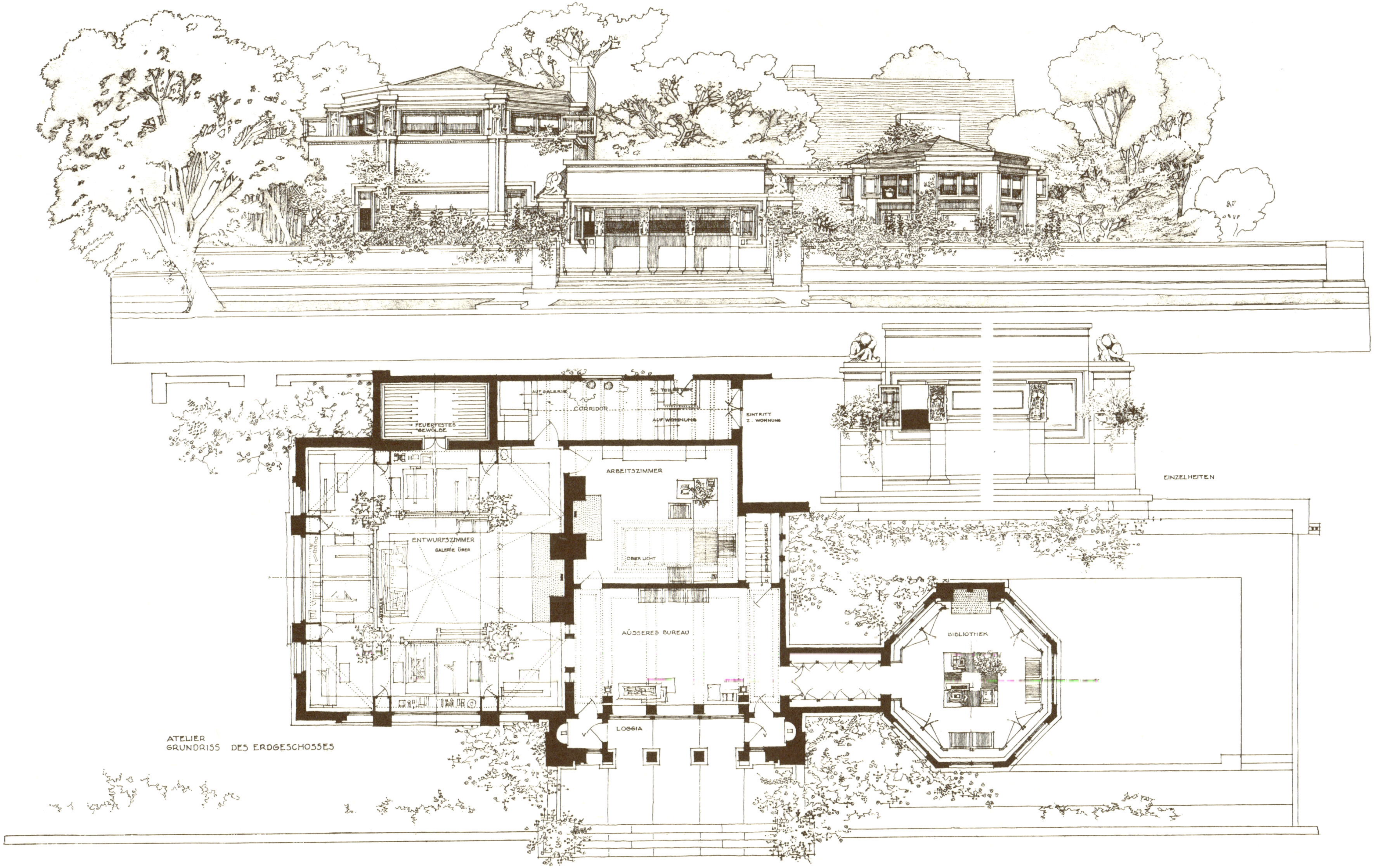

ATELIER
GRUNDRISS DES ERDGESCHOSSES

EINZELHEITEN

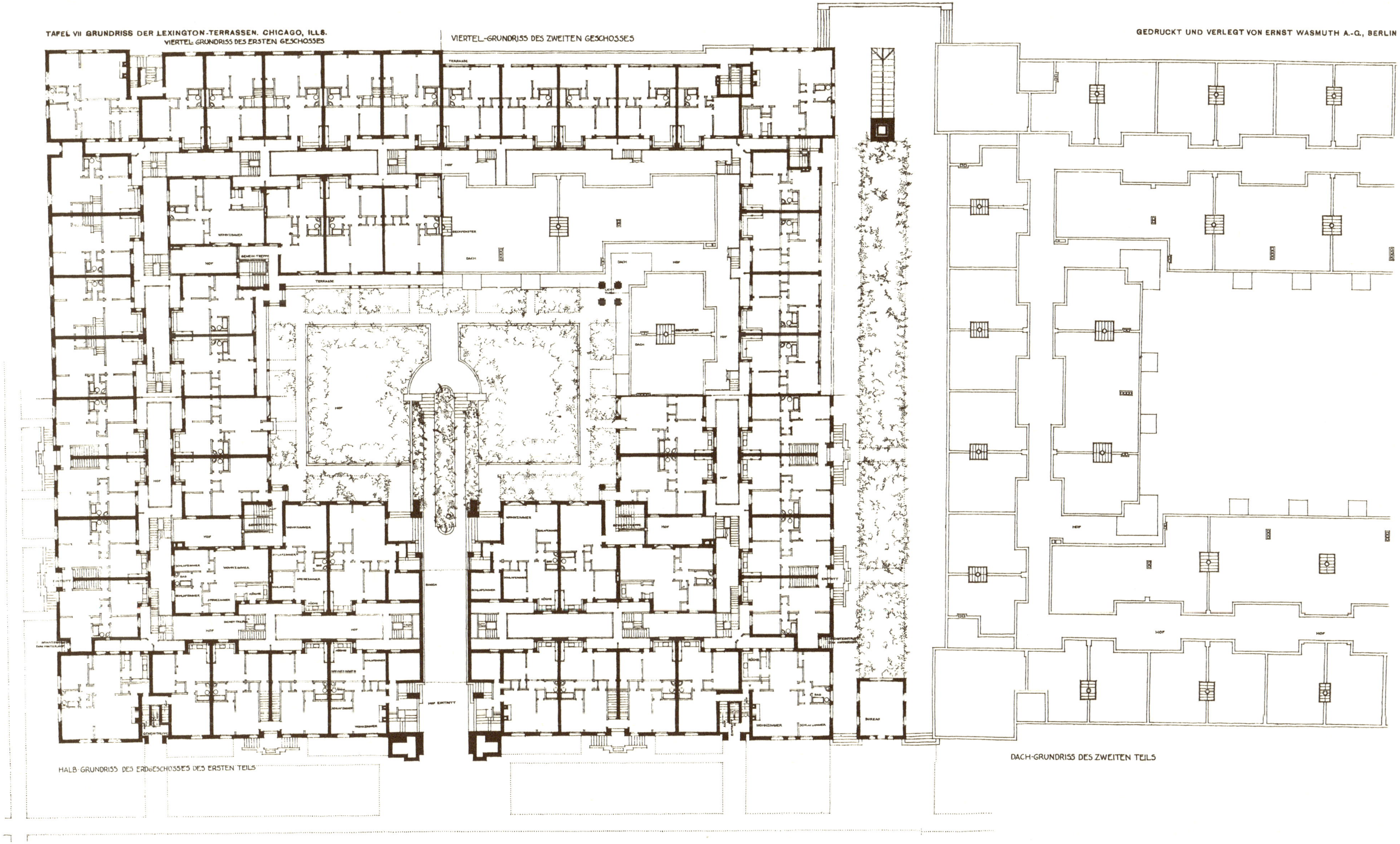

TAFEL VII GRUNDRISS DER LEXINGTON-TERRASSEN. CHICAGO, ILLS.
VIERTEL GRUNDRISS DES ERSTEN GESCHOSSES

VIERTEL-GRUNDRISS DES ZWEITEN GESCHOSSES

GEDRUCKT UND VERLEGT VON ERNST WASMUTH A.-G., BERLIN

HALB-GRUNDRISS DES ERDGESCHOSSES DES ERSTEN TEILS

DACH-GRUNDRISS DES ZWEITEN TEILS

[8]

TAFEL VII VOGELPERSPEKTIVE DER LEXINGTON-TERRASSEN. CHICAGO, ILLS.  GEDRUCKT UND VERLEGT VON ERNST WASMUTH A.-G., BERLIN

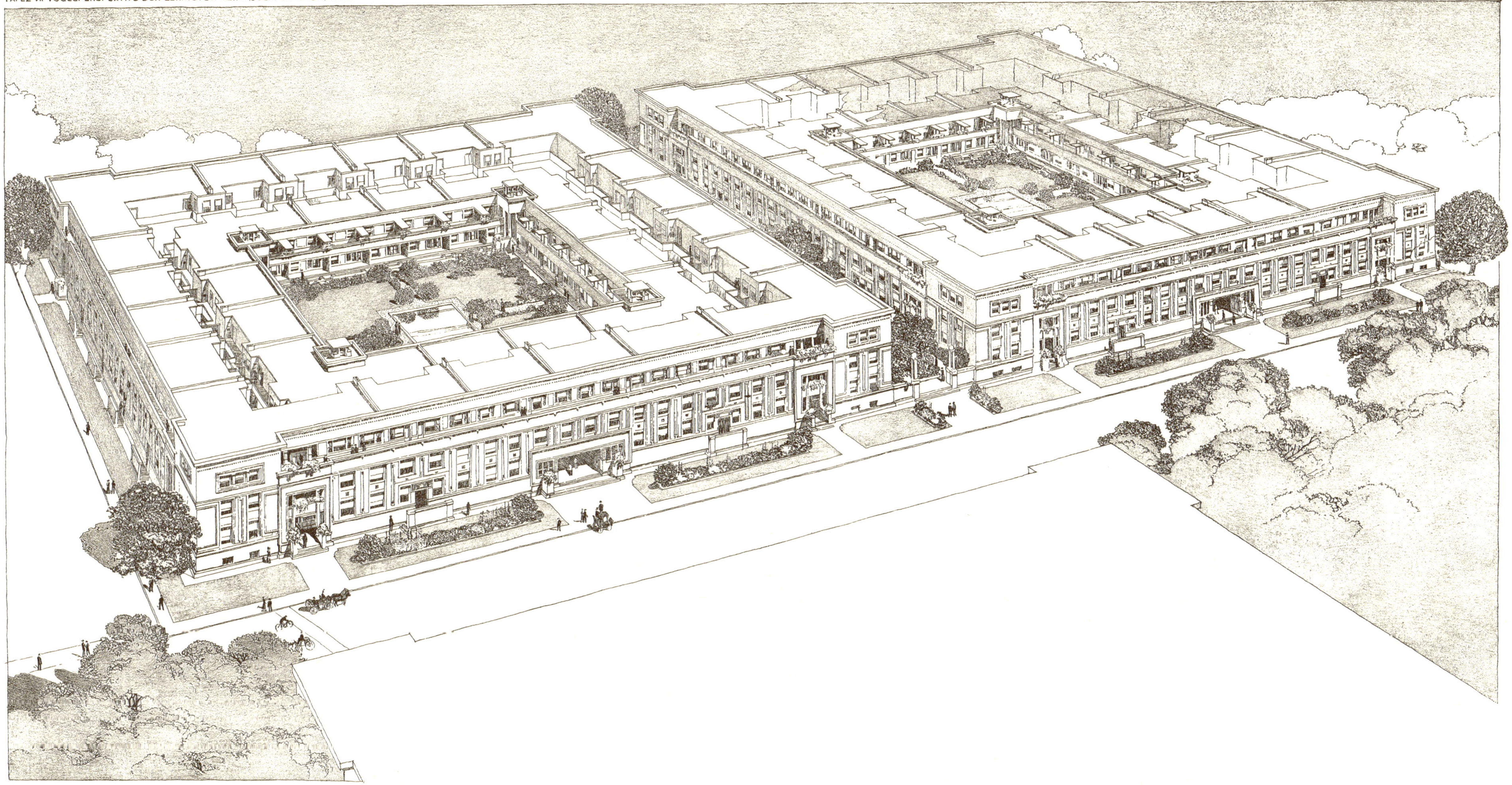

TAFEL VIII WOHNHAUS FÜR HERRN MC. AFEE, CHICAGO. GRUNDRISS — GEDRUCKT UND VERLEGT VON ERNST WASMUTH A.-G., BERLIN

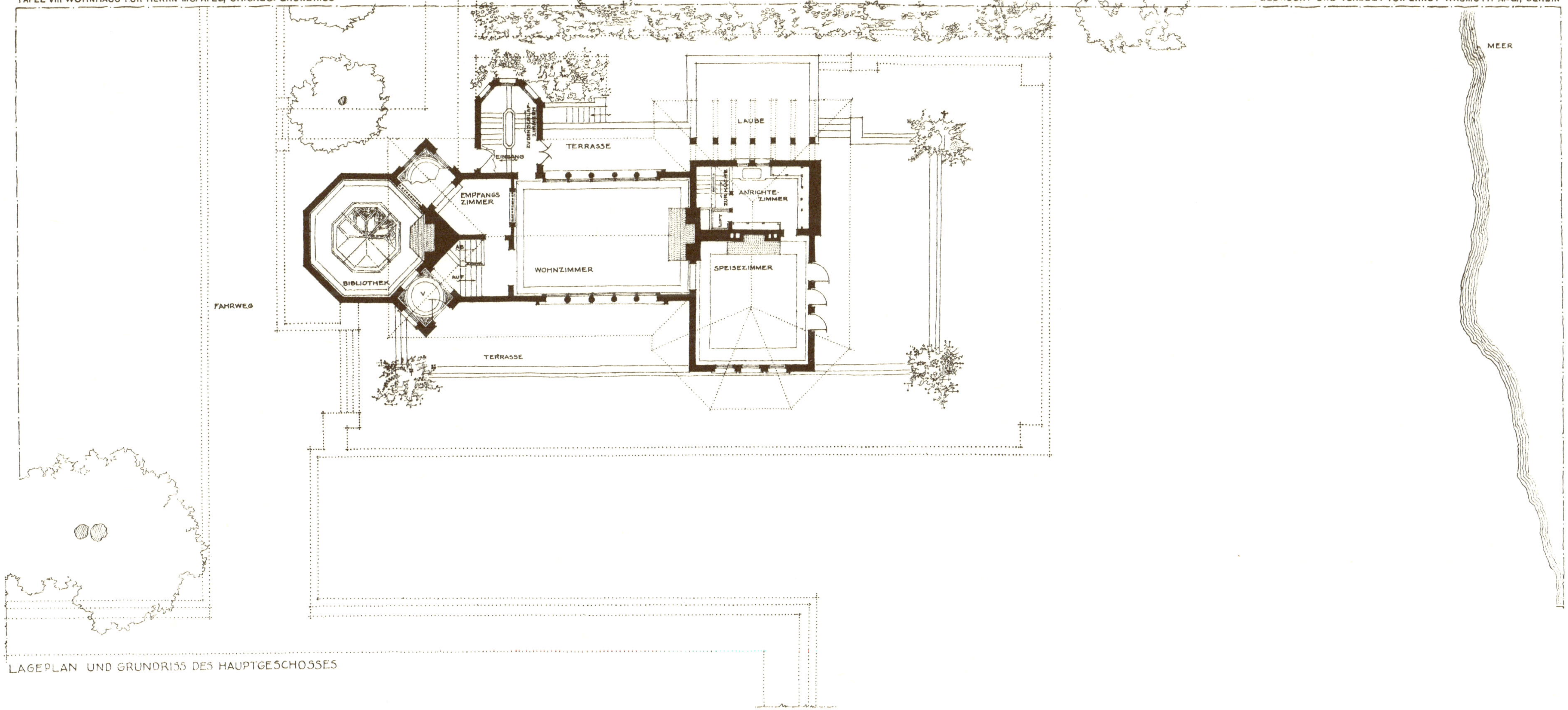

LAGEPLAN UND GRUNDRISS DES HAUPTGESCHOSSES

TAFEL VIII · WOHNHAUS FÜR HERRN MC AFEE BEI CHICAGO. PERSPEKTIVE (SEESEITE) — GEDRUCKT UND VERLEGT VON ERNST WASMUTH A.-G., BERLIN

TAFEL IX. VILLA FÜR HERRN VICTOR METZGER, SAULT ST. MARIE, MICHIGAN. VORSTUDIE UND GRUNDRISS.

GEDRUCKT UND VERLEGT VON ERNST WASMUTH A.-G., BERLIN

EINLEITENDER ENTWURF

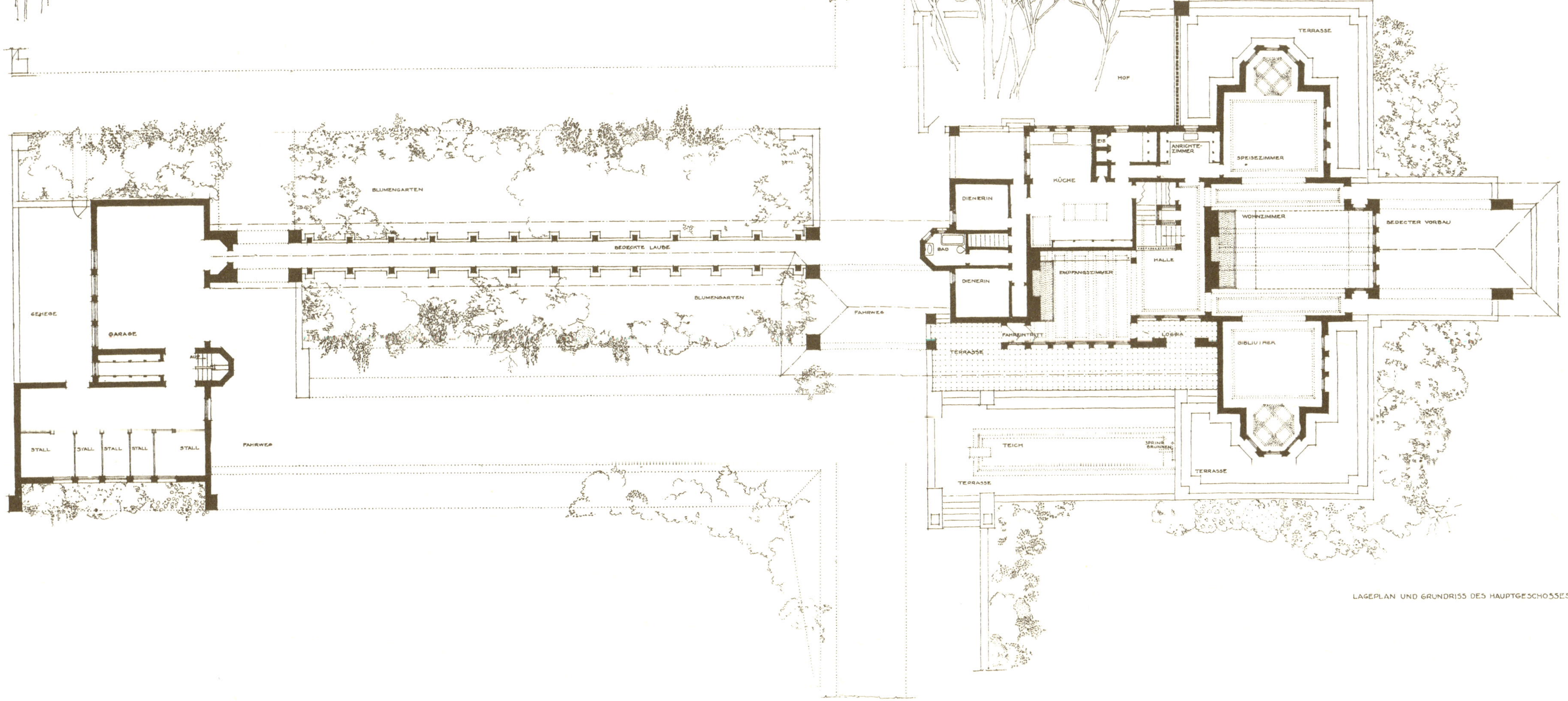

LAGEPLAN UND GRUNDRISS DES HAUPTGESCHOSSES

TAFEL IX. PERSPEKTIVE DER VILLA FÜR HERRN VICTOR METZGER, SAULT ST. MARIE, MICHIGAN.

GEDRUCKT UND VERLEGT VON ERNST WASMUTH A.-G., BERLIN

TAFEL X HILLSIDE HEIMSCHULE LLOYD JONES SISTERS HILLSIDE WISCONSIN

GEDRUCKT UND VERLEGT VON ERNST WASMUTH A.-G., BERLIN

GRUNDRISS DES HAUPTGESCHOSSES

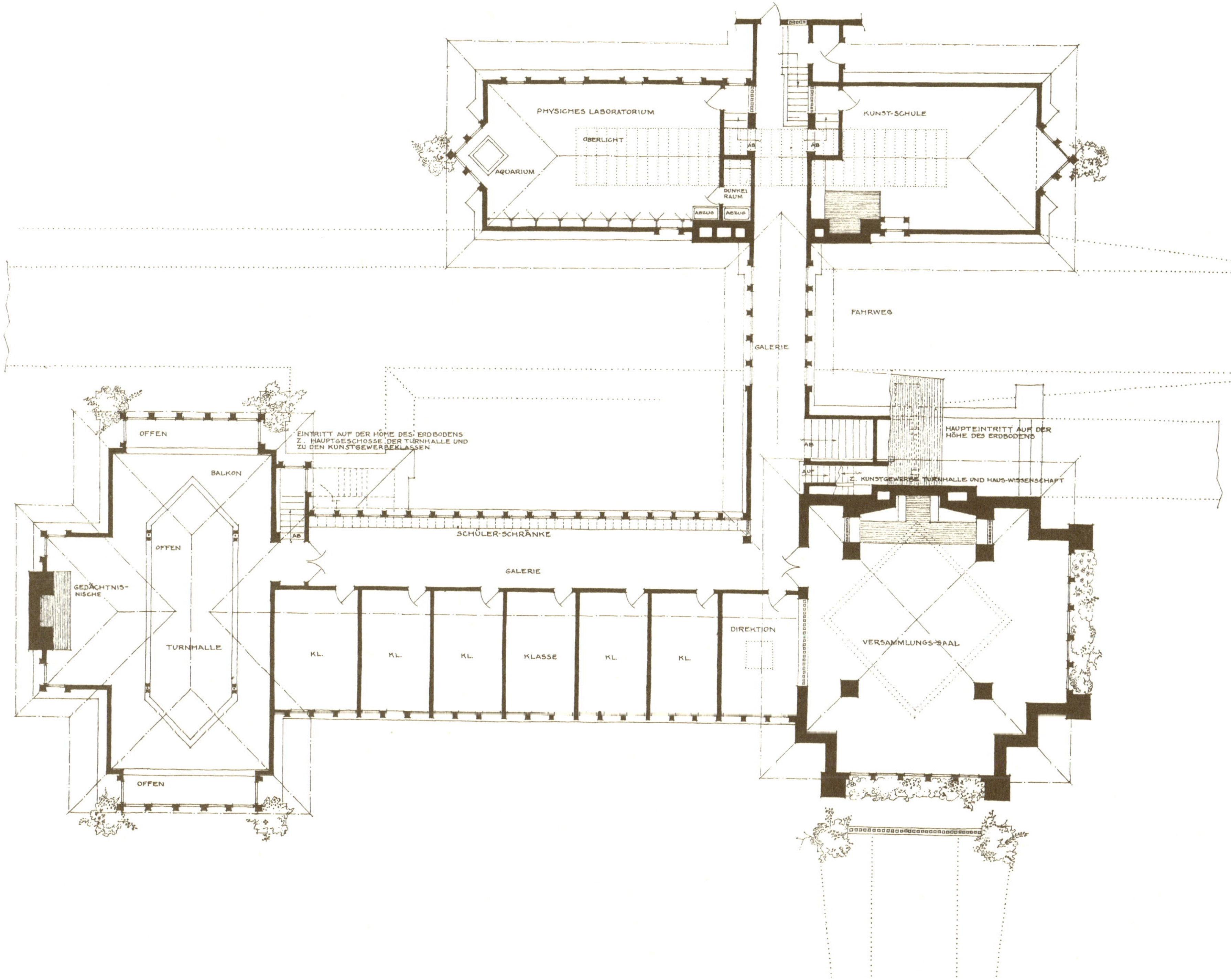

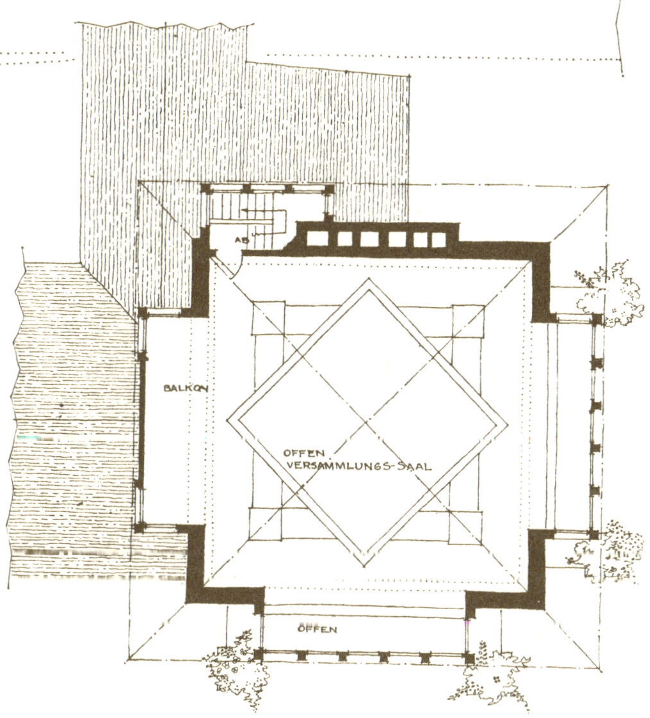

GRUNDRISS DES BALKONS BIBLIOTHEK

TAFEL X HILLSIDE HEIMSCHULE LLOYD JONES SISTERS HILLSIDE WISCONSIN VOGELPERSPEKTIVE GEDRUCKT UND VERLEGT VON ERNST WASMUTH A.-G., BERLIN

TAFEL XI RIVER FOREST GOLF CLUB, GRUNDRISS UND PERSPEKTIVE.

GEDRUCKT UND VERLEGT VON ERNST WASMUTH A.-G., BERLIN

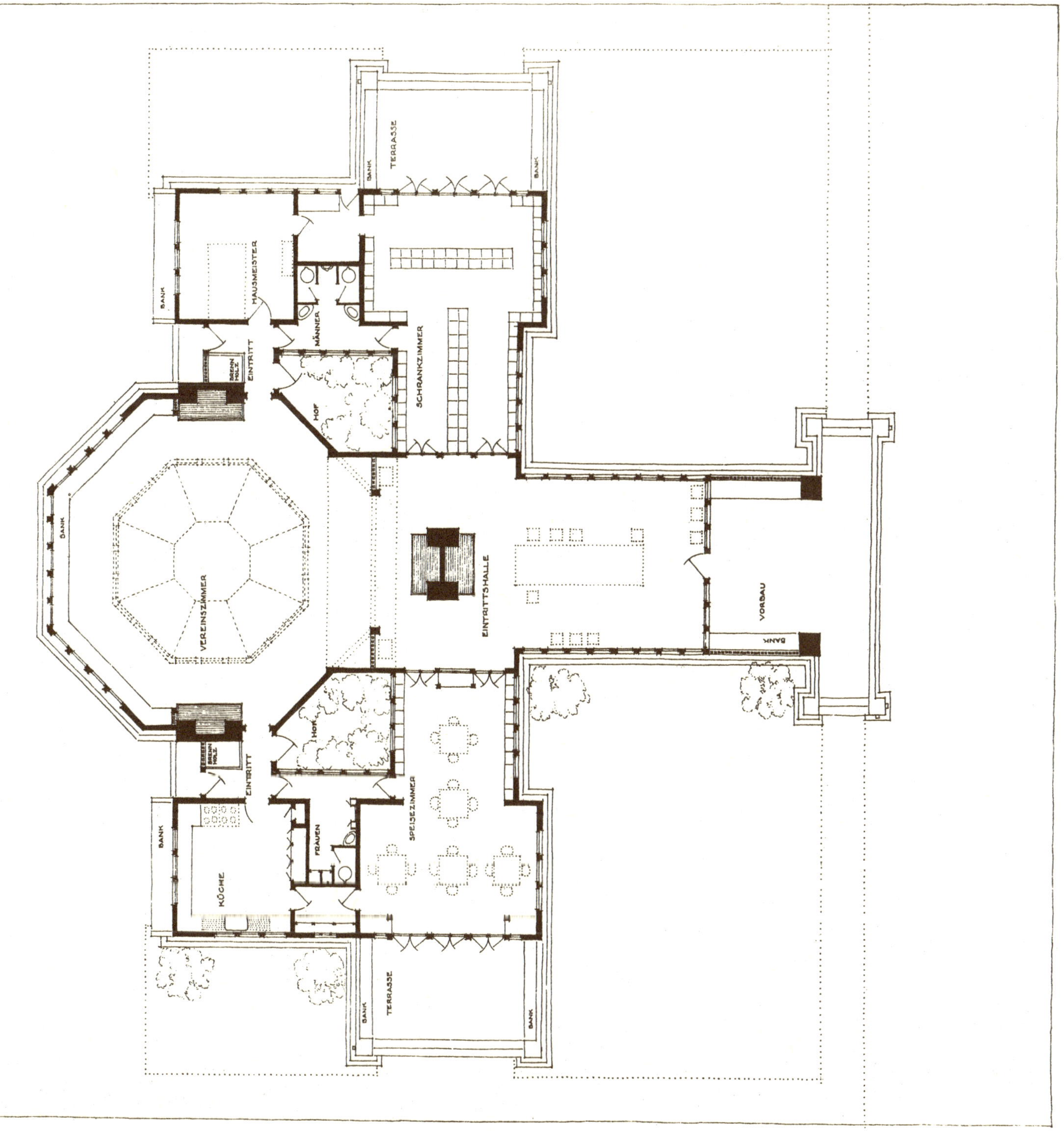

GRUNDRISS DES HAUPTGESCHOSSES

TAFEL XII. STUDIE ZU EINEM BANKGEBÄUDE IN BETON, PERSPEKTIVE

GEDRUCKT UND VERLEGT VON ERNST WASMUTH A.-G., BERLIN

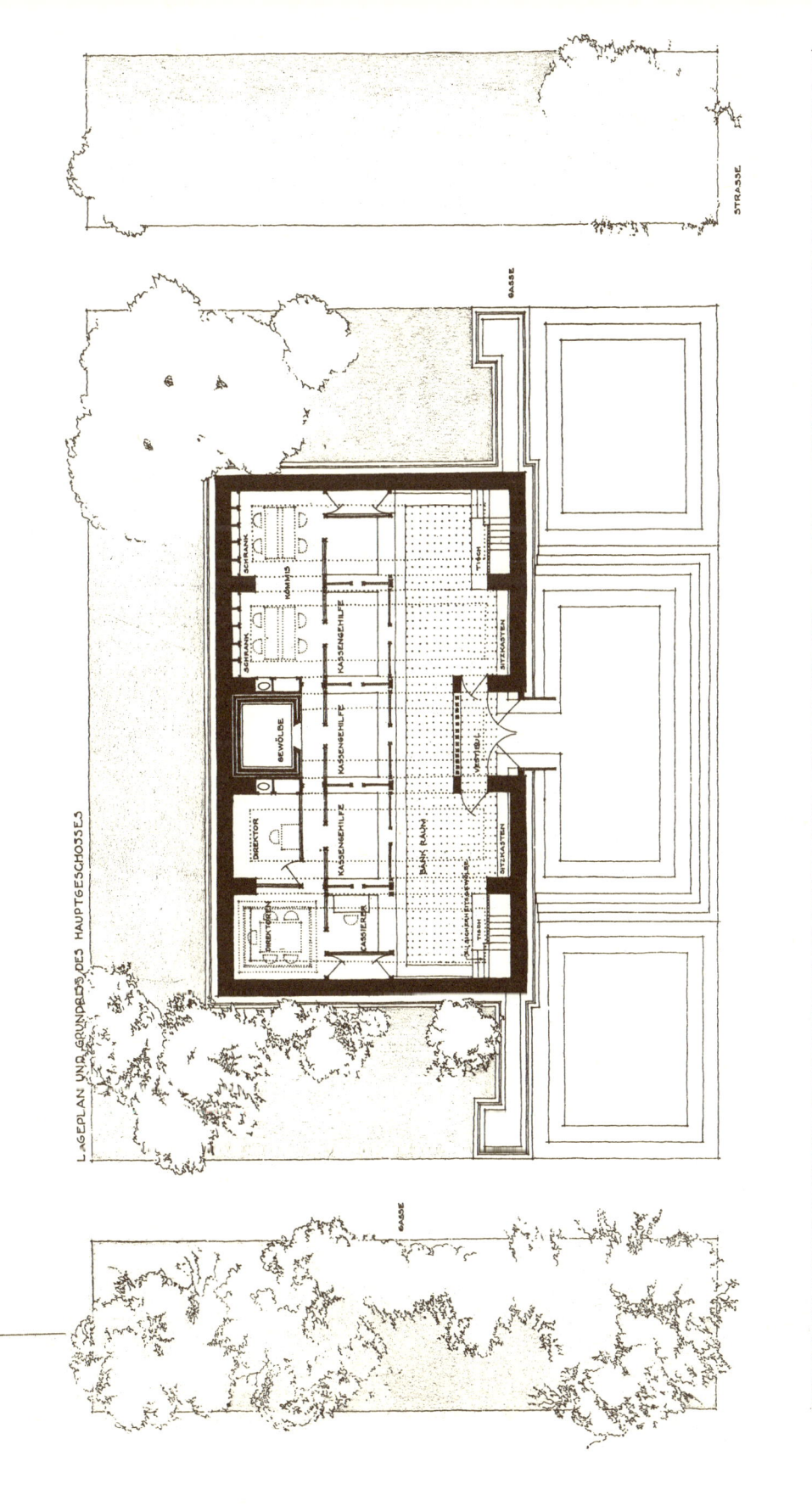

TAFEL XII. STUDIE ZU EINEM BANKGEBÄUDE IN BETON. (PERSPEKTIVE UND GRUNDRISS)

GEDRUCKT UND VERLEGT VON ERNST WASMUTH A.-G., BERLIN

[18]

TAFEL XIII PRAIRIE-HAUS FÜR DIE PRAIRIE-GEMEINSCHAFT.

GEDRUCKT UND VERLEGT VON ERNST WASMUTH A.-G., BERLIN

TAFEL XIII a RECHTECKIGE HÄUSERBLÖCKE FÜR DIE PRAIRIE-GEMEINSCHAFT.   GEDRUCKT UND VERLEGT VON ERNST WASMUTH A.-G. BERLIN

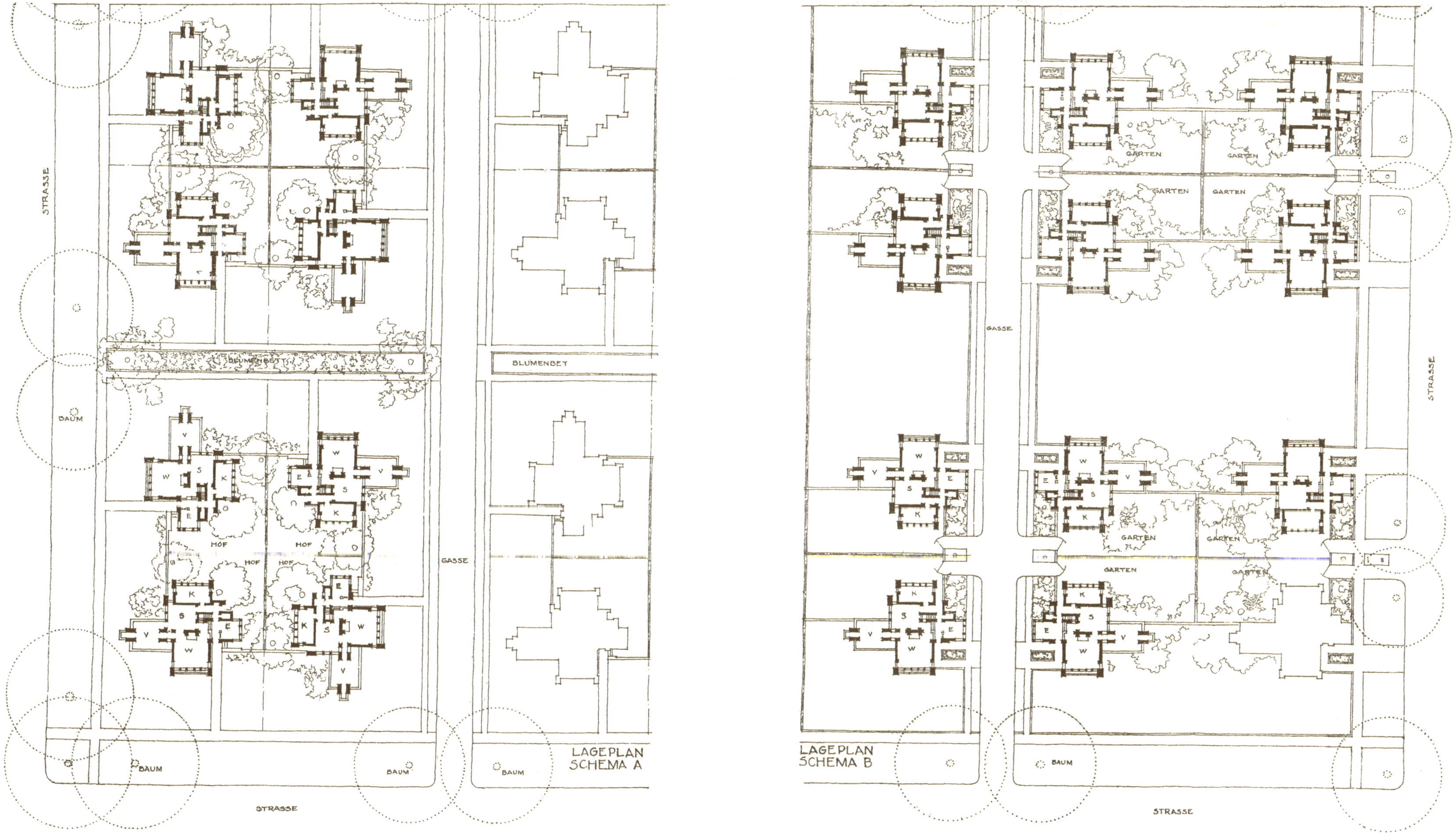

LAGEPLAN SCHEMA A

LAGEPLAN SCHEMA B

TAFEL XIV HAUS IN BETON FÜR DAS „LADIES HOME JOURNAL" PERSPEKTIVE LÖSUNG A         GEDRUCKT UND VERLEGT VON ERNST WASMUTH A.-G. BERLIN

TAFEL XIV a HAUS IN BETON FÜR DAS LADIES HOME JOURNAL PERSPEKTIVE LÖSUNG B · GEDRUCKT UND VERLEGT VON ERNST WASMUTH A.-G., BERLIN

LAGEPLAN UND GRUNDRISS DES ERDGESCHOSSES A

STRASSE

LAGEPLAN UND GRUNDRISS DES ERDGESCHOSSES B

GRUNDRISS DES SCHLAFZIMMERS

TAFEL XV GRUNDRISSE VOM HARDY-HAUS
GEDRUCKT UND VERLEGT VON ERNST WASMUTH A.-G., BERLIN

GRUNDRISS DES ERDGESCHOSSES

HEIZKÖRPER
GARTEN
BEDIENTEN
SPEISEZIMMER
KÜCHE
GARTEN
TERRASSE

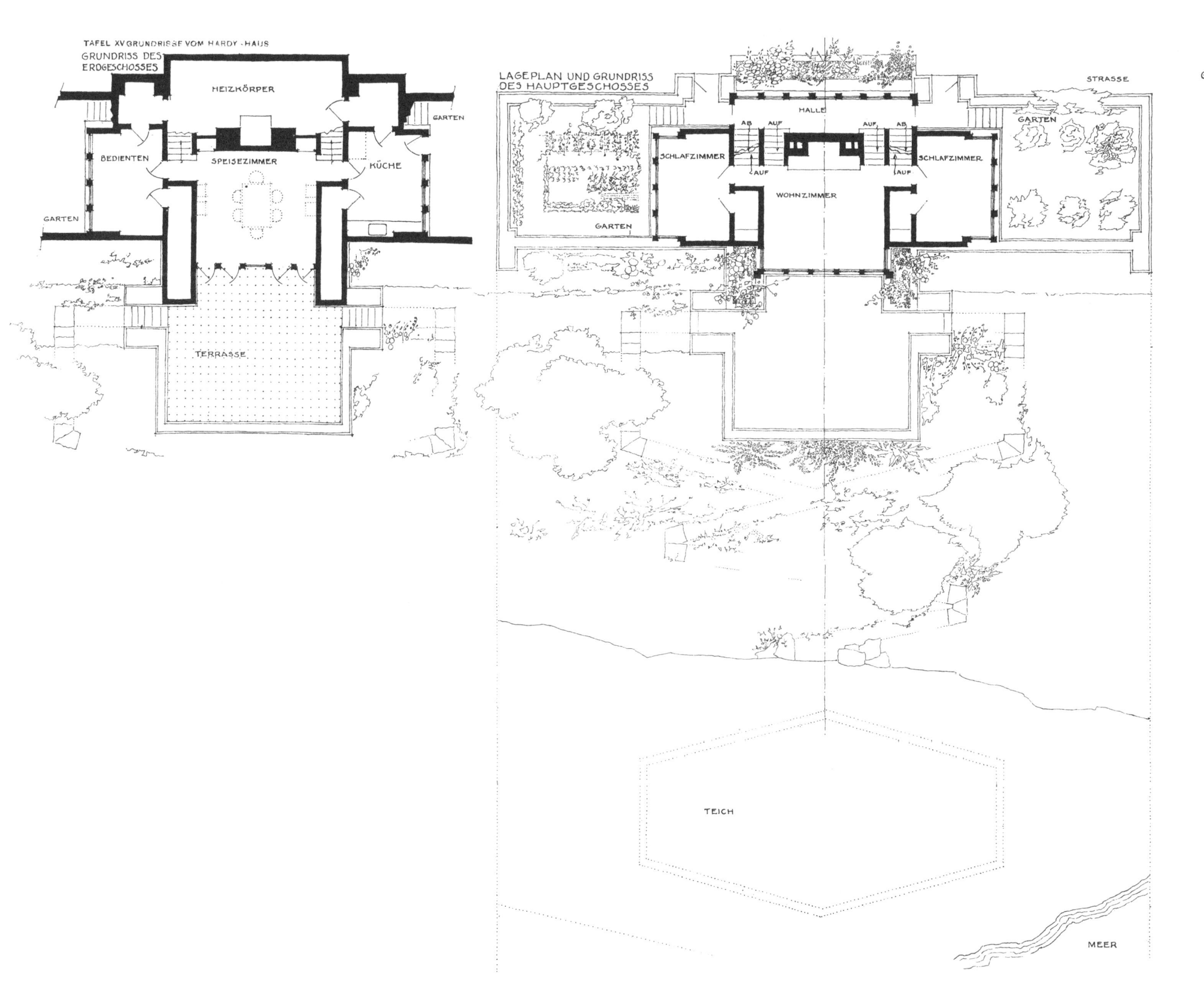

LAGEPLAN UND GRUNDRISS DES HAUPTGESCHOSSES

STRASSE
HALLE
AB AUF
AUF AB
SCHLAFZIMMER
SCHLAFZIMMER
GARTEN
WOHNZIMMER
GARTEN

TEICH
MEER

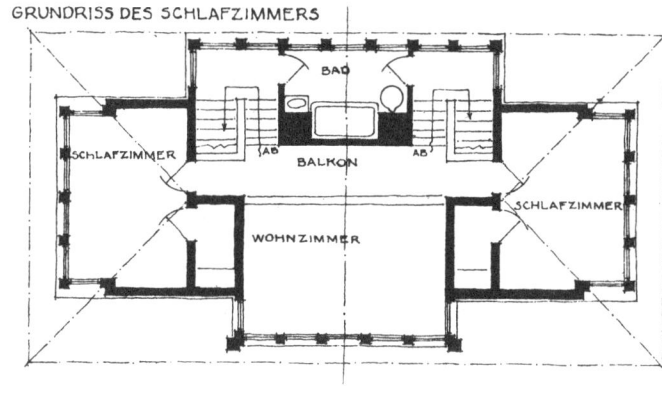

GRUNDRISS DES SCHLAFZIMMERS

BAD
SCHLAFZIMMER
AB
BALKON
AB
SCHLAFZIMMER
WOHNZIMMER

TAFEL XV PERSPEKTIVE VOM HARDY-HAUS RACINE WISCONSIN

GEDRUCKT UND VERLEGT VON ERNST WASMUTH A.-G., BERLIN

TAFEL XV PERSPEKTIVE VOM HARDY-HAUS, RACINE WISCONSIN                    GEDRUCKT UND VERLEGT VON ERNST WASMUTH A.-G., BERLIN

TAFEL XVI GRUNDRISS VOM ULLMANN-HAUS

GEDRUCKT UND VERLEGT VON ERNST WASMUTH A.-G., BERLIN

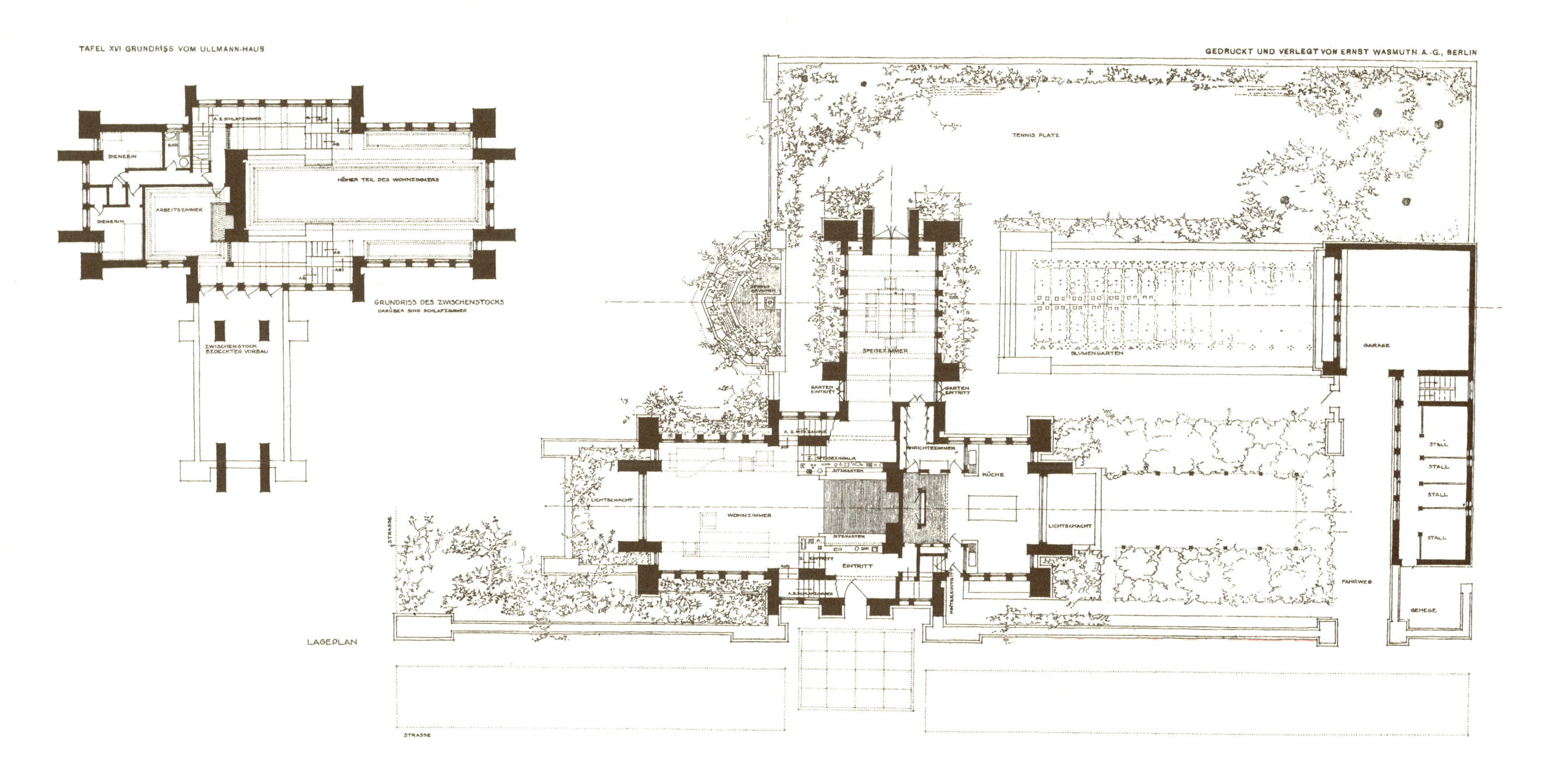

GRUNDRISS DES ZWISCHENSTOCKS
DARÜBER SIND SCHLAFZIMMER

LAGEPLAN

TAFEL XVI PERSPEKTIVE VOM ULLMANN-HAUSE.
PERSPEKTIVISCHE STUDIE FÜR DAS WESTCOTT-HAUS.

GEDRUCKT UND VERLEGT VON ERNST WASMUTH A.-G., BERLIN

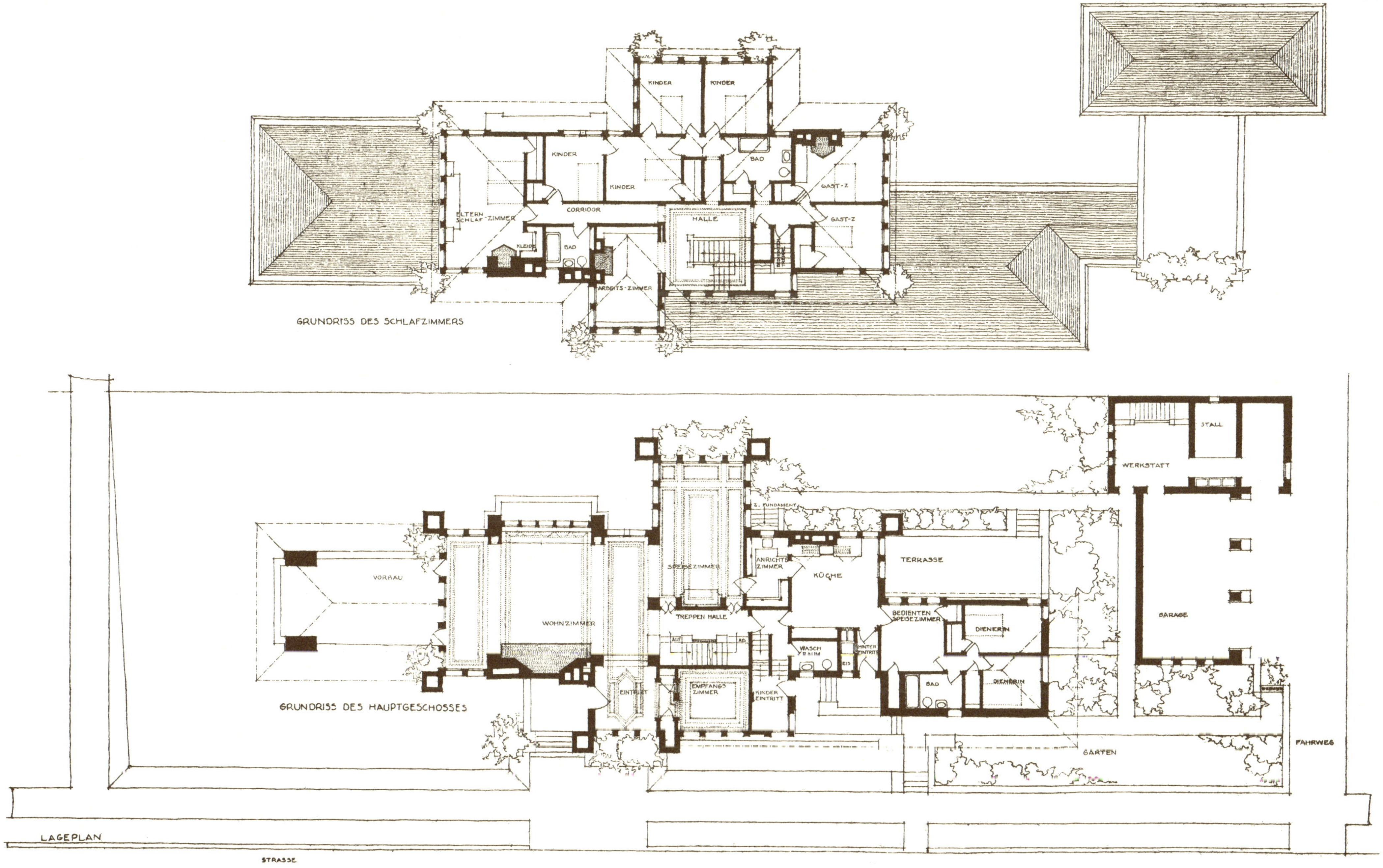

TAFEL XVII WOHNHAUS IM VORORT FÜR HERRN HEATH, BUFFALO NEW YORK GRUNDRISSE — GEDRUCKT UND VERLEGT VON ERNST WASMUTH A.-G., BERLIN

GRUNDRISS DES SCHLAFZIMMERS

GRUNDRISS DES HAUPTGESCHOSSES

LAGEPLAN
STRASSE

TAFEL XVII WOHNHAUS IM VORORT FÜR HERRN HEATH, BUFFALO NEW YORK, PERSPEKTIVE

GEDRUCKT UND VERLEGT VON ERNST WASMUTH A.-G., BERLIN

TAFEL XVIII WOHNHAUS IM VORORT FÜR HERRN TOMAS OAK PARK, ILLS.

GEDRUCKT UND VERLEGT VON ERNST WASMUTH A.-G., BERLIN

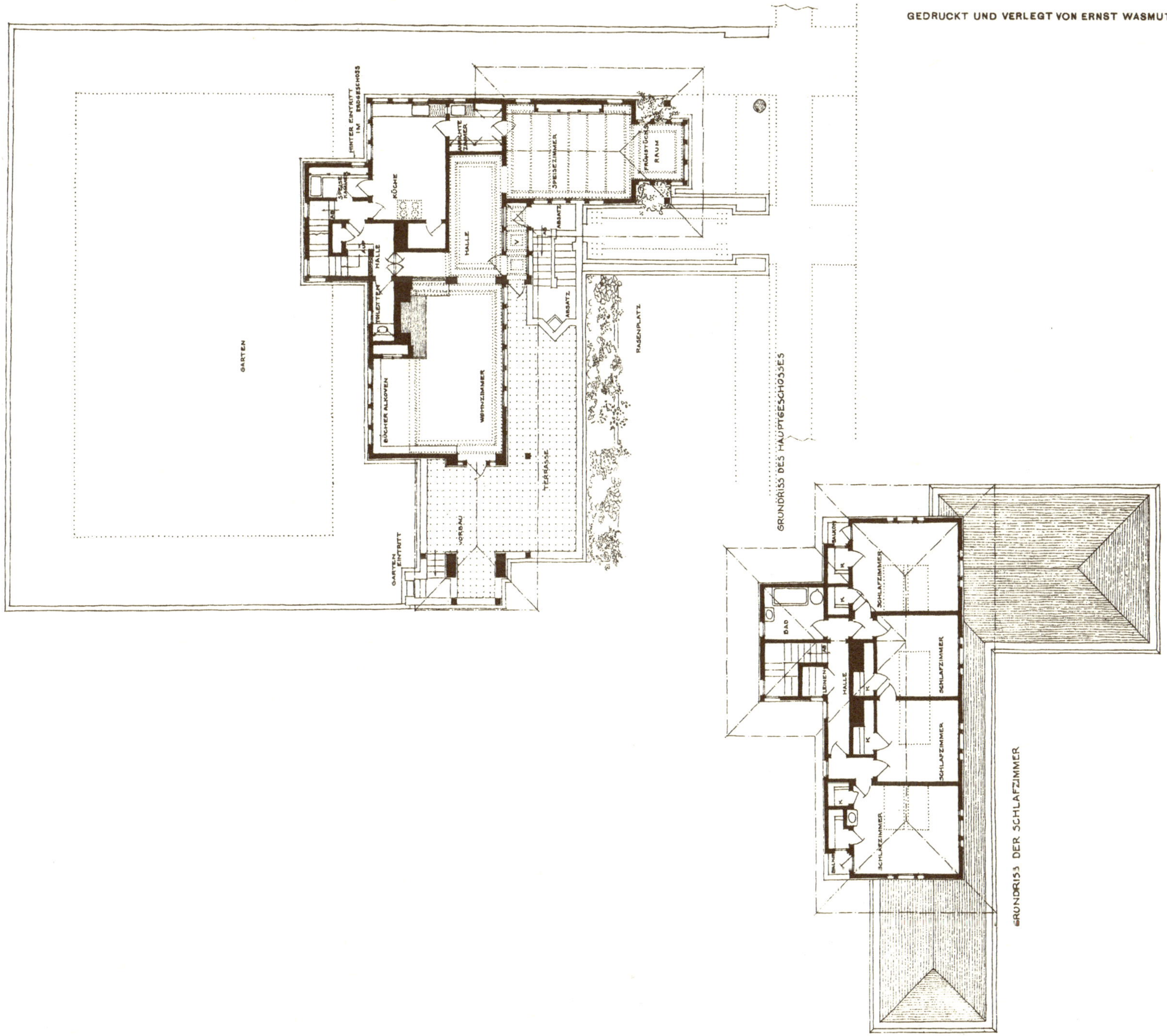

GRUNDRISS DES HAUPTGESCHOSSES

GRUNDRISS DER SCHLAFZIMMER

TAFEL XIX WOHNHAUS IM VORORT FÜR MRS MARTIN, OAK PARK, ILLS.

GEDRUCKT UND VERLEGT VON ERNST WASMUTH A.-G., BERLIN

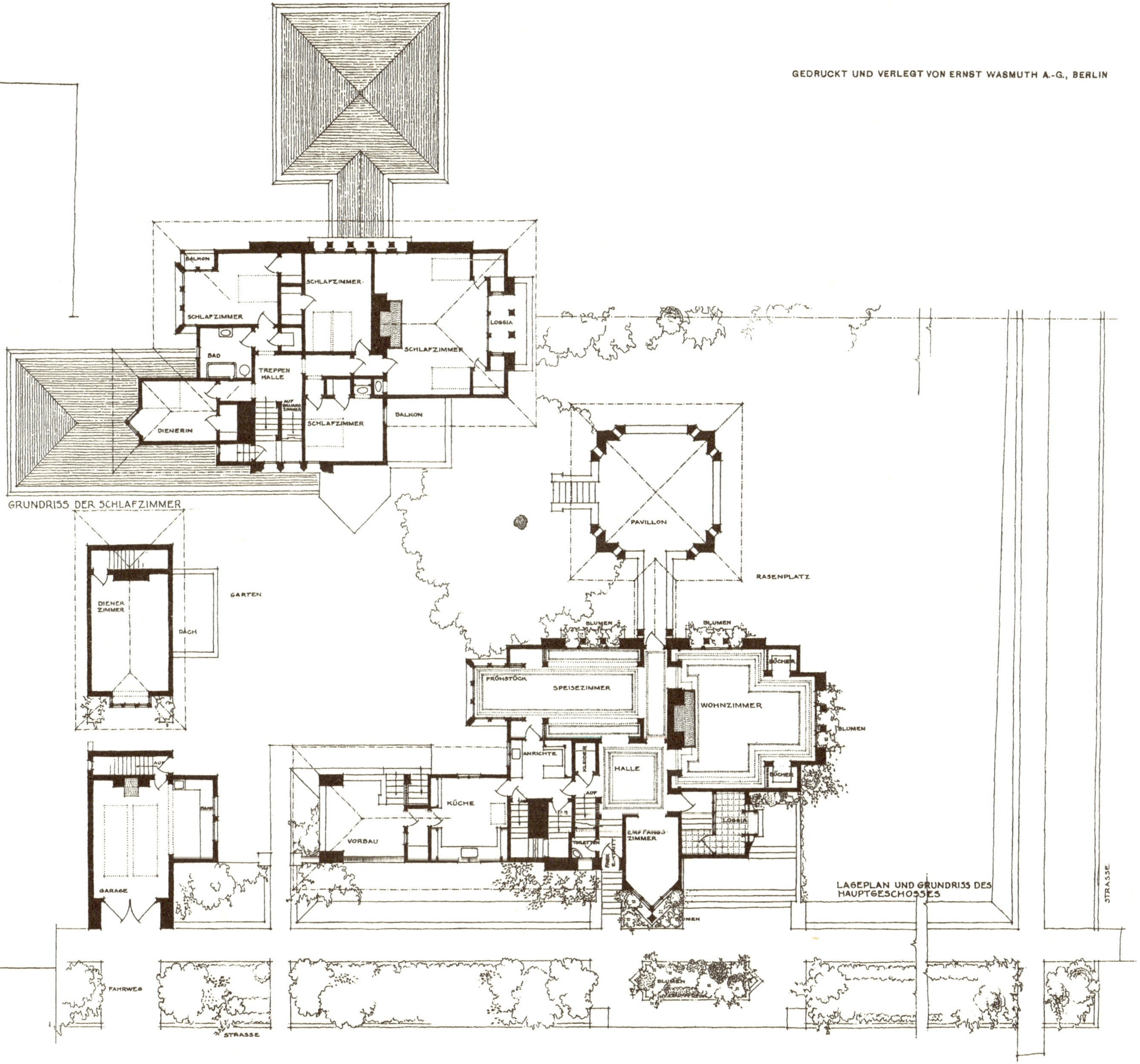

GRUNDRISS DER SCHLAFZIMMER

LAGEPLAN UND GRUNDRISS DES HAUPTGESCHOSSES

[31]

TAFEL XX WOHNHAUS DES HR. HEURTLEY, OAK PARK, ILL.S.

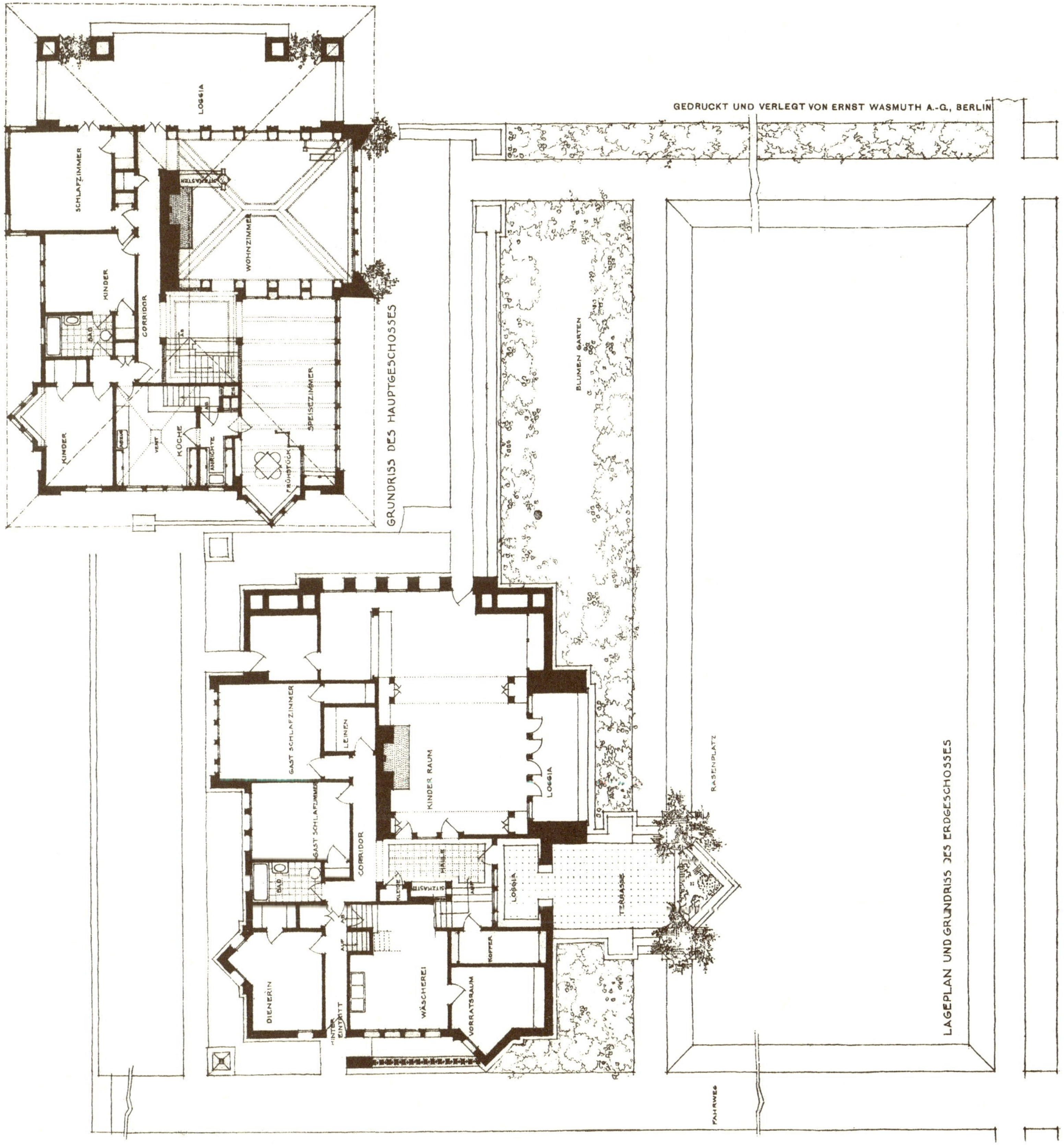

GEDRUCKT UND VERLEGT VON ERNST WASMUTH A.-G., BERLIN

GRUNDRISS DES HAUPTGESCHOSSES

LAGEPLAN UND GRUNDRISS DES ERDGESCHOSSES

TAFEL XXI. WOHNHAUS IM VORORT UND GARTEN FÜR HERRN W. E. MARTIN, OAK PARK, ILLS.  GEDRUCKT UND VERLEGT VON ERNST WASMUTH A.-G., BERLIN

TAFEL XXII WOHNZIMMER IM VORSTADTHAUSE DES HERRN B. HARLEY BRADLEY KANKAHEE. ILLS.

GEDRUCKT UND VERLEGT VON ERNST WASMUTH A.-G. BERLIN

TAFEL XXIII. TYPISCHES BILLIGES WOHNHAUS FÜR DIE CURTIS PUBLISHING COMPANY. GEDRUCKT UND VERLEGT VON ERNST WASMUTH A.-G., BERLIN

LAGEPLAN SCHEMA A

LAGEPLAN SCHEMA B

[35]

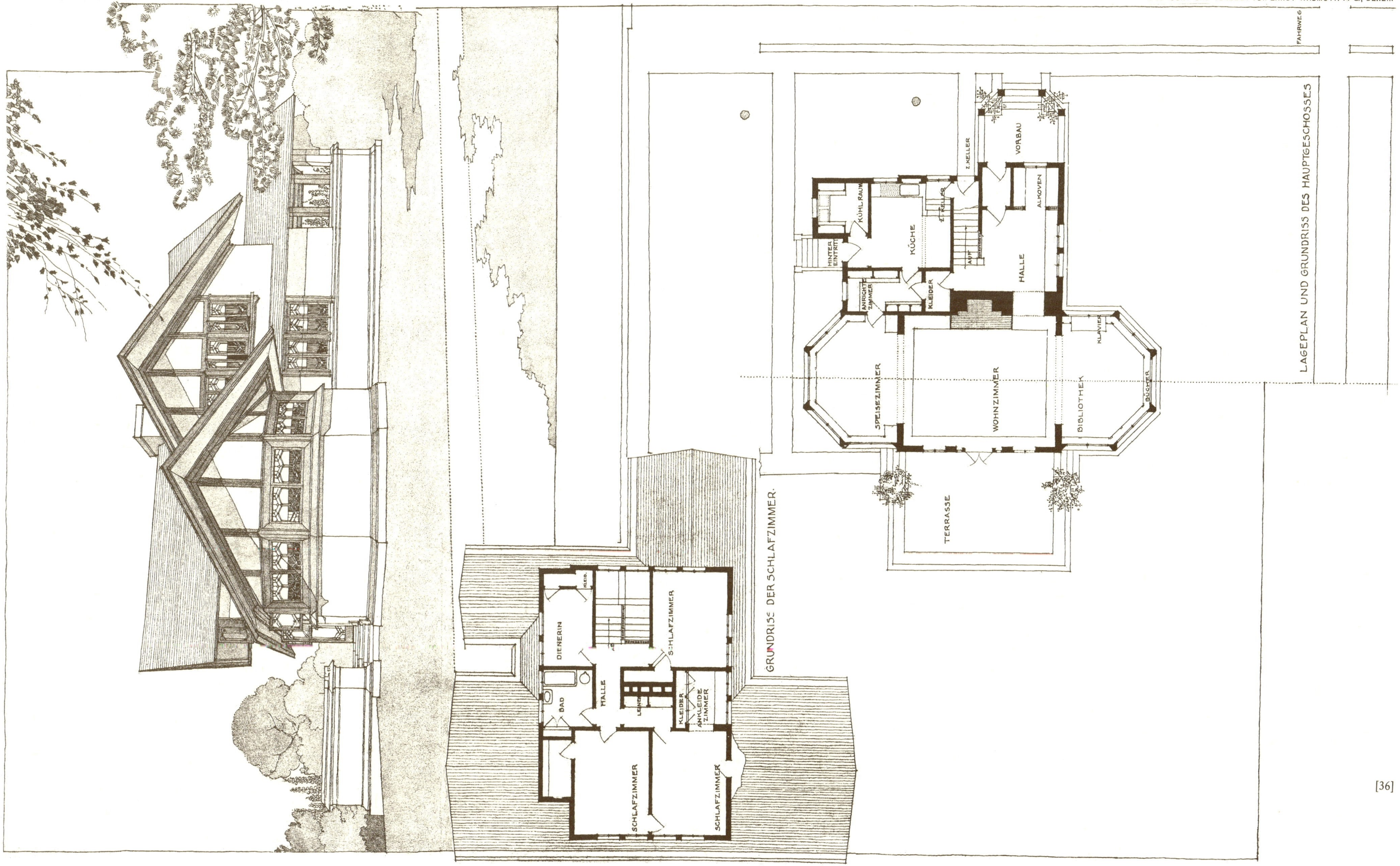

TAFEL XXIV. WOHNHAUS IM VORORT FÜR WARREN HICKOX IN KANKAKEE ILLS.

GEDRUCKT UND VERLEGT VON ERNST WASMUTH A.-G., BERLIN

LAGEPLAN UND GRUNDRISS DES HAUPTGESCHOSSES

GRUNDRISS DER SCHLAFZIMMER

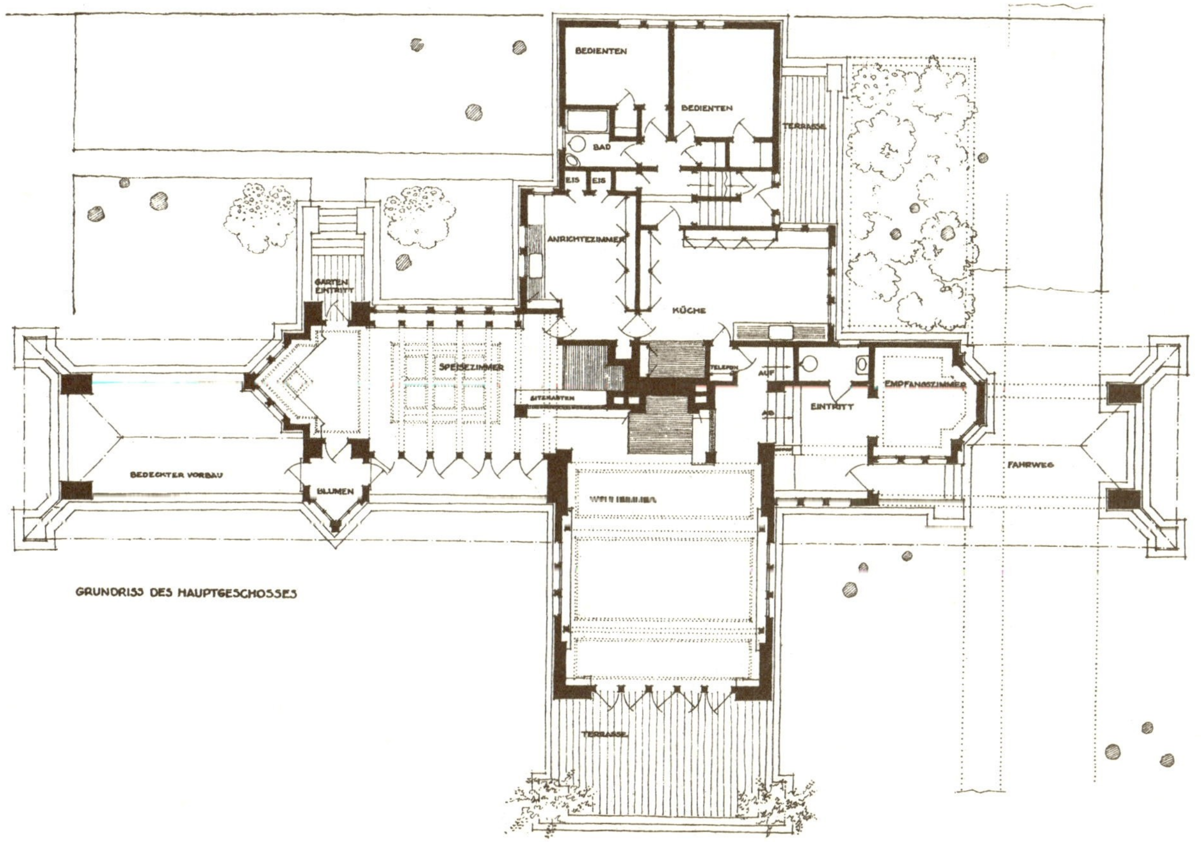

TAFEL XXV. WARD W. WILLETS GRUNDRISS UND PERSPEKTIVE, VILLA HIGHLAND PARK, ILLINOIS.   GEDRUCKT UND VERLEGT VON ERNST WASMUTH A.-G., BERLIN

GRUNDRISS DES HAUPTGESCHOSSES

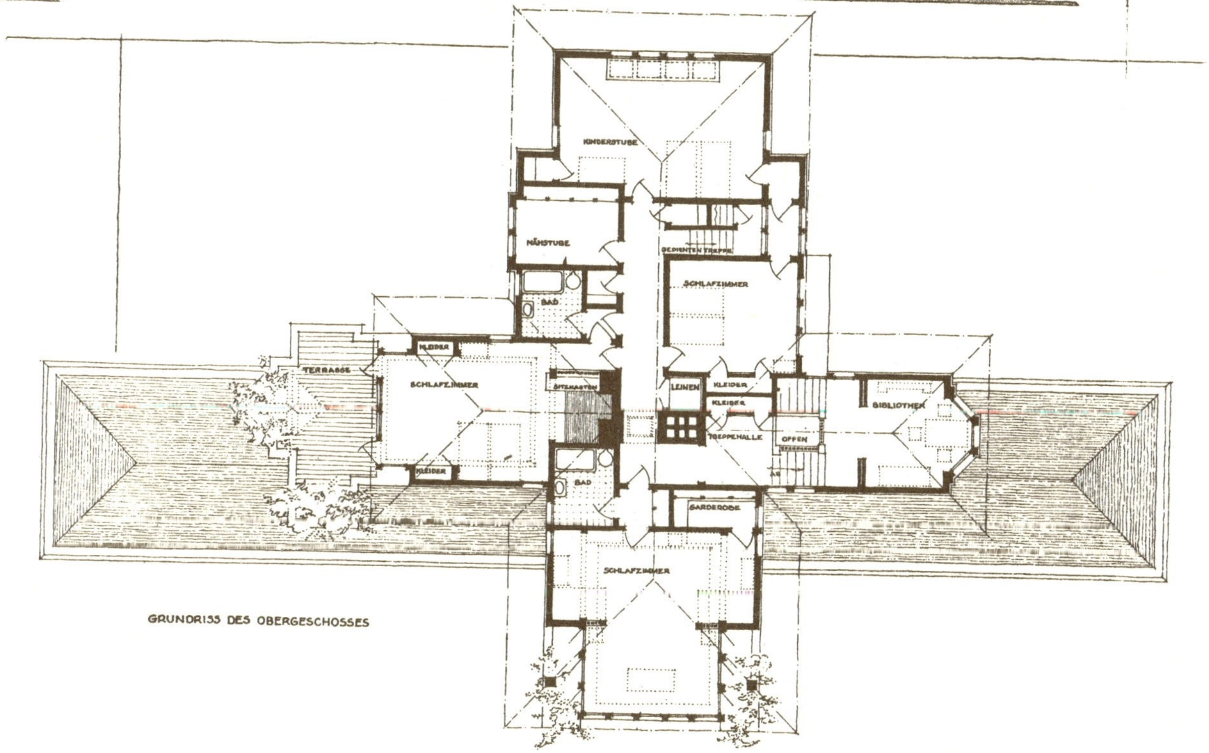

GRUNDRISS DES OBERGESCHOSSES

TAFEL XXVI WOHNHAUS FÜR HERRN MARTIN, BUFFALO, N.Y.

GEDRUCKT UND VERLEGT VON ERNST WASMUTH A.-G., BERLIN

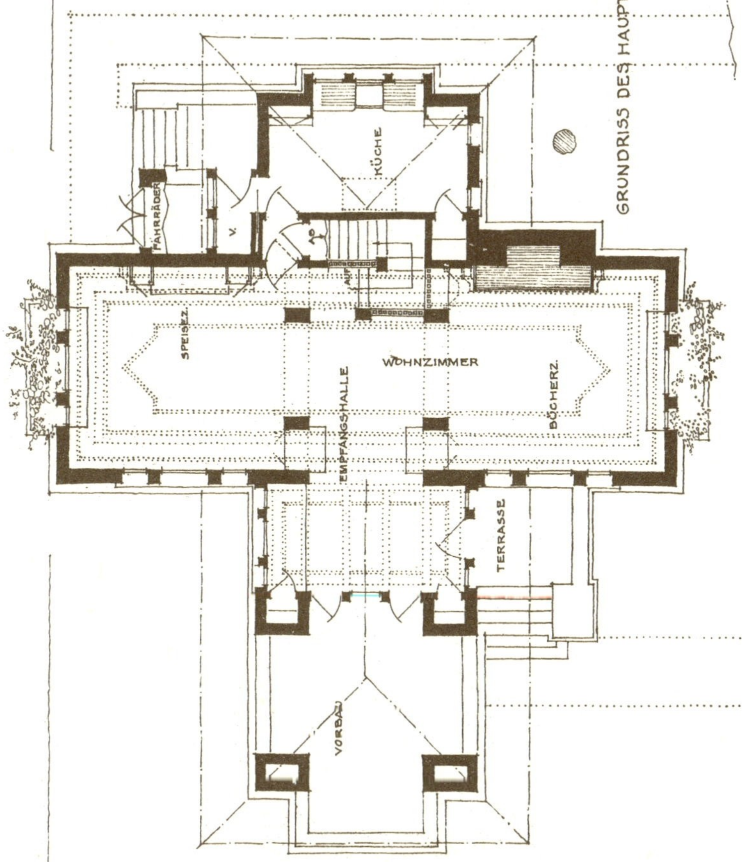

GRUNDRISS DES HAUPTGESCHOSSES

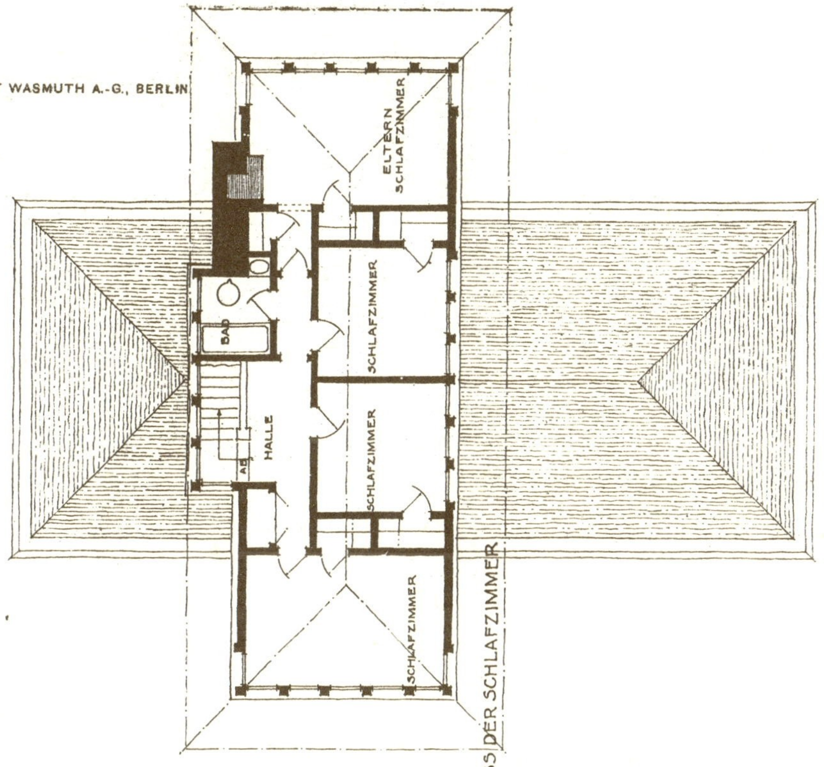

GRUNDRISS DER SCHLAFZIMMER

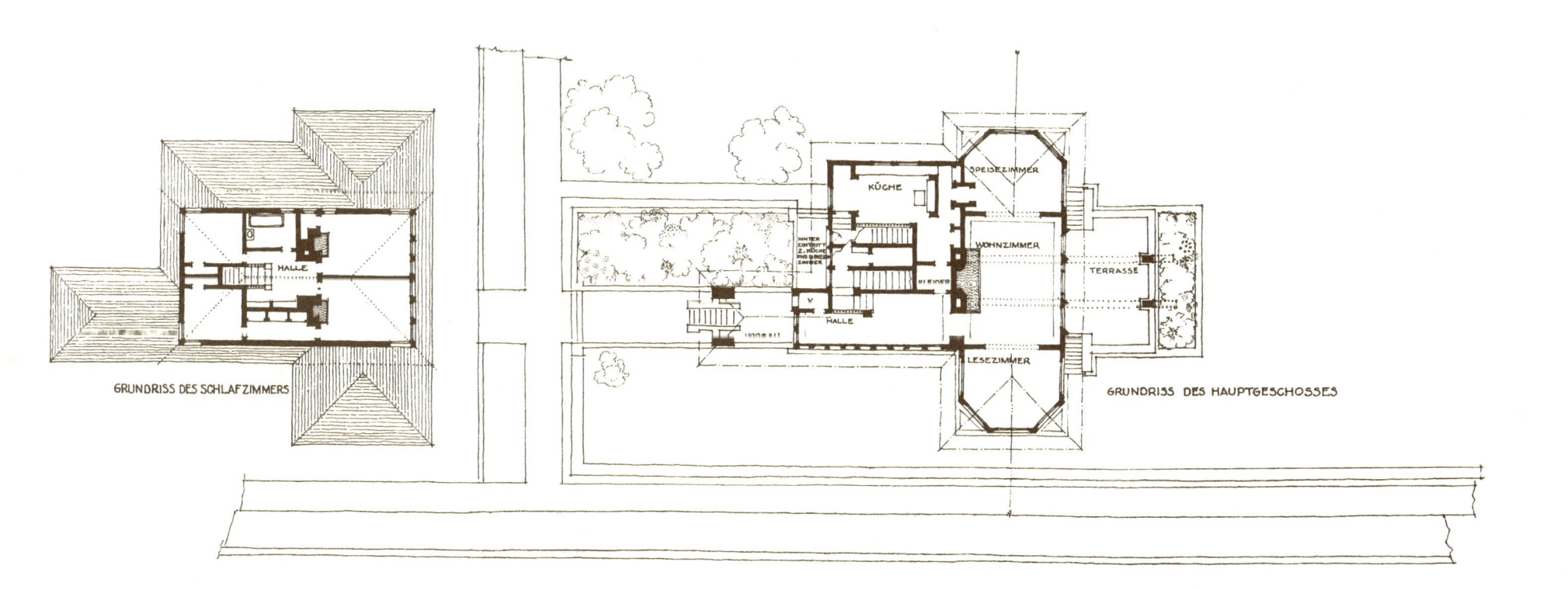

TAFEL XXVII WOHNHAUS FÜR HERRN HENERSON IM VORORT ELMHURST, ILL.

GEDRUCKT UND VERLEGT VON ERNST WASMUTH A.-G., BERLIN

GRUNDRISS DES SCHLAFZIMMERS

GRUNDRISS DES HAUPTGESCHOSSES

TAFEL XXVIII WOHNSITZ UND STALLUNG DES HERRN F. W. LITTLE, PEORIA, ILLINOIS

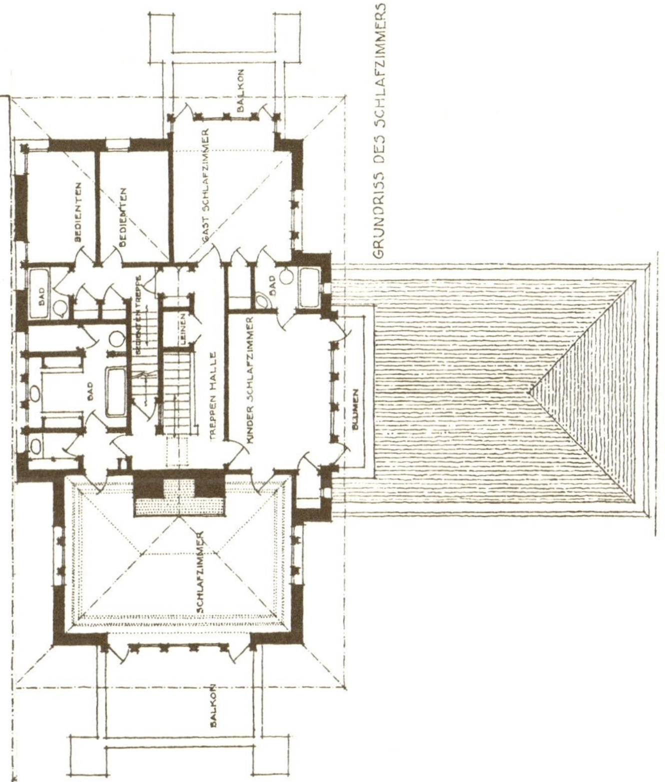

GEDRUCKT UND VERLEGT VON ERNST WASMUTH A.-G., BERLIN

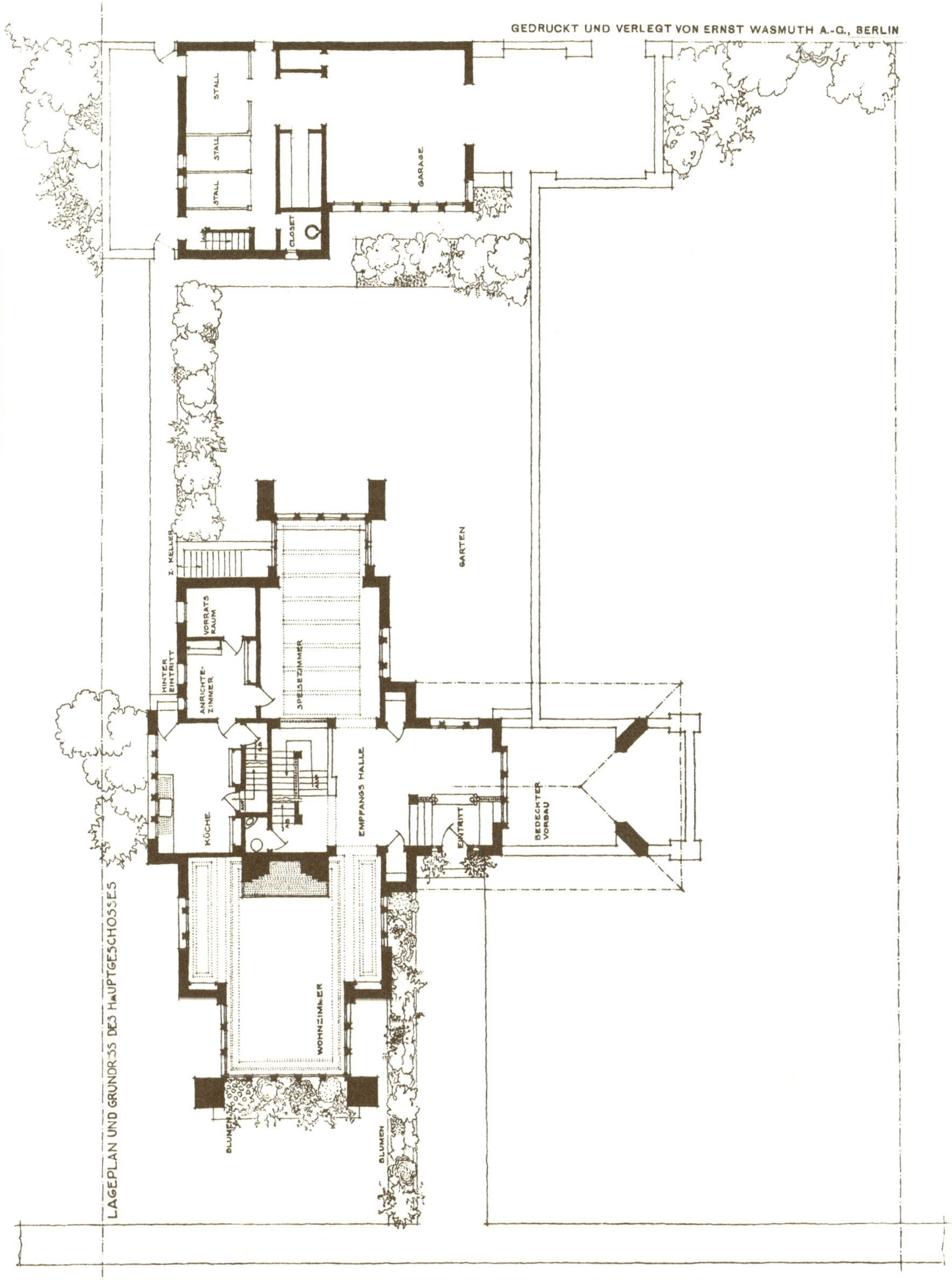

GRUNDRISS DES SCHLAFZIMMERS

LAGEPLAN UND GRUNDRISS DES HAUPTGESCHOSSES

TAFEL XXIX STÄDT. WOHNHAUS FÜR K. C. DE RHODES, SOUTH BEND, IND.

GEDRUCKT UND VERLEGT VON ERNST WASMUTH A.-G., BERLIN

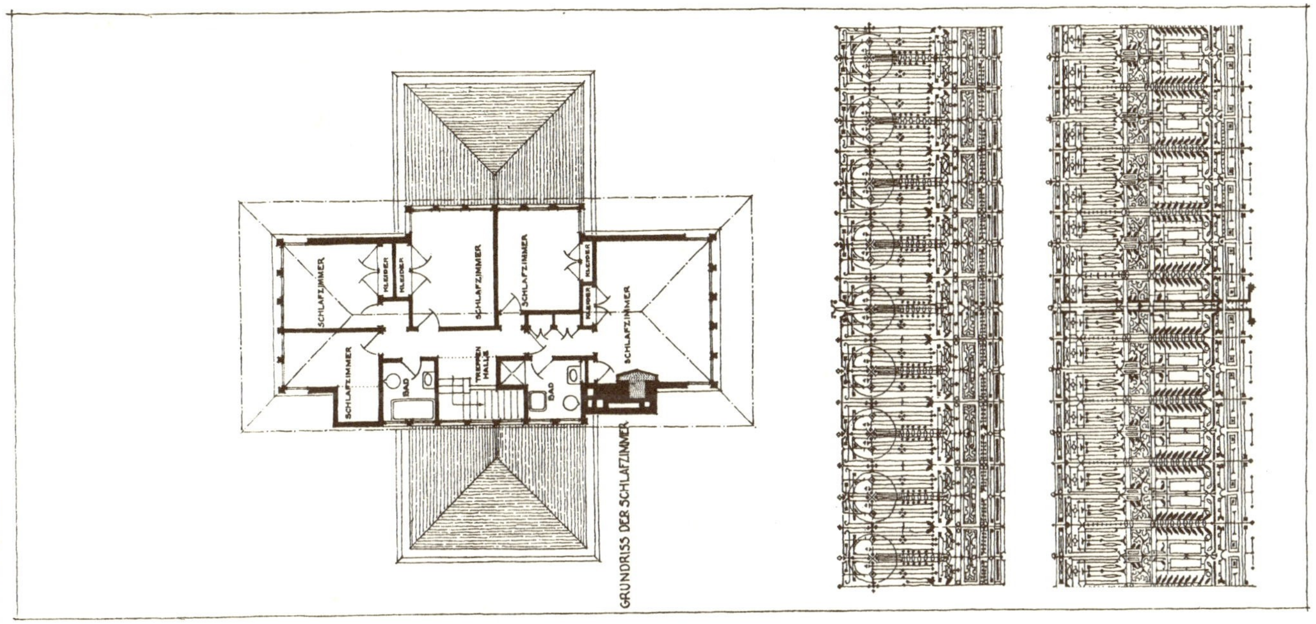

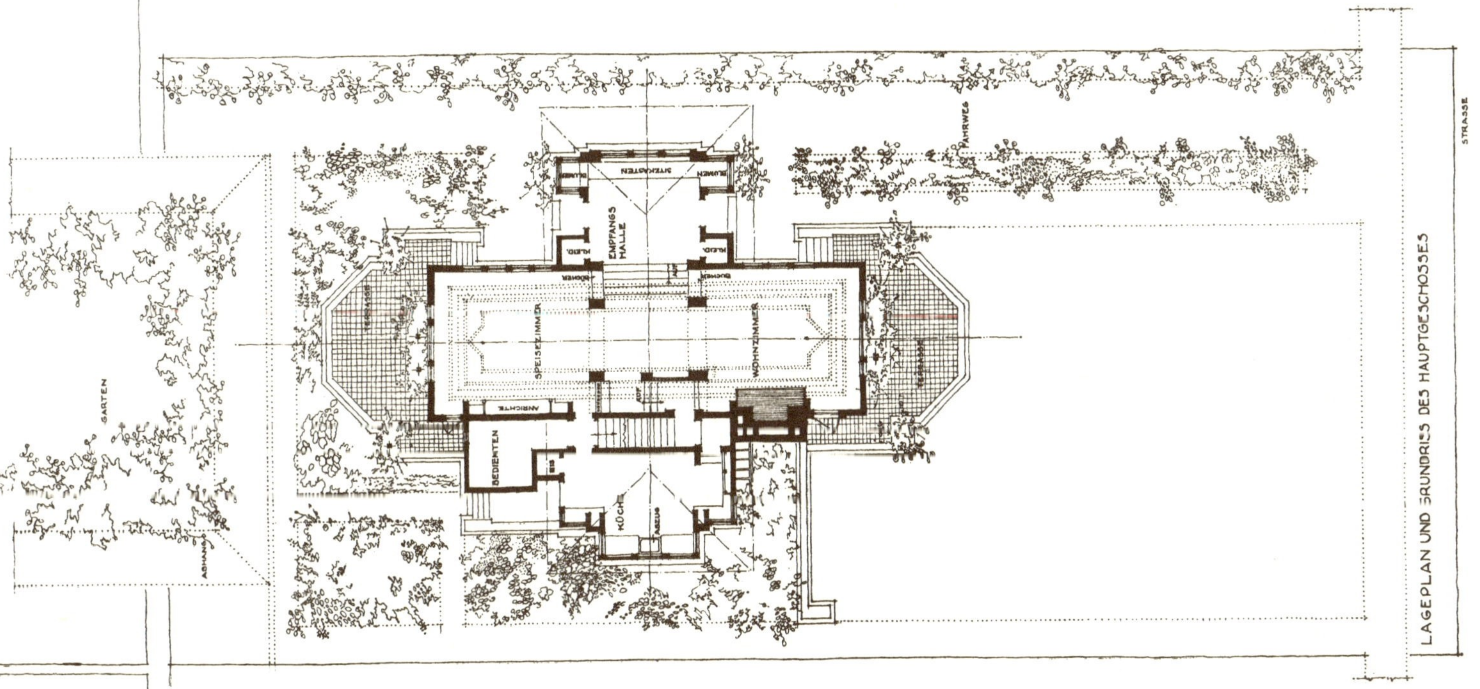

GRUNDRISS DER SCHLAFZIMMER

LAGEPLAN UND GRUNDRISS DES HAUPTGESCHOSSES

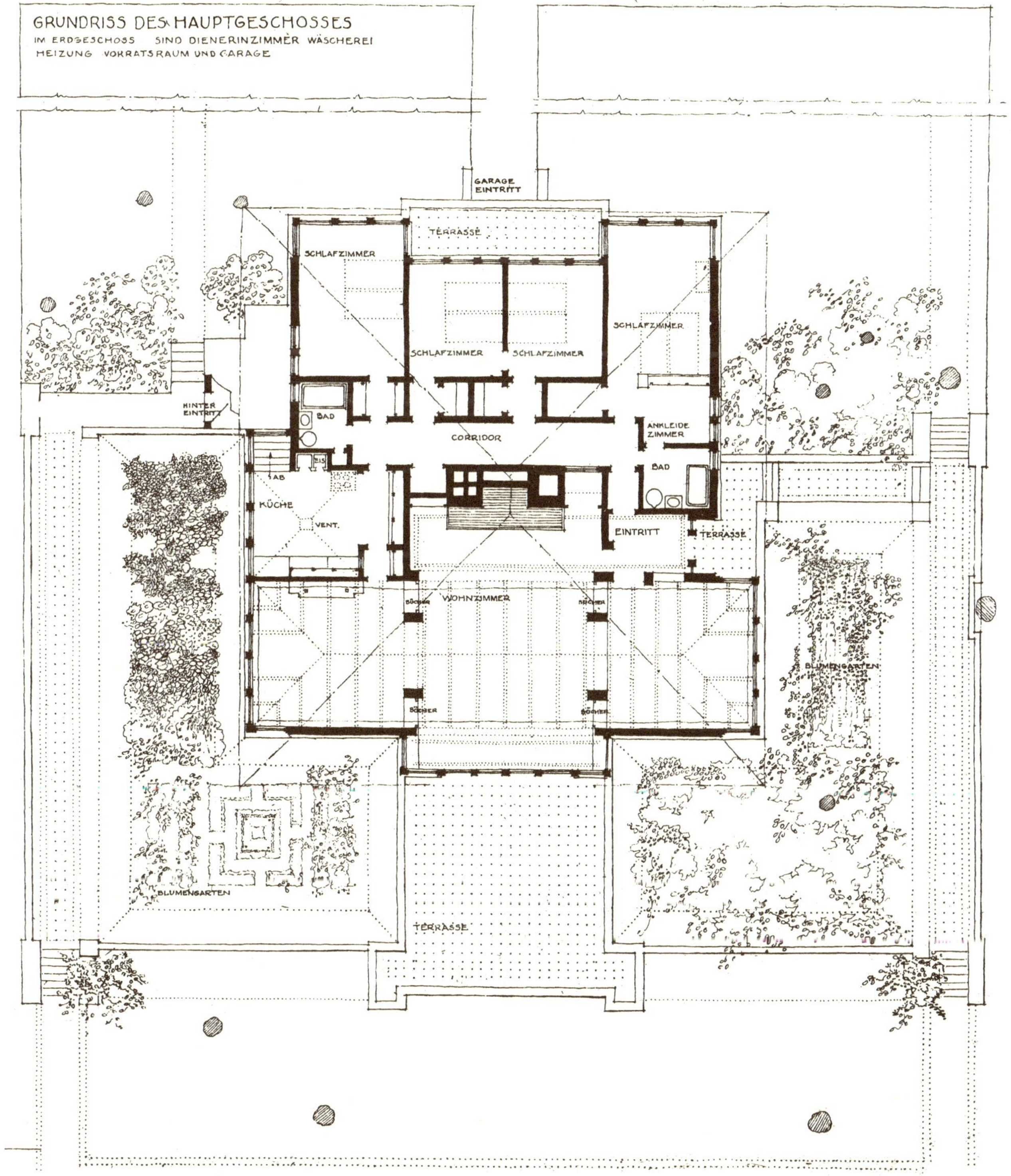

TAFEL XXX GRUNDRISS DER VILLA DES HERRN E. H. CHENEY, OAK PARK, ILLS. GRUNDRISS EINES EINSTÖCKIGEN KÜNSTLERHAUSES.        GEDRUCKT UND VERLEGT VON ERNST WASMUTH A.-G., BERLIN

GRUNDRISS DES HAUPTGESCHOSSES
IM ERDGESCHOSS SIND DIENERINZIMMER WÄSCHEREI
HEIZUNG VORRATSRAUM UND GARAGE

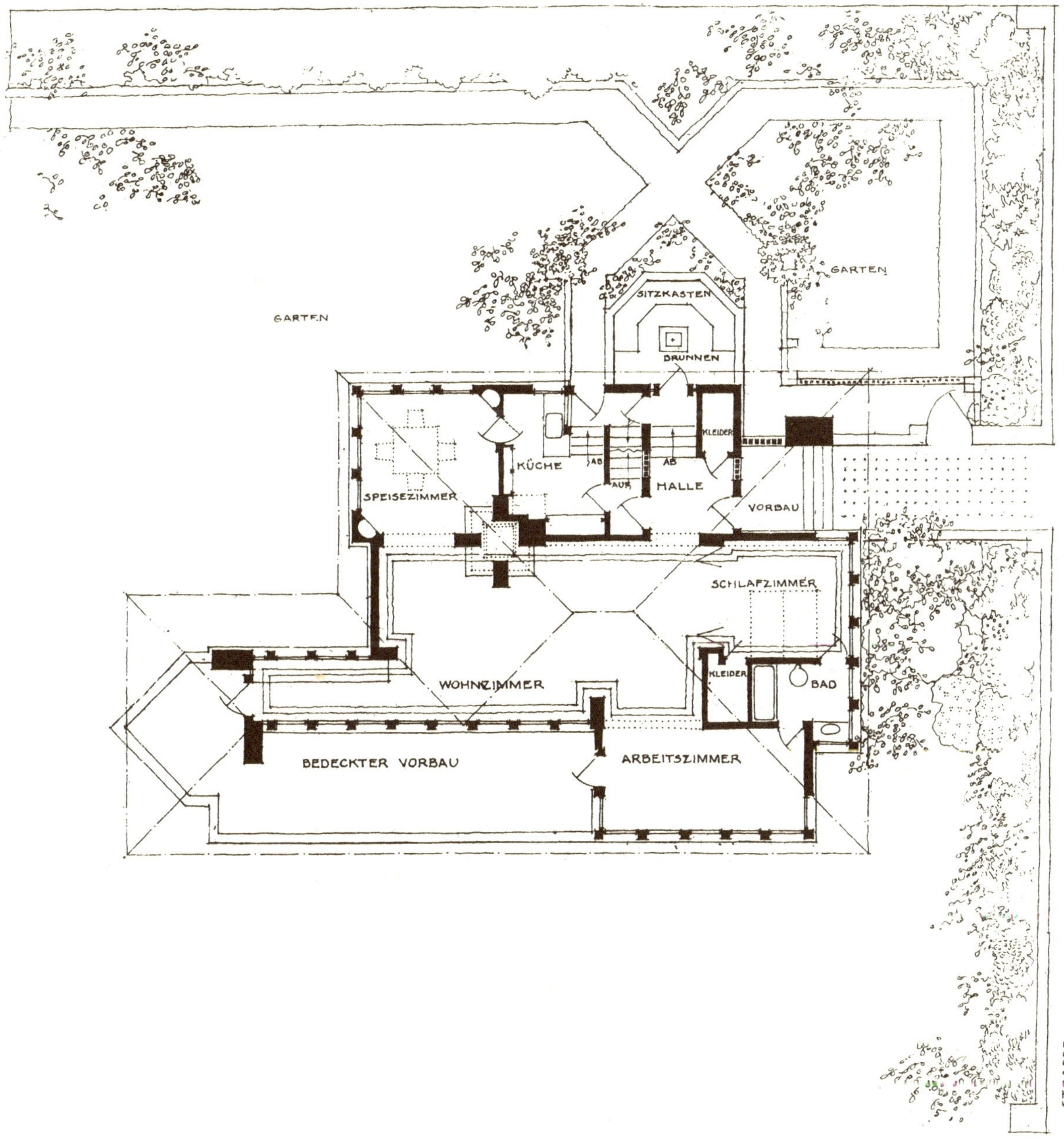

TAFEL XXX PERSPEKTIVE EINER VILLA DES HERRN E. H. CHENEY, OAK PARK ILLS.

GEDRUCKT UND VERLEGT VON ERNST WASMUTH A.-G., BERLIN

TAFEL XXXI AUSSENANSICHT VOM STÄDTISCHEN WOHNHAUSE FÜR FRAU DANA, SPRINGFIELD, ILLINOIS — GEDRUCKT UND VERLEGT VON ERNST WASMUTH A.-G., BERLIN

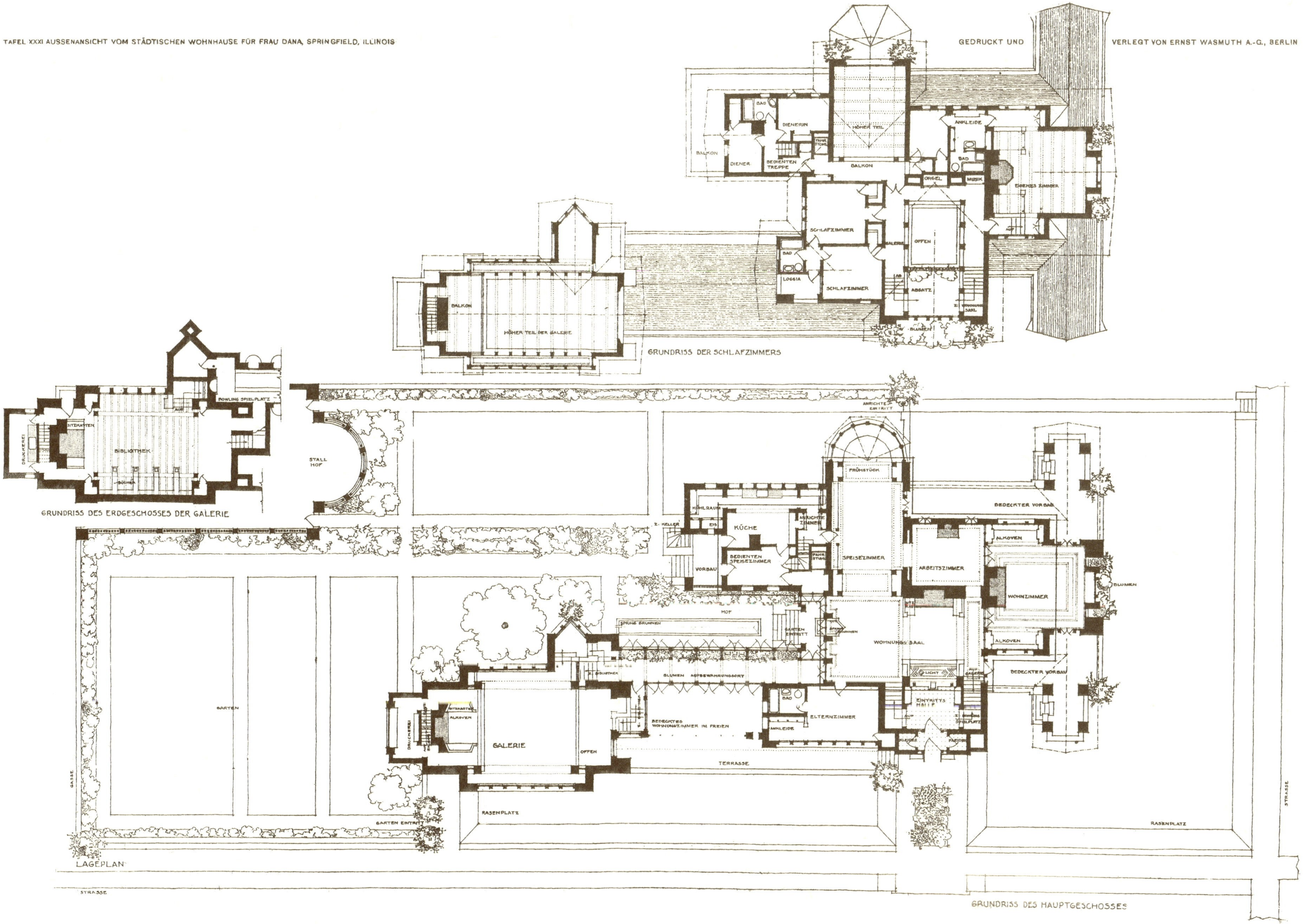

GRUNDRISS DER SCHLAFZIMMERS

GRUNDRISS DES ERDGESCHOSSES DER GALERIE

LAGEPLAN

GRUNDRISS DES HAUPTGESCHOSSES

[44]

TAFEL XXXI AUSSENANSICHT VOM STÄDTISCHEN WOHNHAUSE FÜR FRAU DANA, SPRINGFIELD, ILLINOIS — GEDRUCKT UND VERLEGT VON ERNST WASMUTH A.-G., BERLIN

TAFEL XXXIa AUSSENANSICHT VOM STÄDTISCHEN WOHNHAUSE FÜR FRAU DANA, SPRINGFIELD, ILLINOIS

GEDRUCKT UND VERLEGT VON ERNST WASMUTH A.-G., BERLIN

[46]

TAFEL XXXIb  INNERES DES FESTSAALES FÜR FRAU DANA

GEDRUCKT UND VERLEGT VON ERNST WASMUTH A.-G., BERLIN

[47]

TAFEL XXXII SITUATIONSPLAN UND GRUNDRISS DER VILLA D. D. MARTIN, BUFFALO, N.Y.  GEDRUCKT UND VERLEGT VON ERNST WASMUTH A.-G., BERLIN

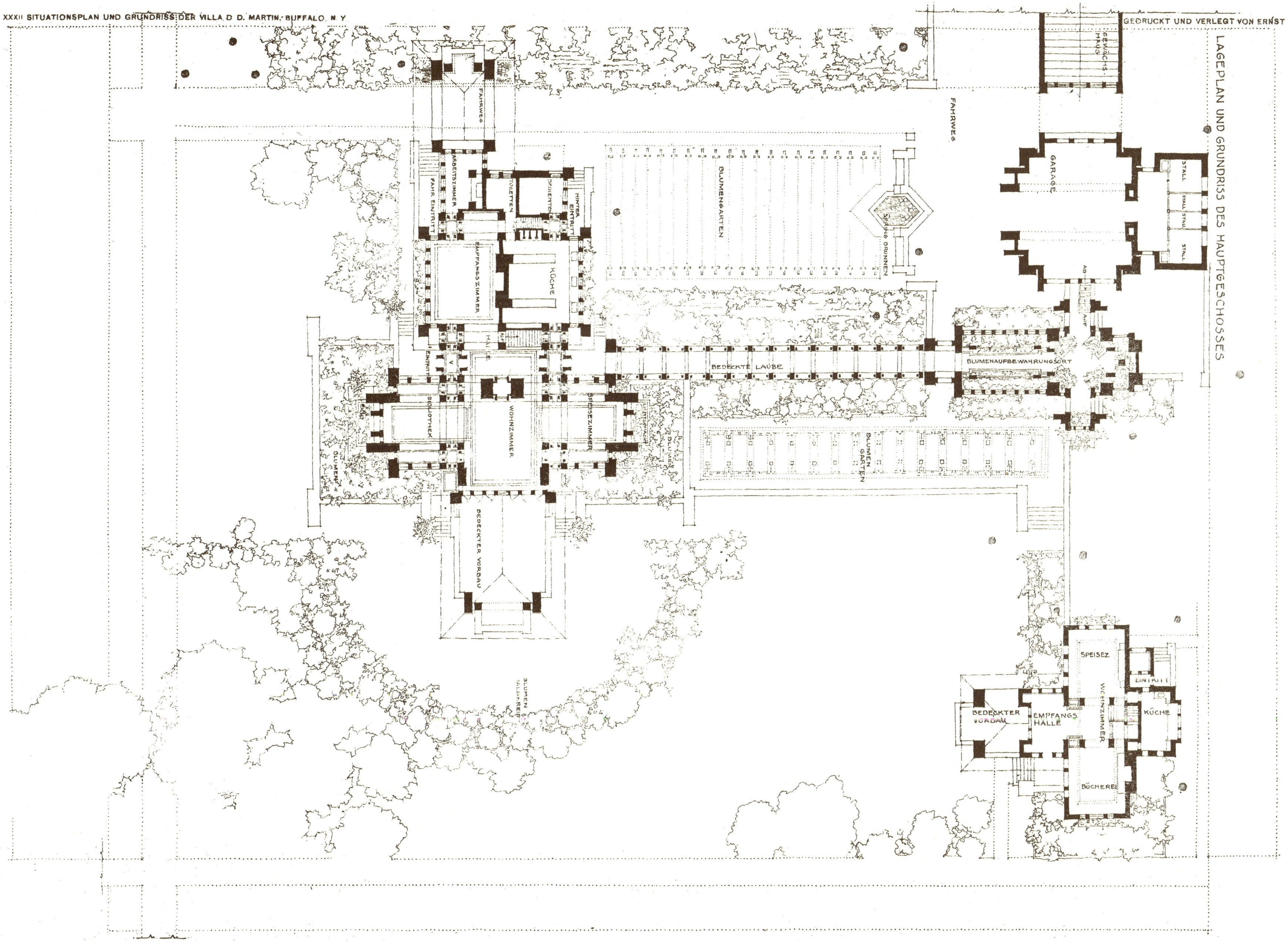

LAGEPLAN UND GRUNDRISS DES HAUPTGESCHOSSES

[48]

TAFEL XXXII VILLA D. D. MARTIN, BUFFALO, N.Y.  GEDRUCKT UND VERLEGT VON ERNST WASMUTH A.-G., BERLIN

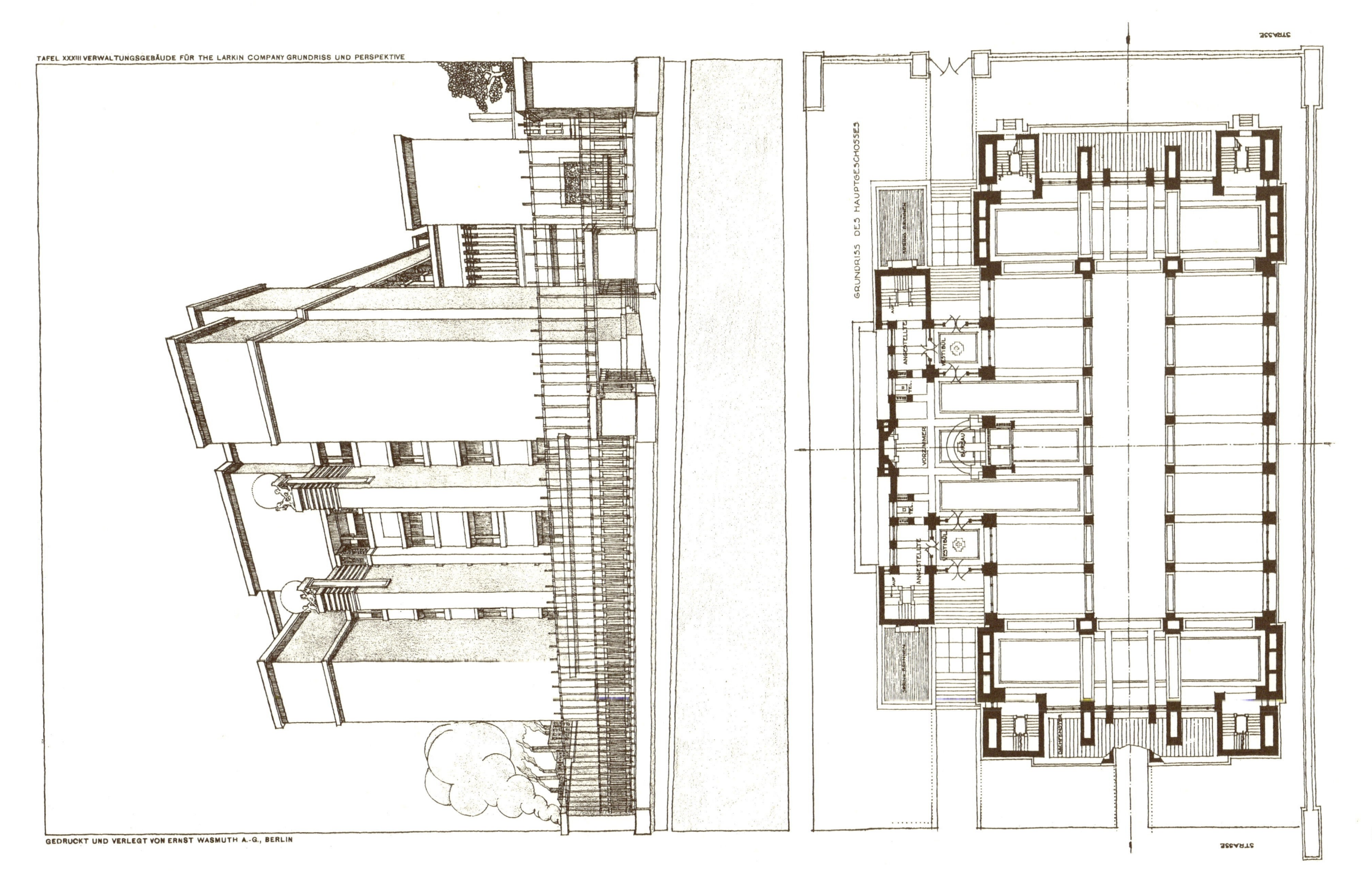

TAFEL XXXIII VERWALTUNGSGEBÄUDE FÜR THE LARKIN COMPANY GRUNDRISS UND PERSPEKTIVE

GRUNDRISS DES HAUPTGESCHOSSES

GEDRUCKT UND VERLEGT VON ERNST WASMUTH A.-G., BERLIN

TAFEL XXXIII VERWALTUNGSGEBÄUDE FÜR THE LARKIN COMPANY GRUNDRISS UND PERSPEKTIVE          GEDRUCKT UND VERLEGT VON ERNST WASMUTH A.-G., BERLIN

TAFEL XXXIIIa VERWALTUNGSGEBÄUDE FÜR THE LARKIN COMPANY GRUNDRISS UND PERSPEKTIVE

GEDRUCKT UND VERLEGT VON ERNST WASMUTH A.-G., BERLIN

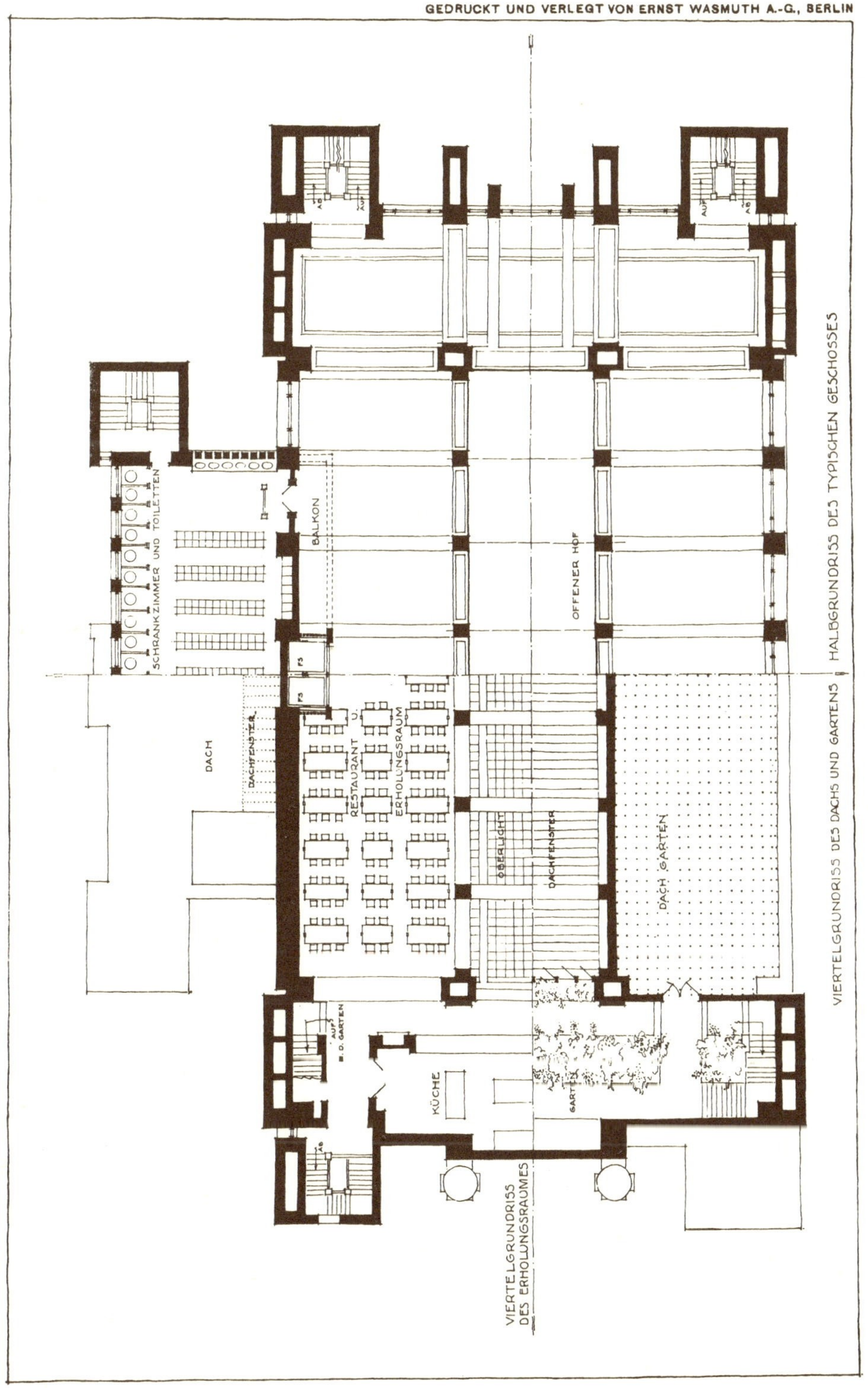

VIERTELGRUNDRISS DES DACHS UND GARTENS | HALBGRUNDRISS DES TYPISCHEN GESCHOSSES

VIERTELGRUNDRISS DES ERHOLUNGSRAUMES

[52]

TAFEL XXXIV LANDHAUS FÜR HERRN THAXTER SHAW, MONTREAL

GEDRUCKT UND VERLEGT VON ERNST WASMUTH A.-G., BERLIN

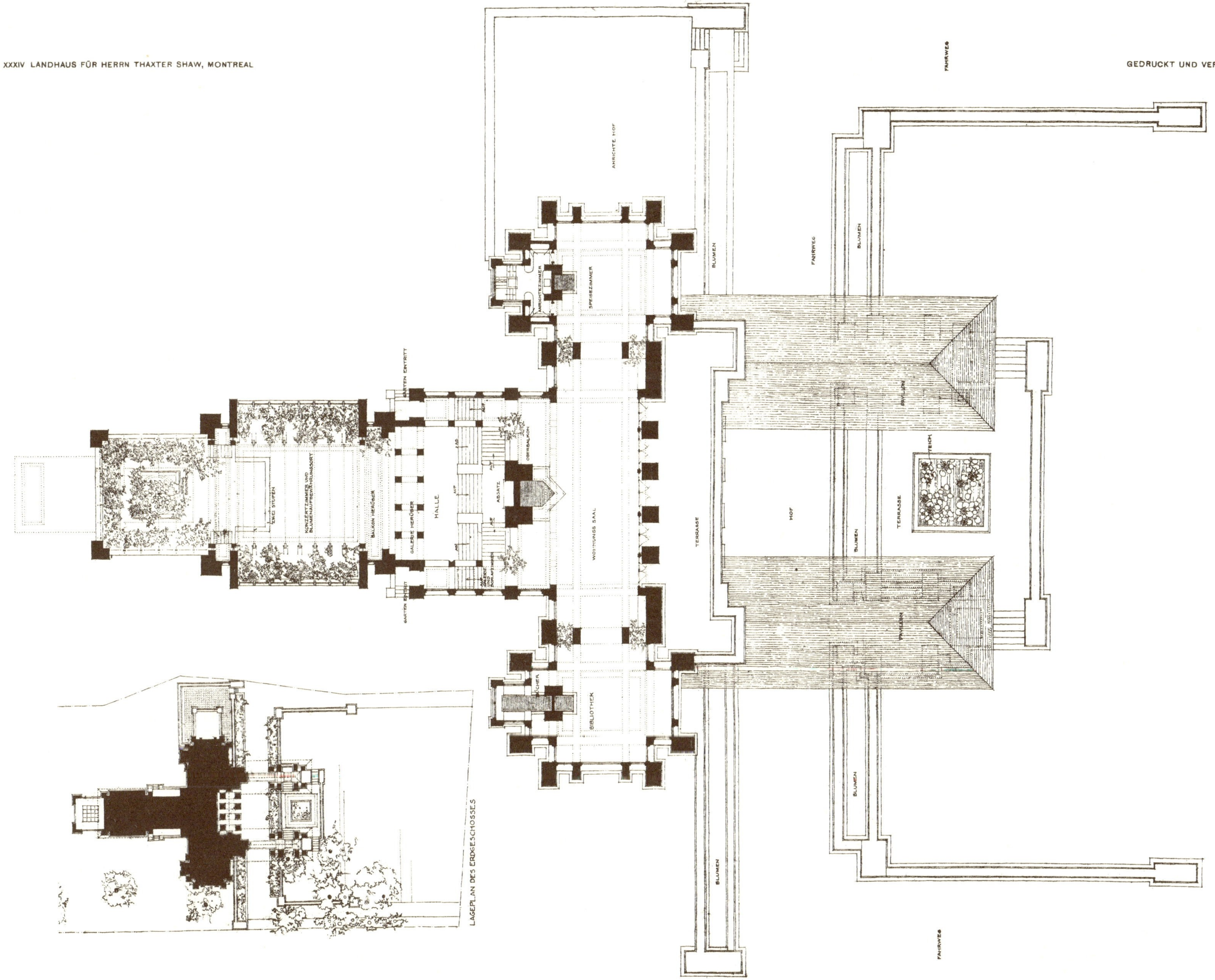

LAGEPLAN DES ERDGESCHOSSES

[53]

TAFEL XXXIV LANDHAUS FÜR HERRN THAXTER SHAW, MONTREAL · GEDRUCKT UND VERLEGT VON ERNST WASMUTH A.-G., BERLIN

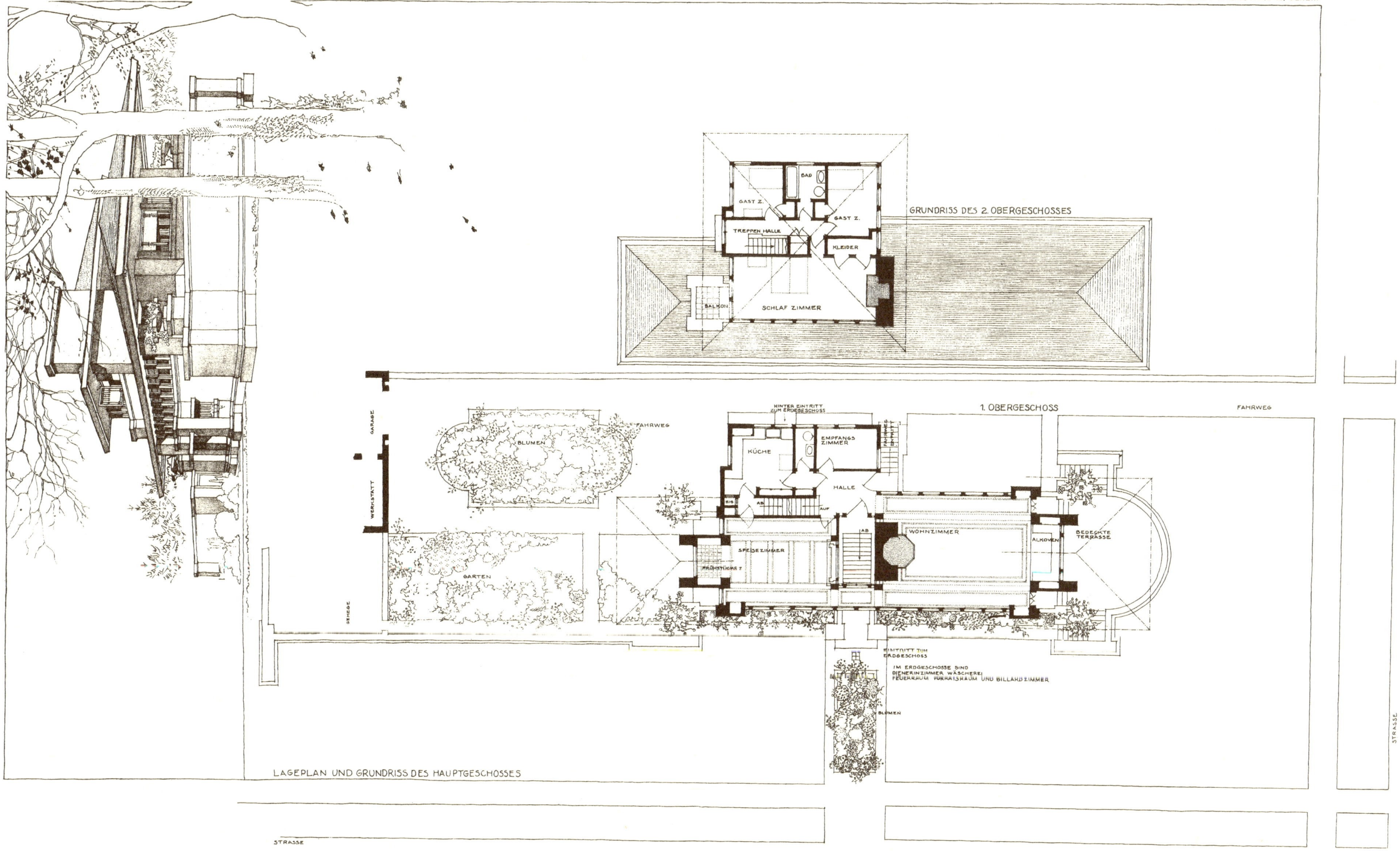

TAFEL XXXV. WOHNHAUS IM VORORT FÜR TOMEK IN RIVERSIDE, ILLS.  GEDRUCKT UND VERLEGT VON ERNST WASMUTH A.-G., BERLIN

GRUNDRISS DES 2. OBERGESCHOSSES

1. OBERGESCHOSS

LAGEPLAN UND GRUNDRISS DES HAUPTGESCHOSSES

TAFEL XXXVI AUSSTELLUNGSGEBÄUDE FÜR THE LARKIN COMPANY AUF DER JAMESTOWN AUSSTELLUNG
UND INNENANSICHT VON BROWNS BÜCHERLAGER IN DEM GEBÄUDE FÜR DIE SCHÖNEN KÜNSTE, CHICAGO

GEDRUCKT UND VERLEGT VON ERNST WASMUTH A.-G., BERLIN

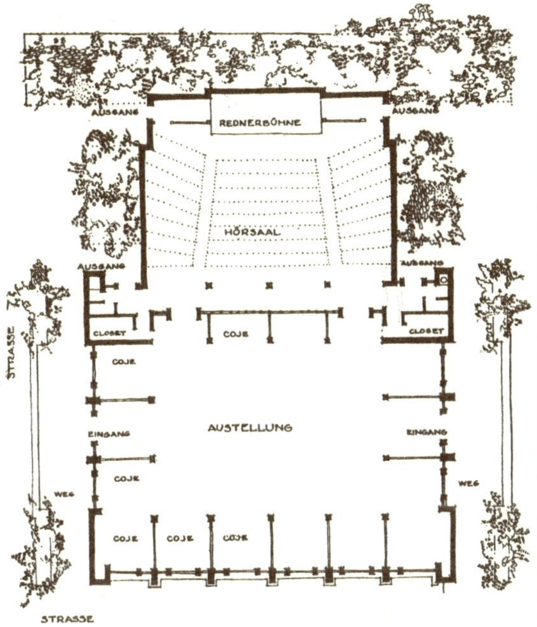

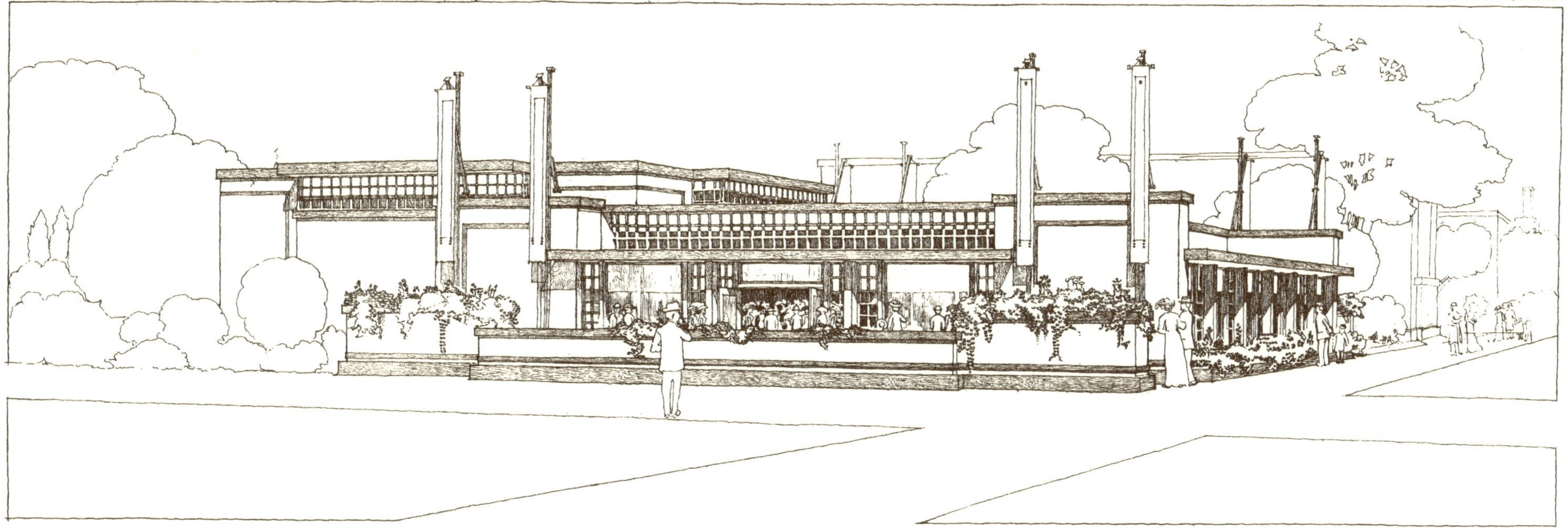

TAFEL XXXVII. STÄDTISCHES WOHNHAUS FÜR HERRN F. C. ROBIE, CHICAGO.　　　　　　　　　　　GEDRUCKT UND VERLEGT VON ERNST WASMUTH A.-G., BERLIN

LAGEPLAN UND GRUNDRISS DES ERDGESCHOSSES

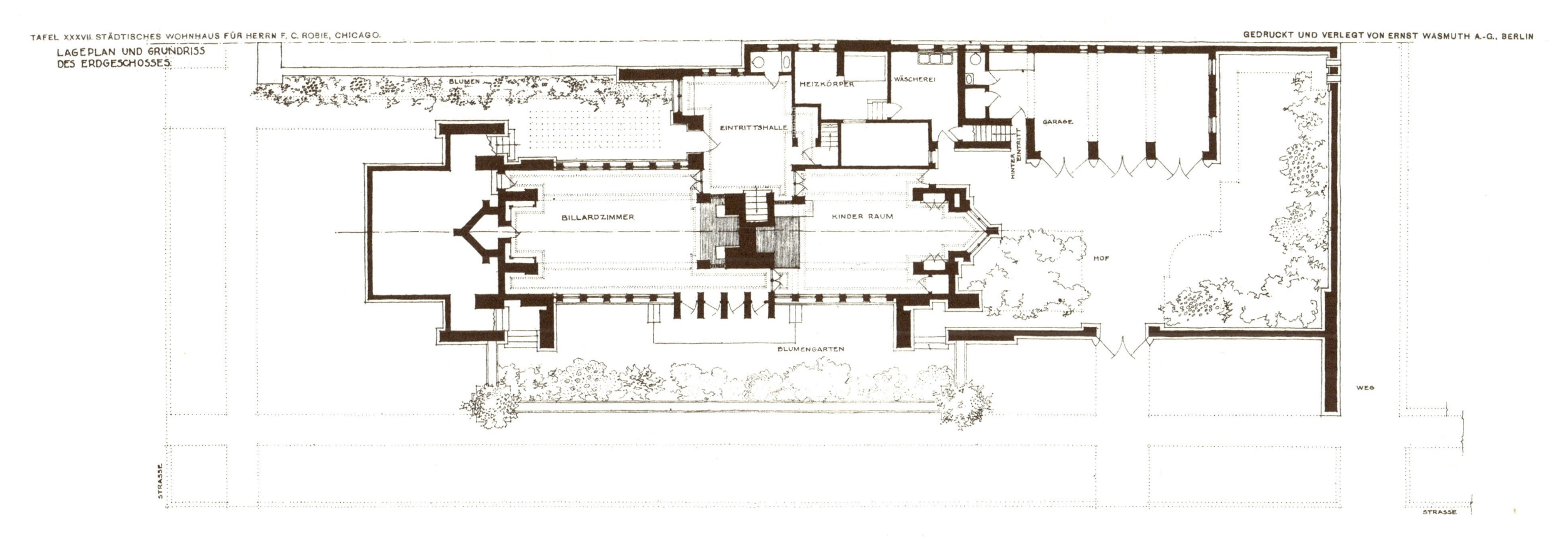

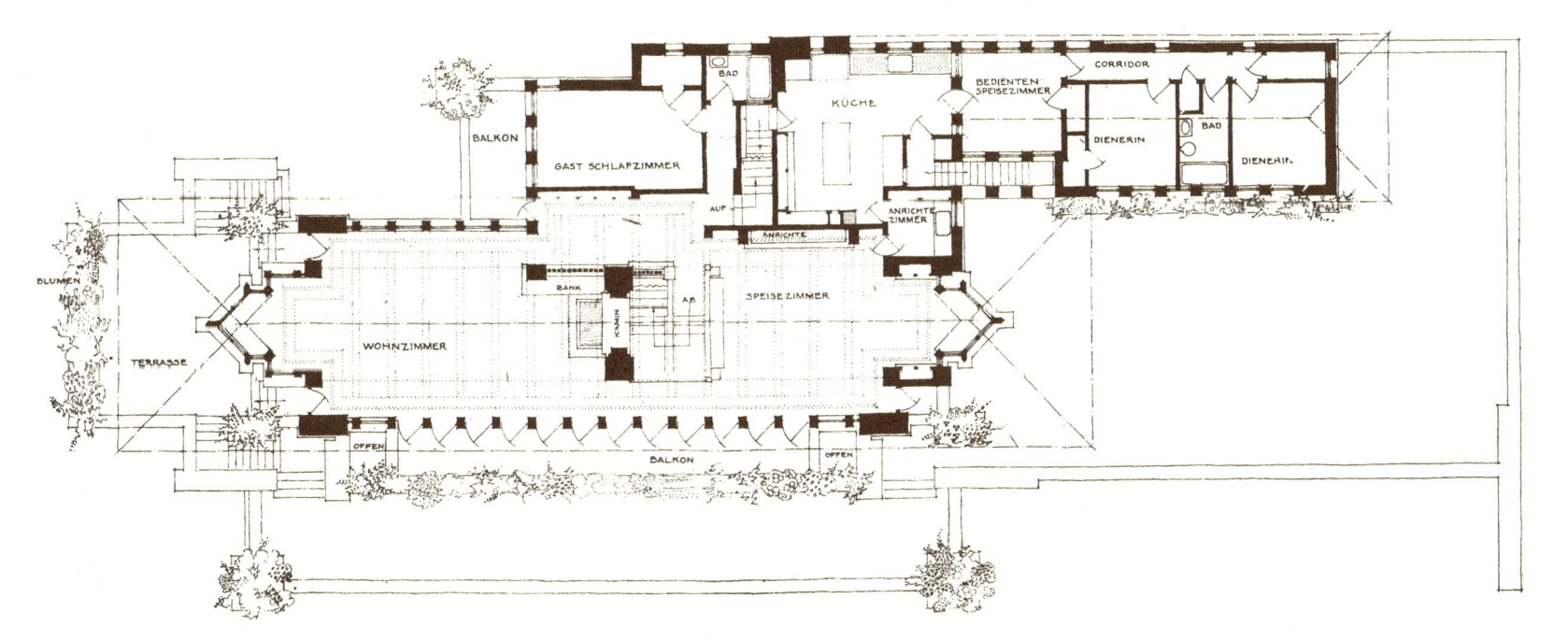

GRUNDRISS DES HAUPTGESCHOSSES

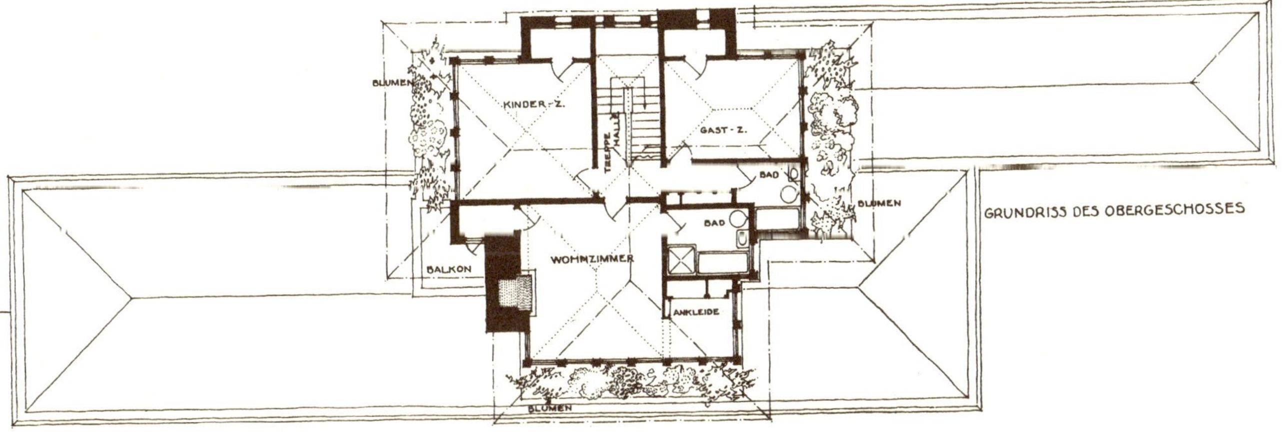

TAFEL XXXVII. STÄDTISCHES WOHNHAUS FÜR HERRN F. C. ROBIE, CHICAGO. GEDRUCKT UND VERLEGT VON ERNST WASMUTH A.-G., BERLIN

GRUNDRISS DES OBERGESCHOSSES

[58]

TAFEL XXXVIII HORSE SHOE JNN (SOMMERHOTEL) ESTES PARK, COLORADO

GEDRUCKT UND VERLEGT VON ERNST WASMUTH A.-G., BERLIN

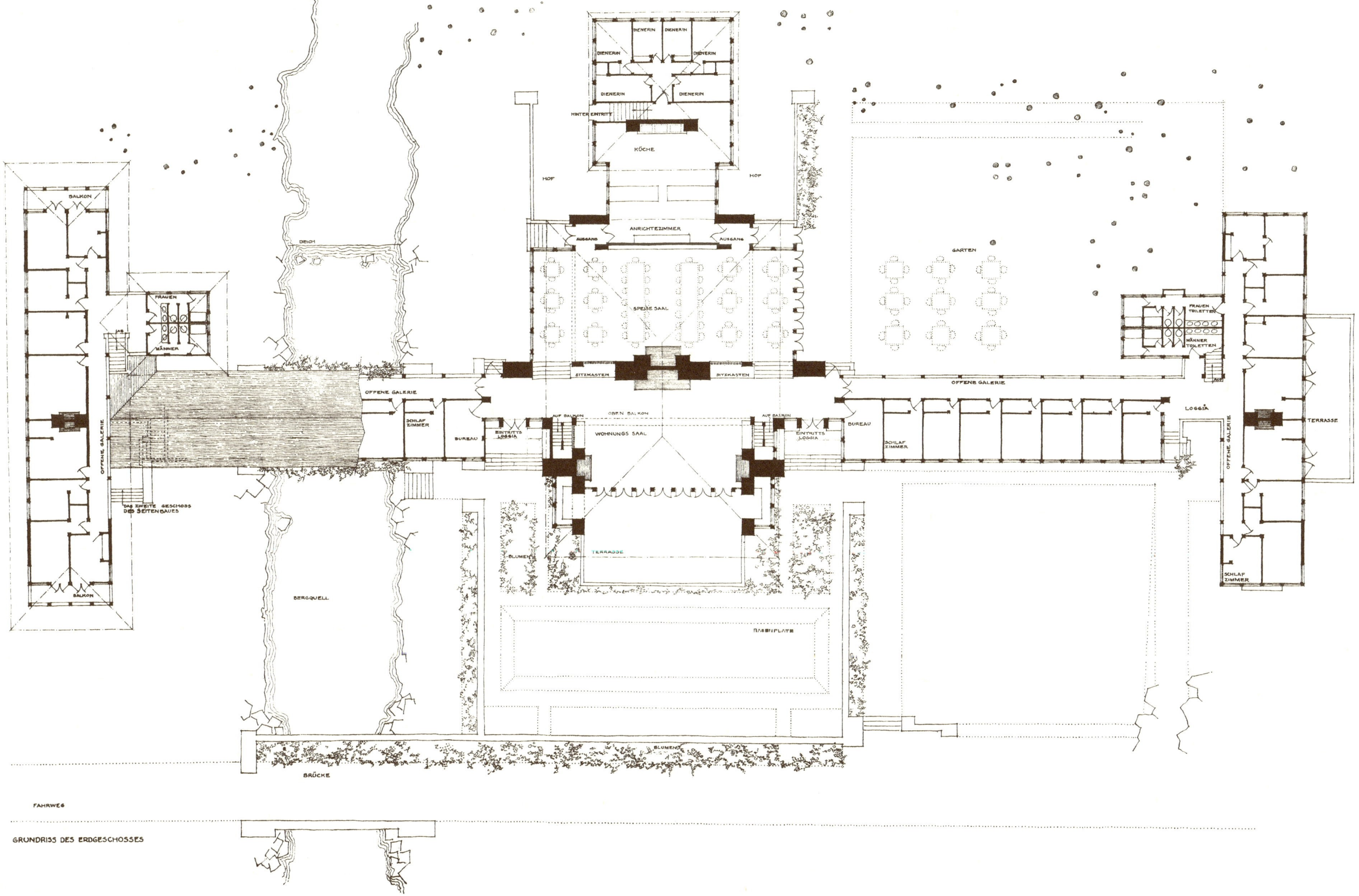

GRUNDRISS DES ERDGESCHOSSES

TAFEL XXXVIII HORSE SHOE JNN (SOMMERHOTEL) ESTES PARK, COLORADO GEDRUCKT UND VERLEGT VON ERNST WASMUTH A.-G., BERLIN

TAFEL XXXIX WOHNHAUS IM VORORT FÜR HERRN CLARK PEORIA ILLINOIS PERSPEKTIVE UND GRUNDRISS

GEDRUCKT UND VERLEGT VON ERNST WASMUTH A.-G., BERLIN

GRUNDRISS DES HAUPTGESCHOSSES

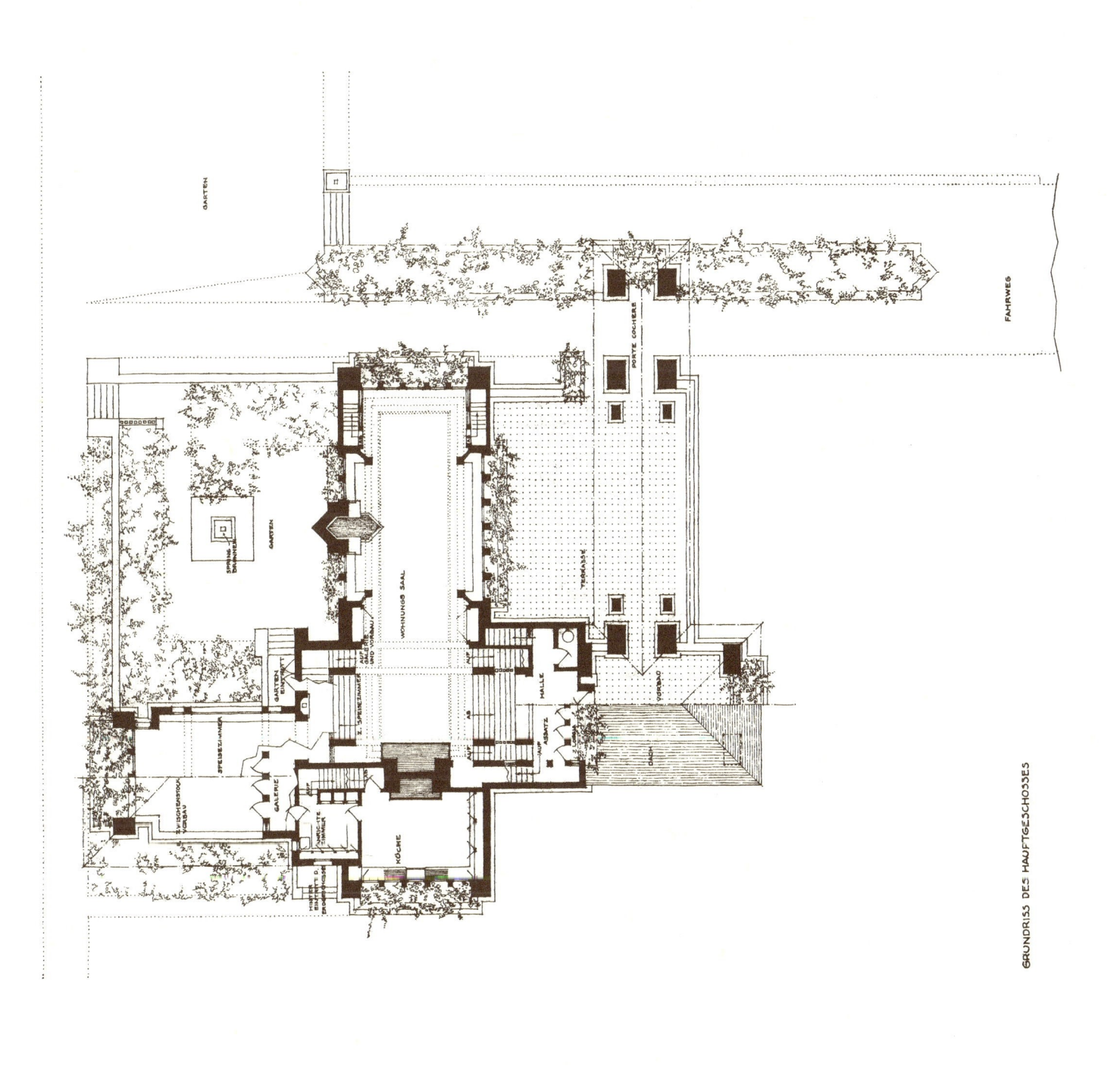

TAFEL XL ARBEITERHÄUSER FÜR HERRN WALLER, CHICAGO
LANDHAUS FÜR FRÄULEIN FULLER IM VORORT VON GLENCOE, ILL.

GEDRUCKT UND VERLEGT VON ERNST WASMUTH A.-G., BERLIN

GRUNDRISS DER KELLER
GRUNDRISS DER SCHLAFZIMMER
GRUNDRISS DES HAUPTGESCHOSSES

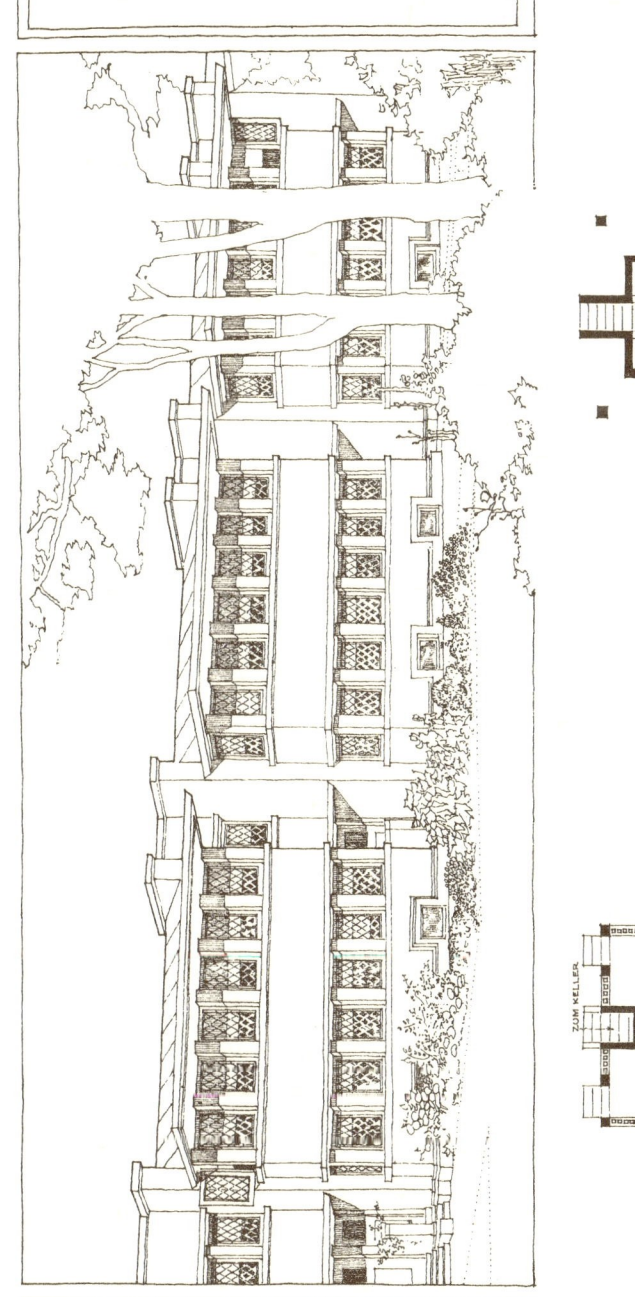

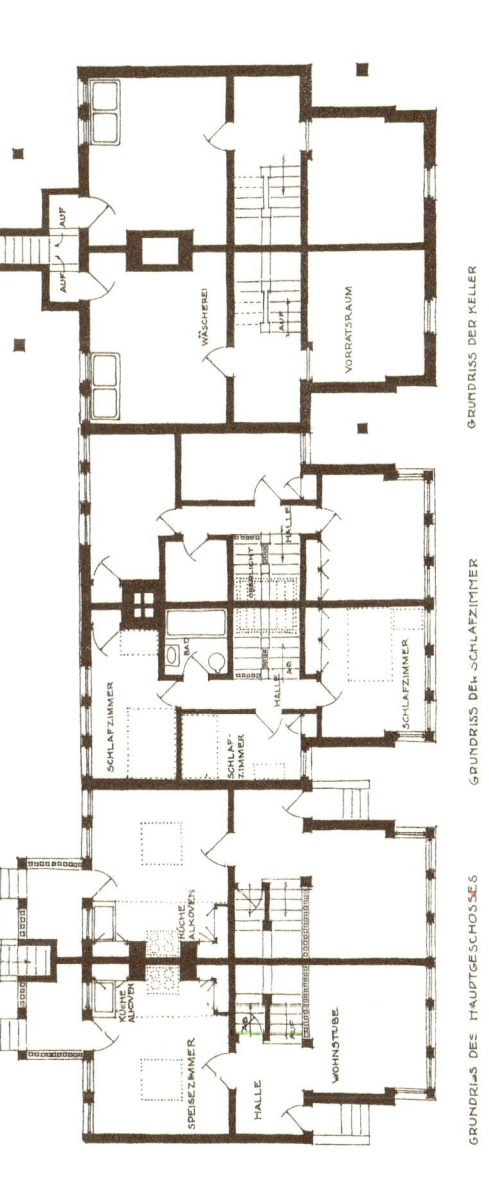

VORBAU
DIENERIN
KÜCHE
AUF ZUM KELLER
ANRICHTE
BOGEN
SPEISEZIMMER
WOHNUNG
HALLE
VORBAU

BAD
HALLE
SCHLAFZIMMER
SCHLAFZIMMER
SCHLAFZIMMER
SCHLAFZIMMER

GRUNDRISS DER SCHLAFZIMMER

[62]

TAFEL XLI VORSTUDIE FÜR DIE GEDÄCHTNISKAPELLE PETTIT, BELVEDERE, ILL.

GEDRUCKT UND VERLEGT VON ERNST WASMUTH A.-G., BERLIN

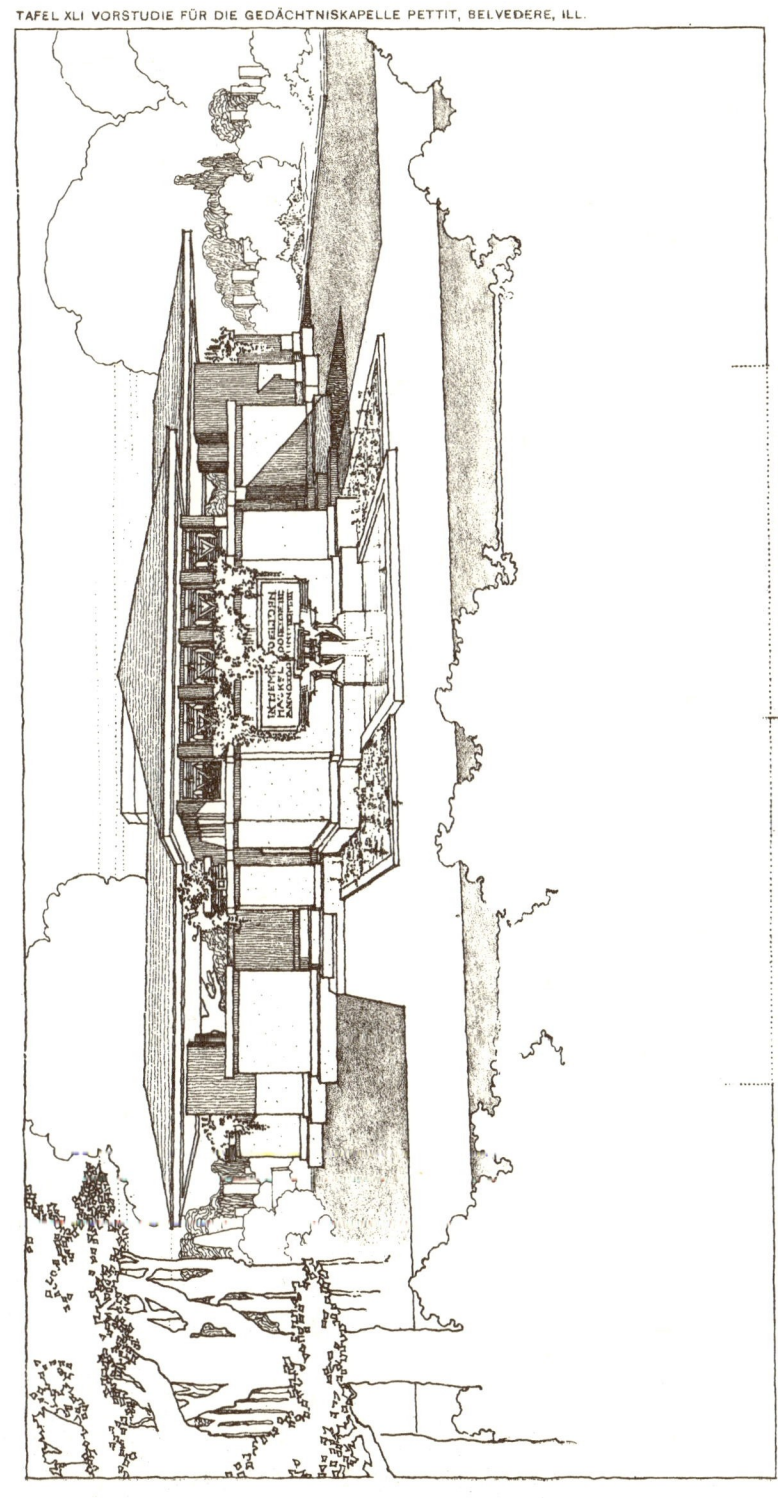

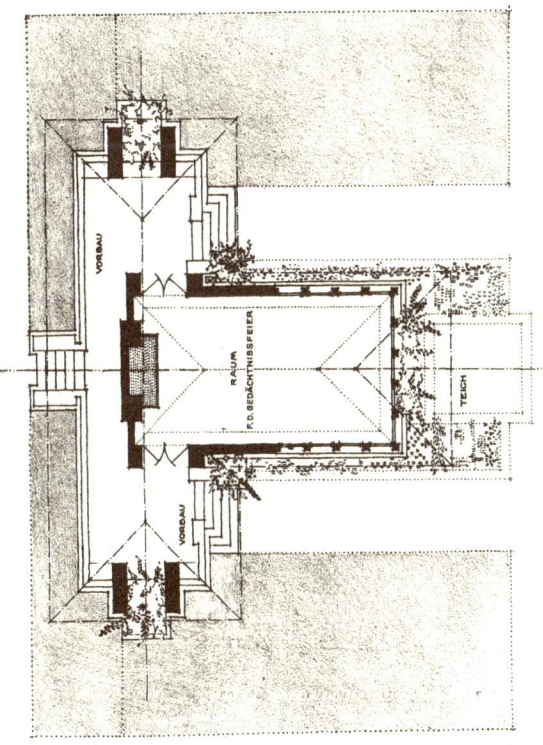

[63]

TAFEL XLII RIVER FOREST TENNIS CLUB GRUNDRISS UND PERSPEKTIVE  GEDRUCKT UND VERLEGT VON ERNST WASMUTH A.-G., BERLIN

GRUNDRISS DES ERDGESCHOSSES

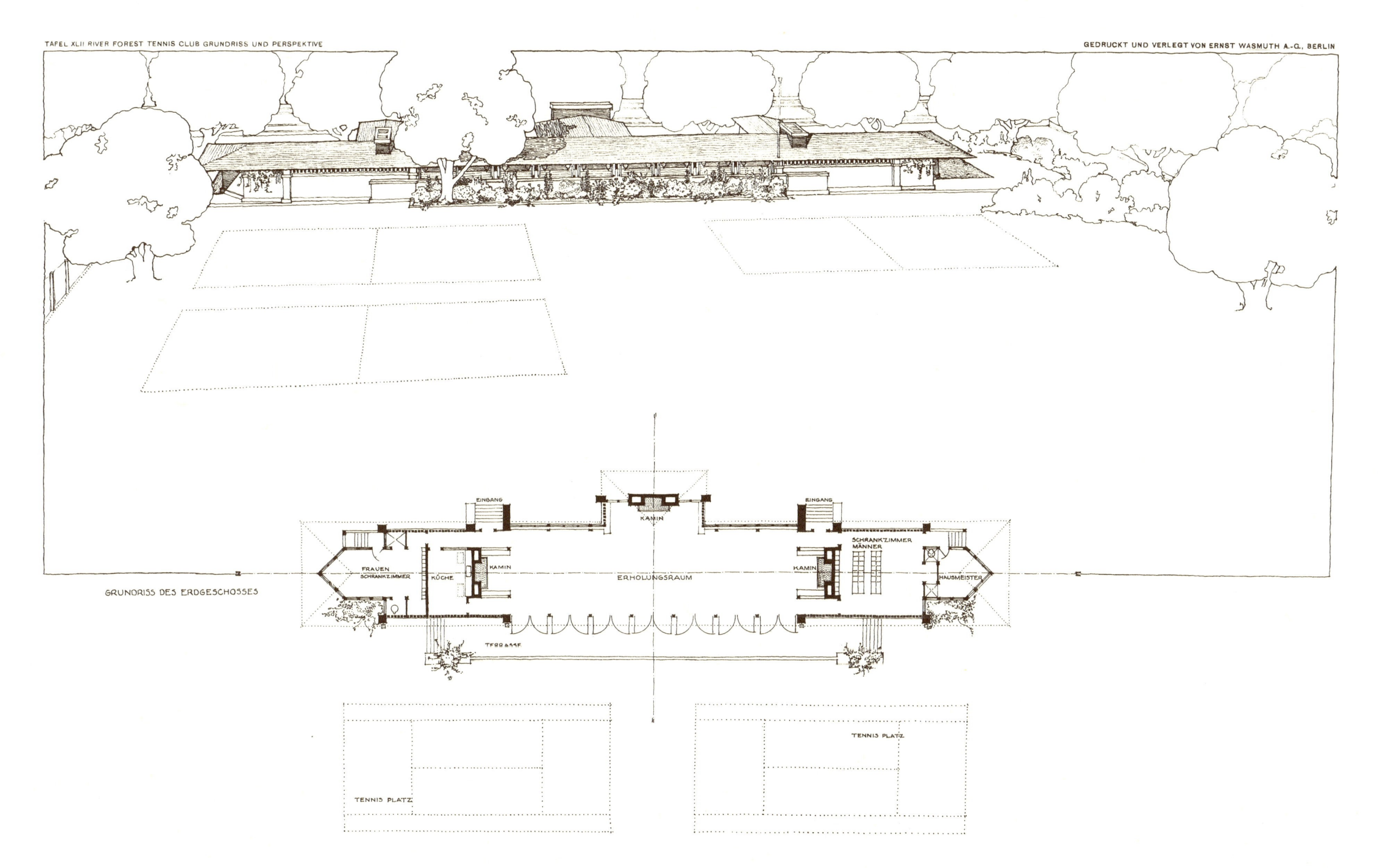

EINGANG · KAMIN · EINGANG
FRAUEN SCHRANK ZIMMER · KÜCHE · KAMIN · ERHOLUNGSRAUM · KAMIN · SCHRANK ZIMMER MÄNNER · HAUSMEISTER
TERRASSE

TENNIS PLATZ · TENNIS PLATZ

TAFEL XLIII LANDHAUS FÜR HERRN GLASNER IM VORORT VON GLENCOE, ILL.

GEDRUCKT UND VERLEGT VON ERNST WASMUTH A.-G., BERLIN

GRUNDRISS DES HAUPTGESCHOSSES

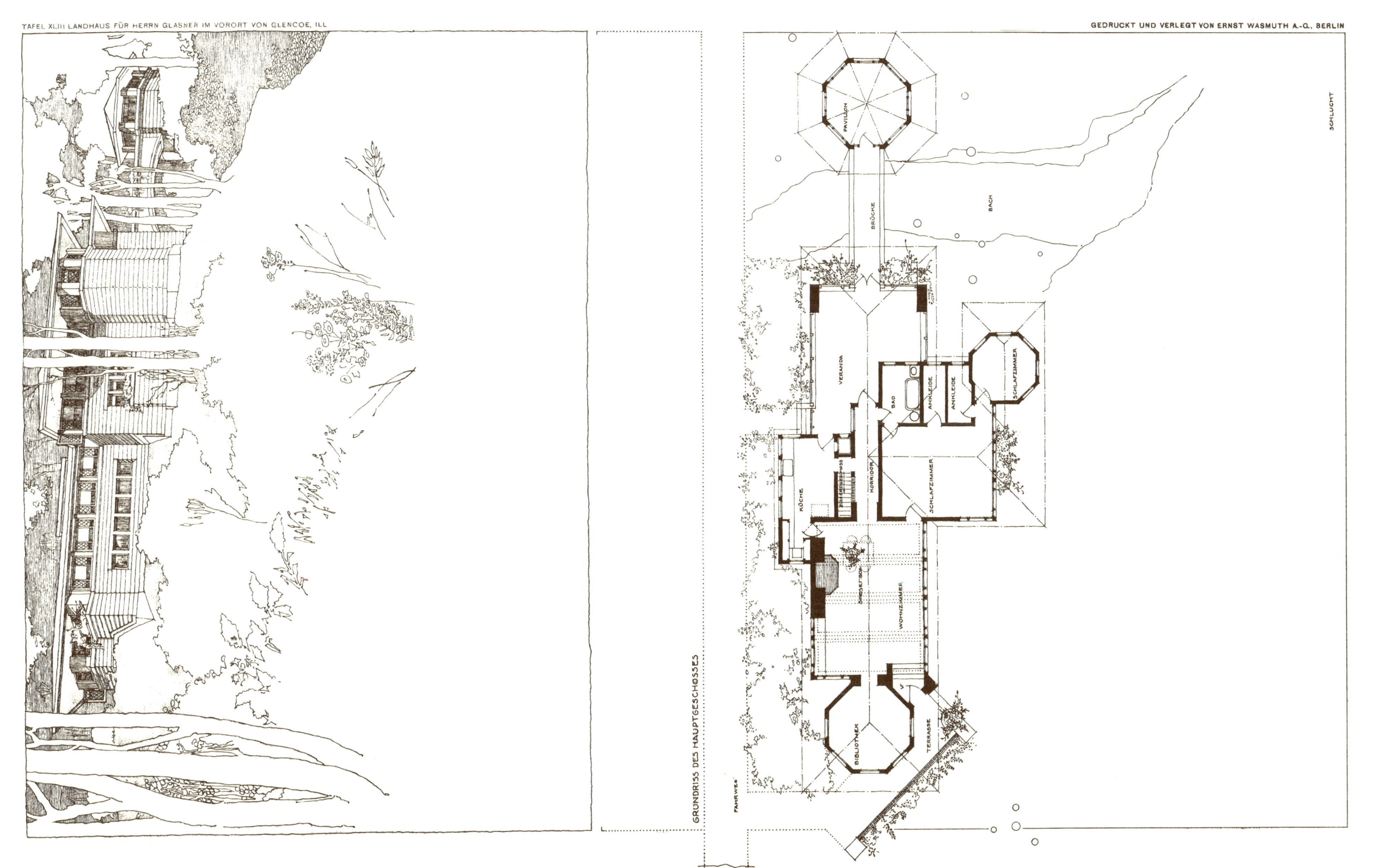

✳ Erb. 1909

TAFEL XLIIIa SOMMERHAUS IN FRESNO, CALIFORNIEN LANDHAUS IM VORORT HIGHLAND PARK, ILLINOIS

GEDRUCKT UND VERLEGT VON ERNST WASMUTH A.-G., BERLIN

Heute, 2009, Haus von T.C. Boyle.—

[66]

TAFEL XLIV VORSTADTHAUS FÜR HERRN GEORGE MILLARD, HIGHLAND PARK, ILLS.  GEDRUCKT UND VERLEGT VON ERNST WASMUTH A.-G., BERLIN

[67]

TAFEL XLV LANDHAUS FÜR FRAU GALE IM VORORT OAK PARK, ILL.

GEDRUCKT UND VERLEGT VON ERNST WASMUTH A.-G., BERLIN

GRUNDRISS DER SCHLAFZIMMER

LAGEPLAN UND GRUNDRISS DES HAUPTGESCHOSSES

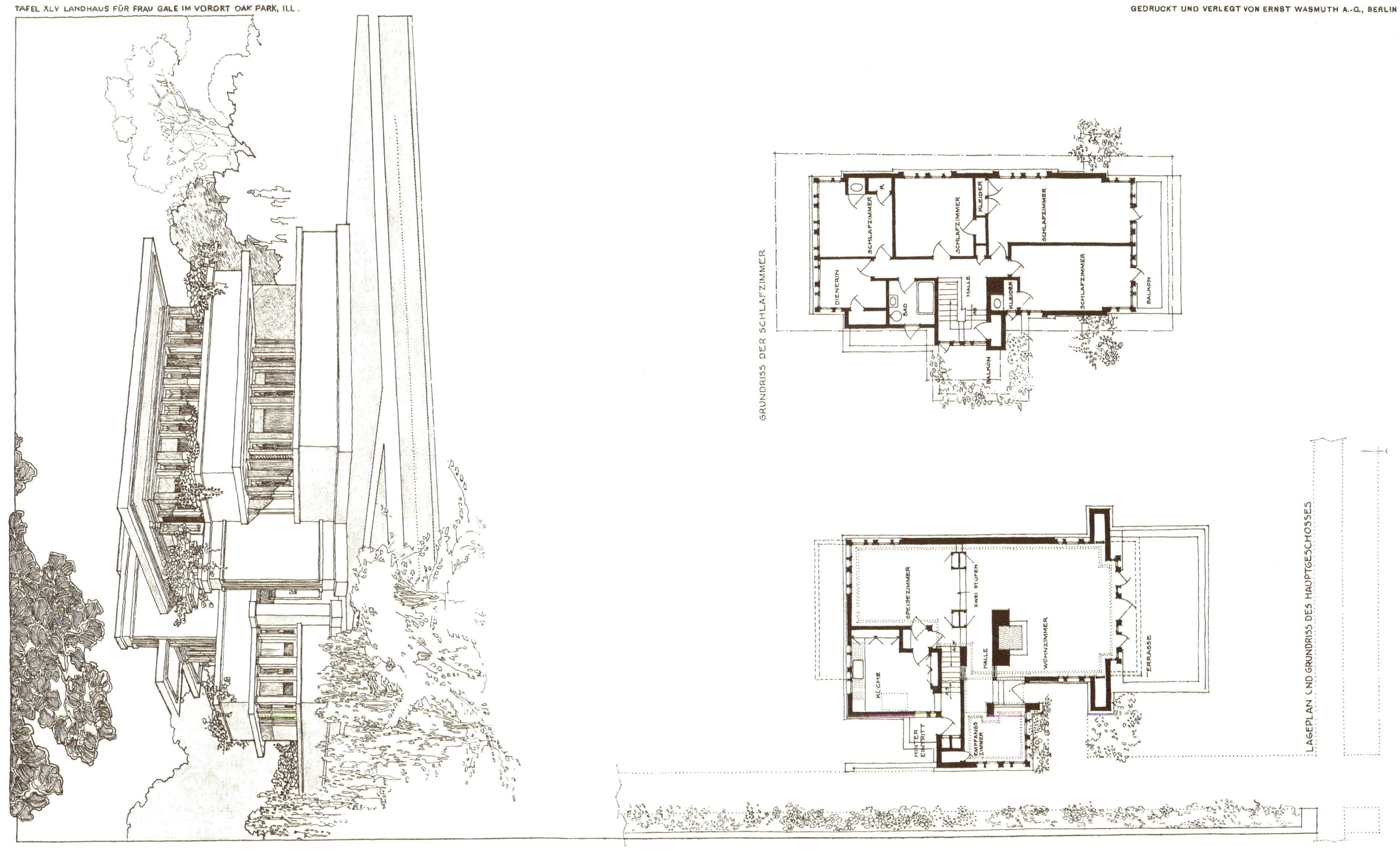

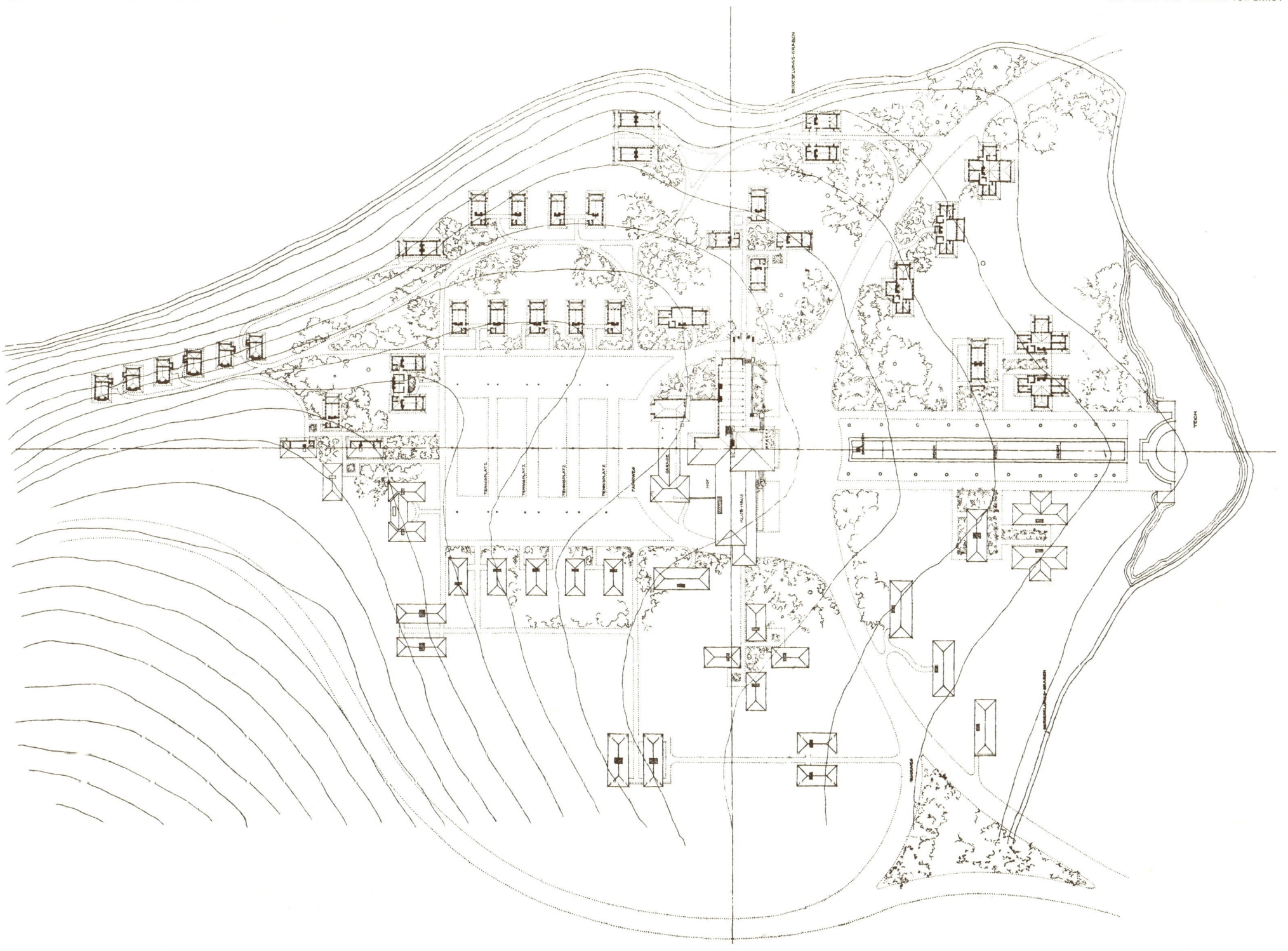

TAFEL XLVI. ÜBERSICHTSPLAN DER COMO ORCHARDS SOMMER-COLONIE.   GEDRUCKT UND VERLEGT VON ERNST WASMUTH A.-G., BERLIN

TAFEL XLVI. ÜBERSICHTSPLAN DER COMO ORCHARDS SOMMER-COLONIE.

GEDRUCKT UND VERLEGT VON ERNST WASMUTH A.-G., BERLIN

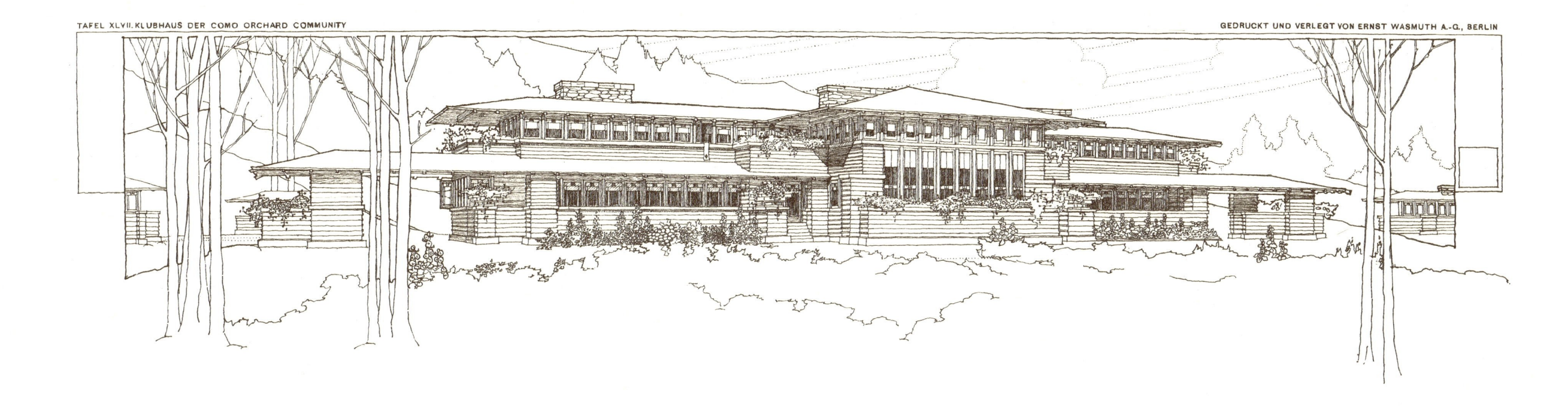

TAFEL XLVII. KLUBHAUS DER COMO ORCHARD COMMUNITY

GEDRUCKT UND VERLEGT VON ERNST WASMUTH A.-G., BERLIN

TAFEL XLVIIa TYPISCHE EINZELHÄUSER DER COMO ORCHARD COMMUNITY

GEDRUCKT UND VERLEGT VON ERNST WASMUTH A.-G., BERLIN

[72]

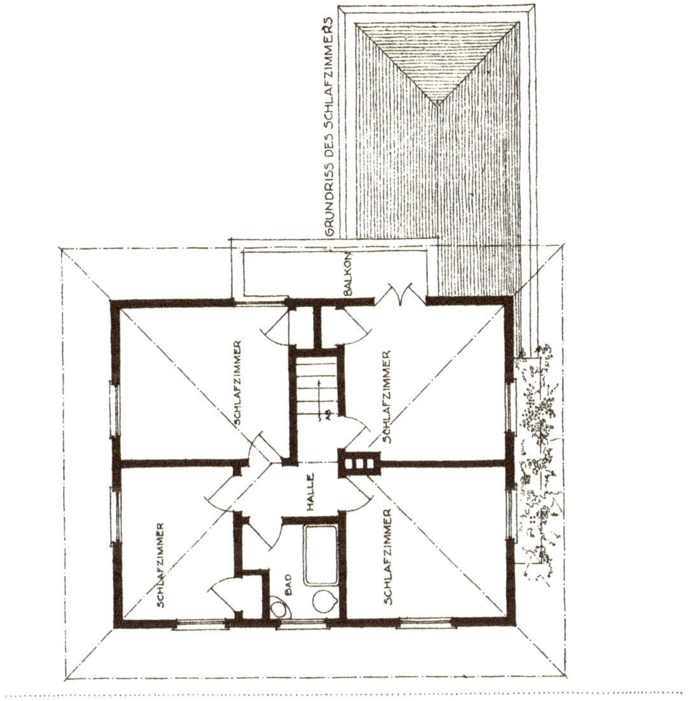

TAFEL XLVIII GRUNDRISSE DER DREI TYPISCHEN LANDHÄUSER FÜR HERRN E.C. WALLER, RIVER FOREST, ILLS.  GEDRUCKT UND VERLEGT VON ERNST WASMUTH A.-G., BERLIN

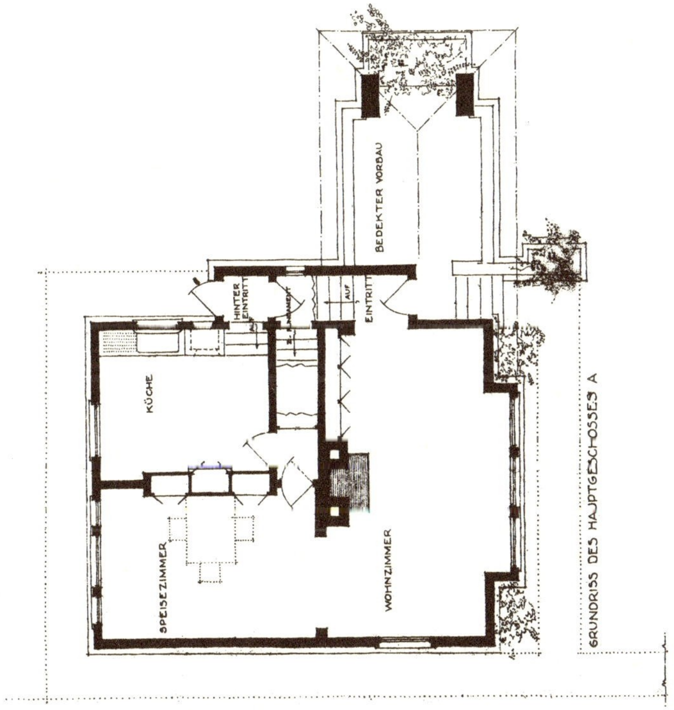

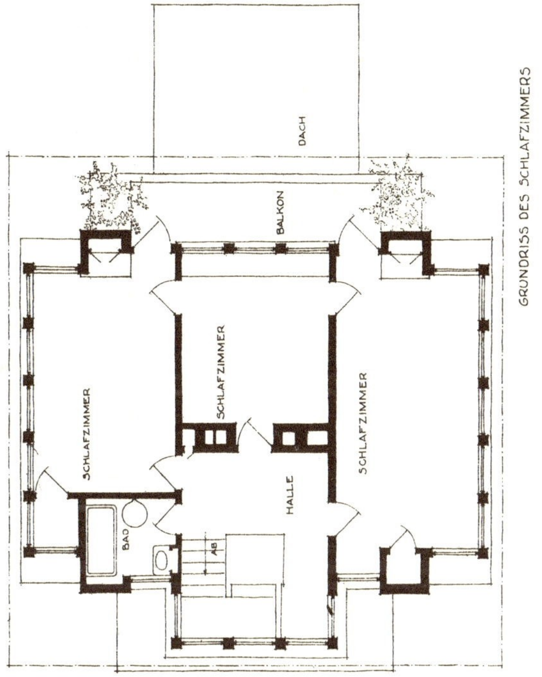

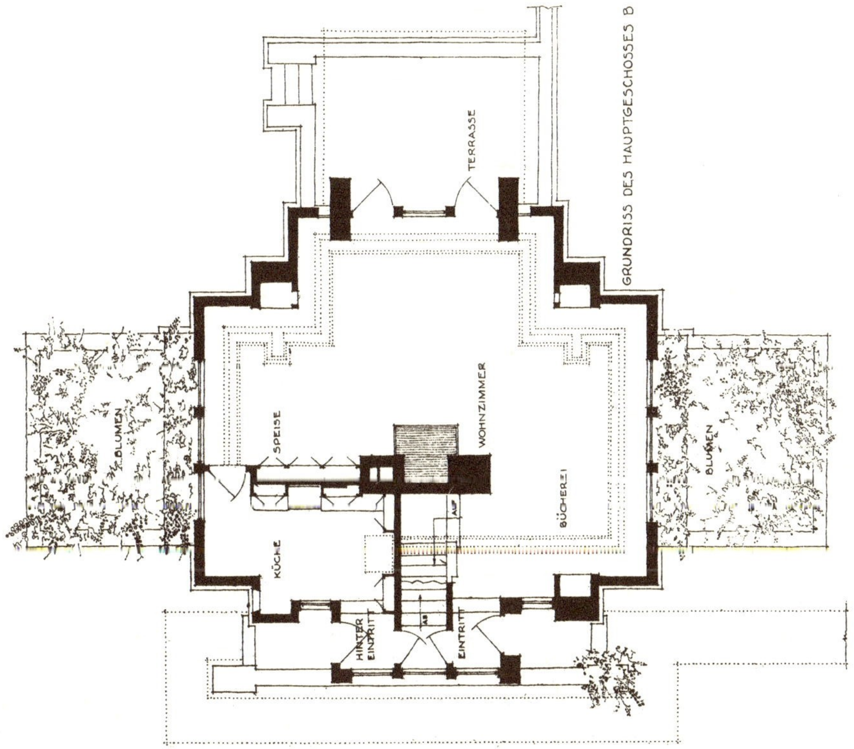

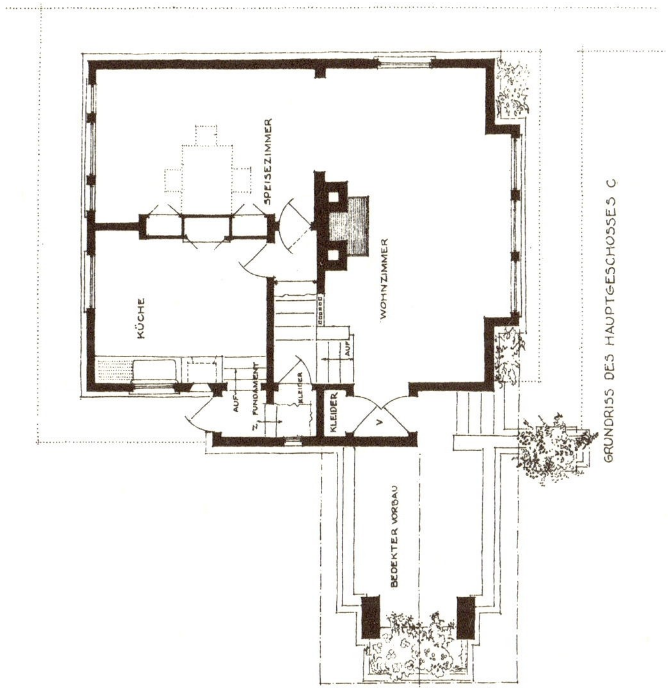

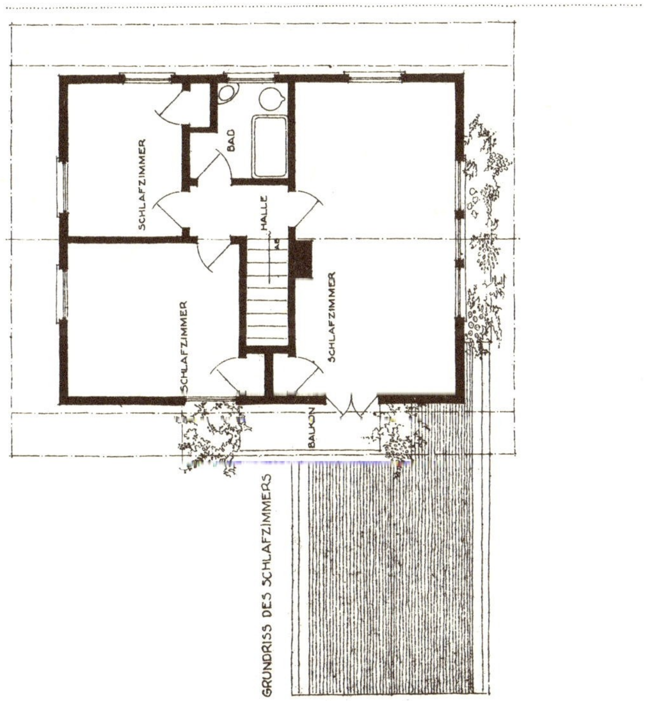

TAFEL XLVIII DREI TYPISCHE LANDHÄUSER FÜR HERRN WALLER, RIVER FOREST

GEDRUCKT UND VERLEGT VON ERNST WASMUTH A.-G., BERLIN

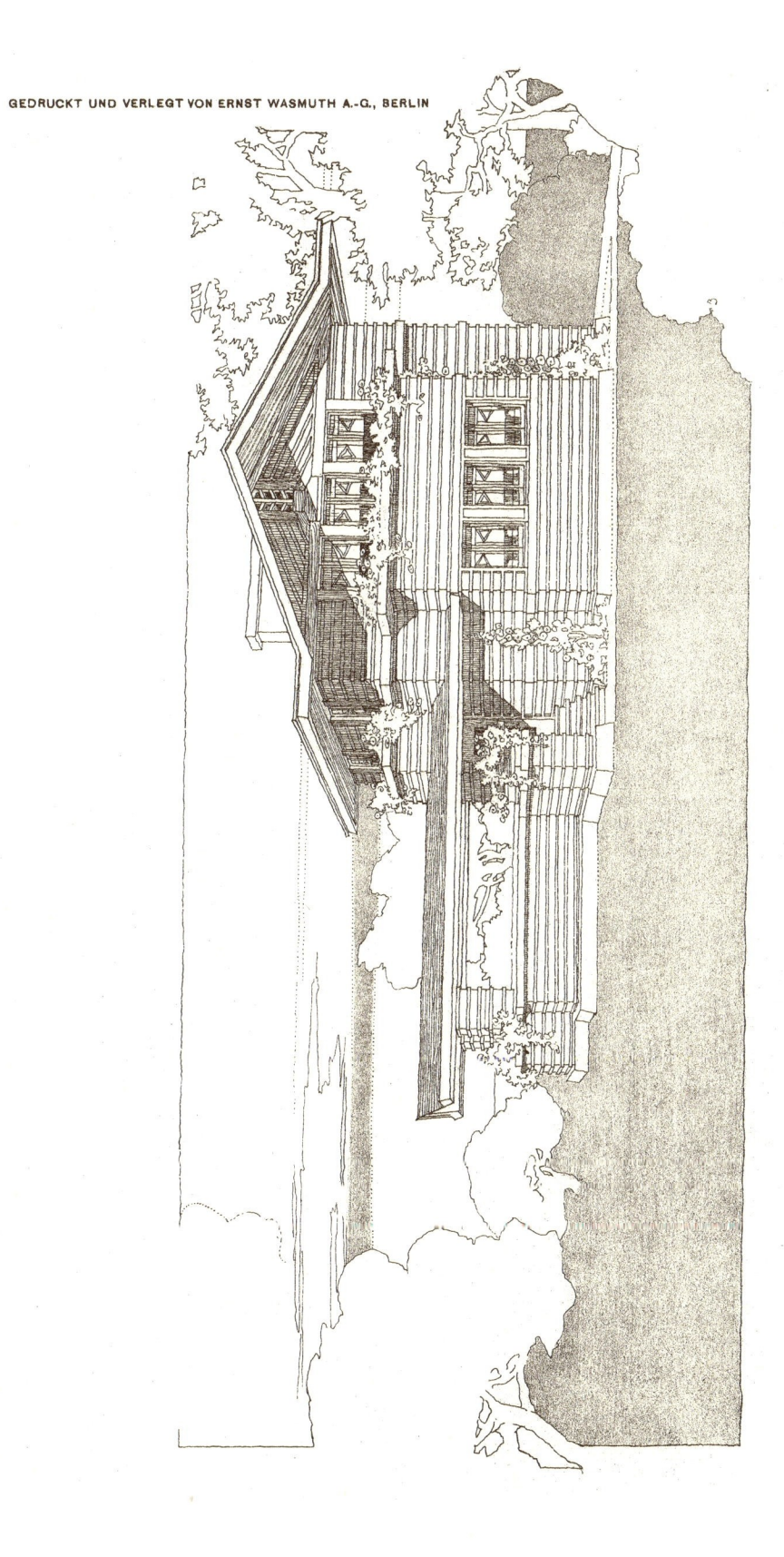

TAFEL IL. SEITENANSICHT VON EINEM BANK- UND HOTEL-GEBÄUDE IN MASON CITY, JOWA.

GEDRUCKT UND VERLEGT VON ERNST WASMUTH A.-G., BERLIN

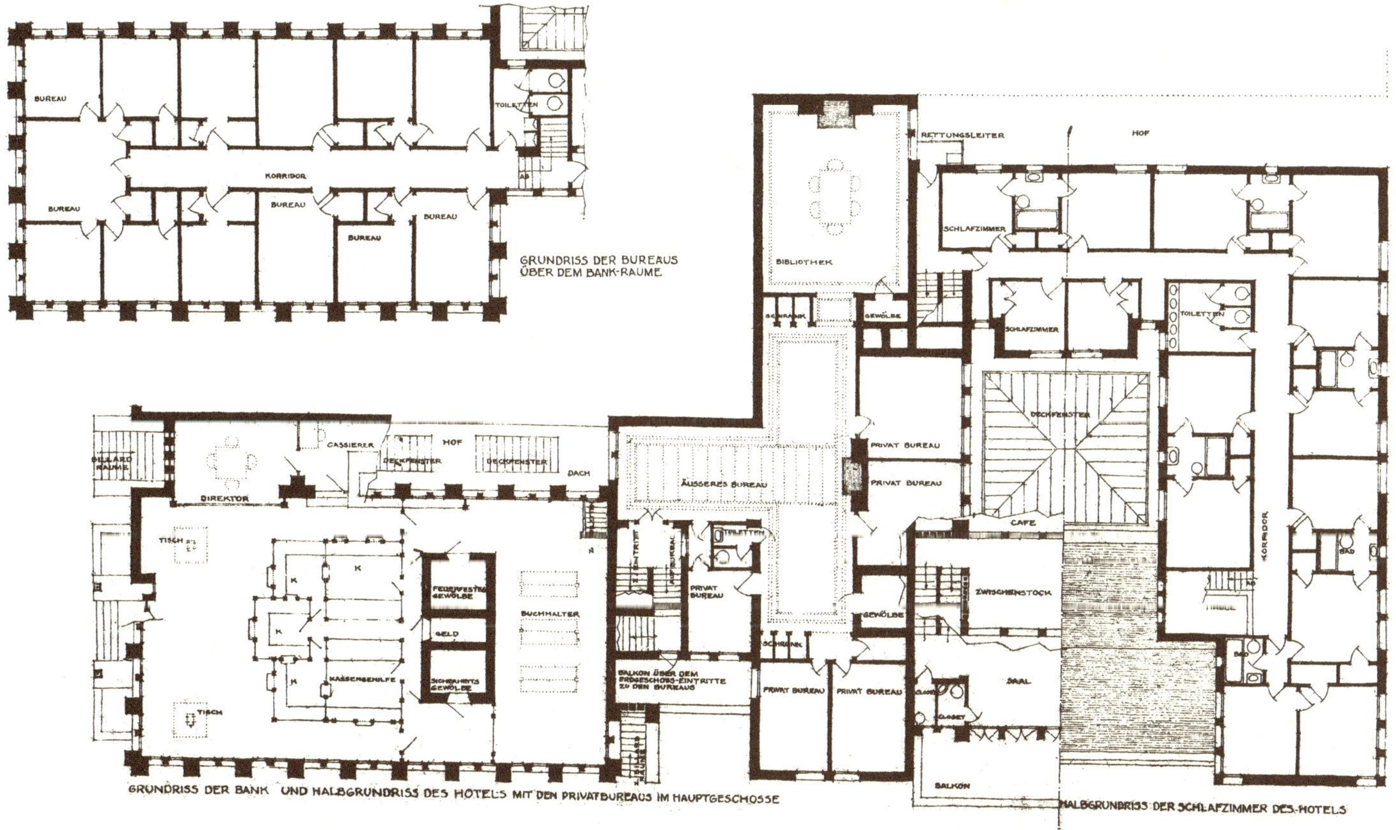

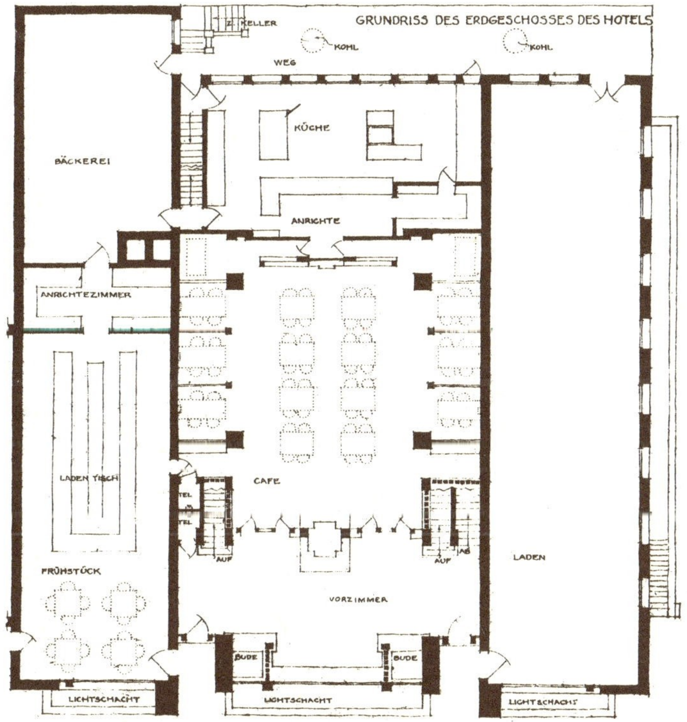

TAFEL II. BANK- UND BUREAUGEBÄUDE FÜR DIE
CITY NATIONAL BANK IN MASON CITY, JOWA.

GEDRUCKT UND VERLEGT VON ERNST WASMUTH A.-G., BERLIN

TAFEL L. SOMMERLANDHAUS FÜR FRAU ELIZABETH STONE, GLENCOE, ILL.  GEDRUCKT UND VERLEGT VON ERNST WASMUTH A.-G., BERLIN

[77]

TAFEL LI GRUNDRISS UND PERSPEKTIVE EINES LANDHAUSES FÜR FRÄULEIN ISABEL ROBERTS, RIVER FOREST, ILLS. U. STUDIE ZU EINEM SOMMERHEIM FÜR HERRN E. E. WALLER, CHARLEVOIS, MICH.

GEDRUCKT UND VERLEGT VON ERNST WASMUTH A.-G., BERLIN

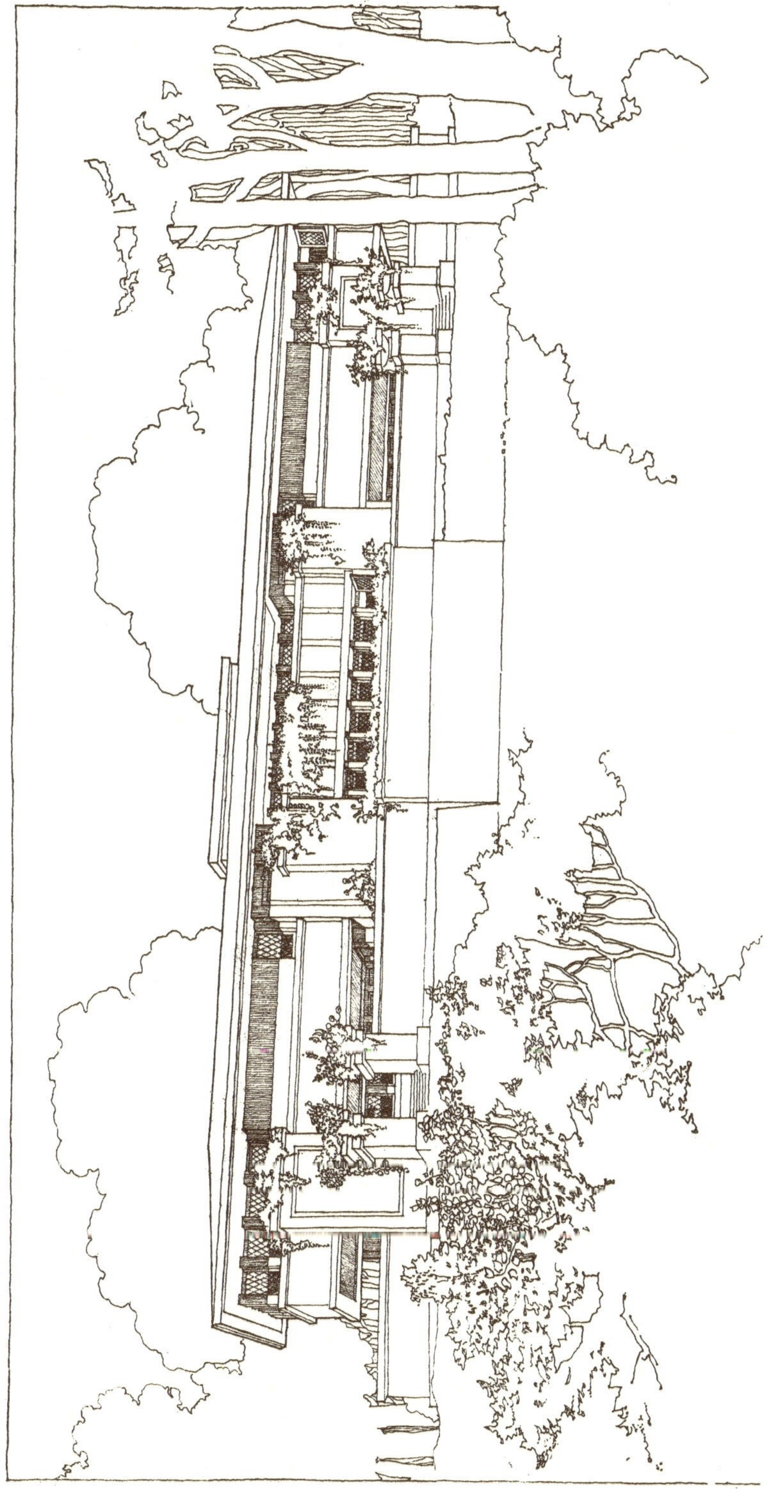

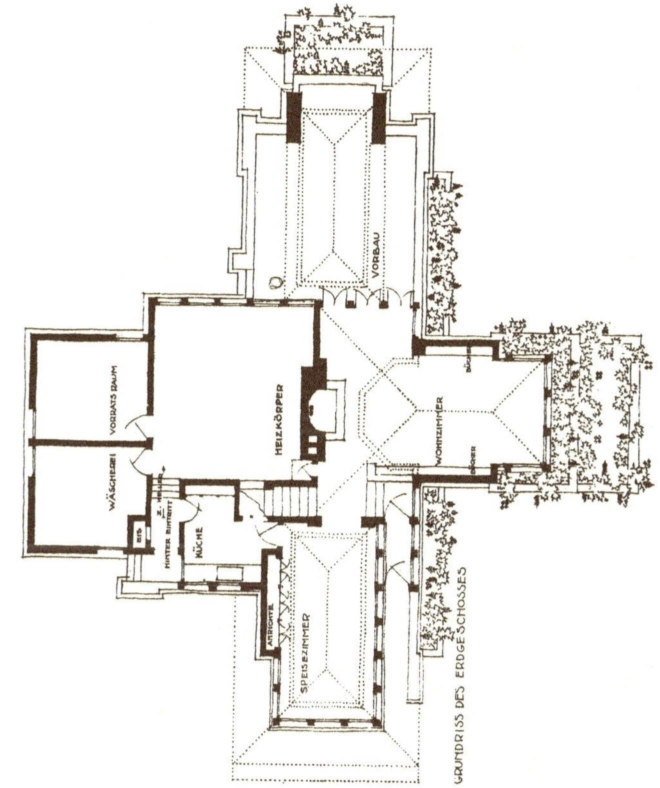

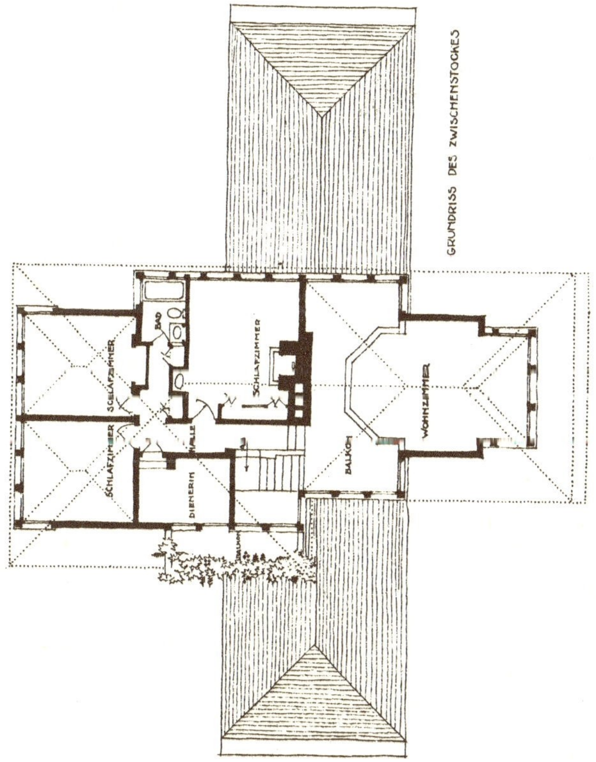

[78]

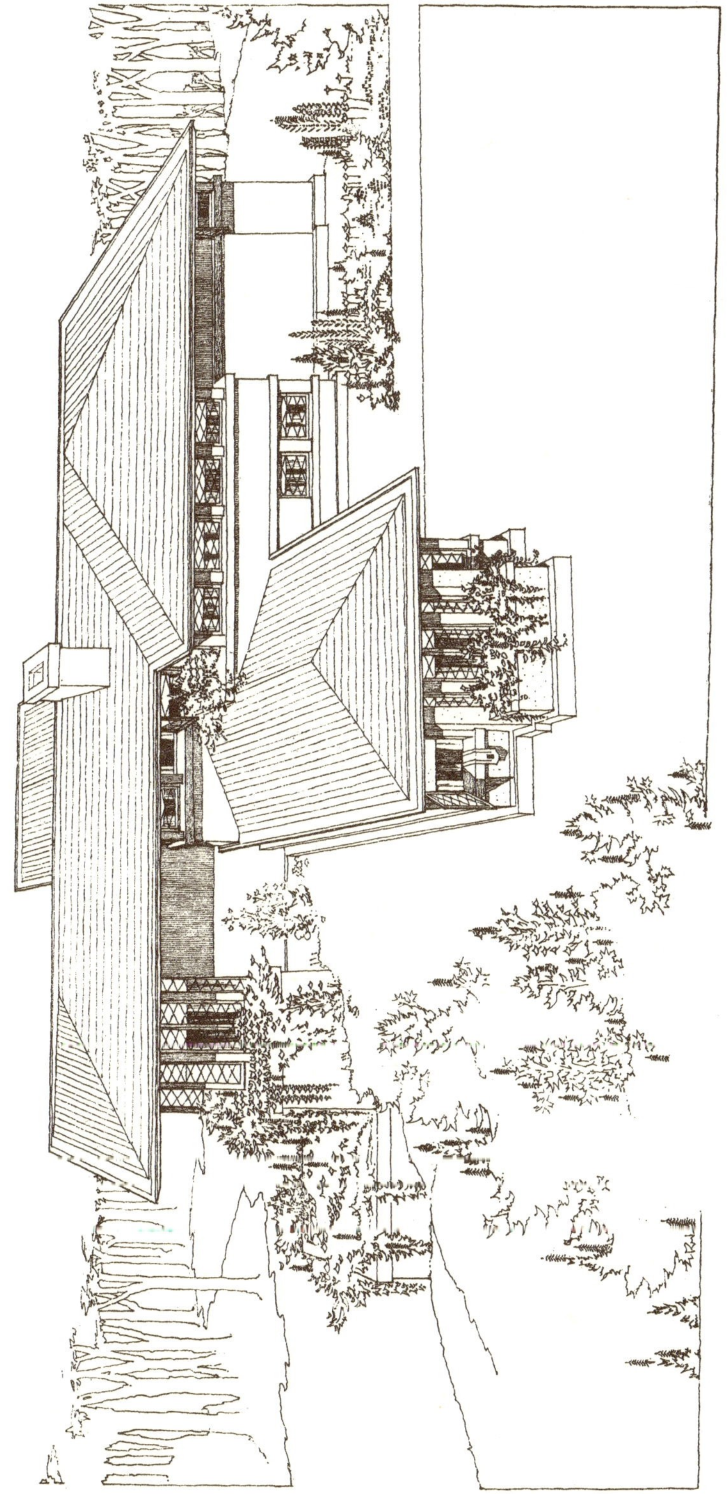

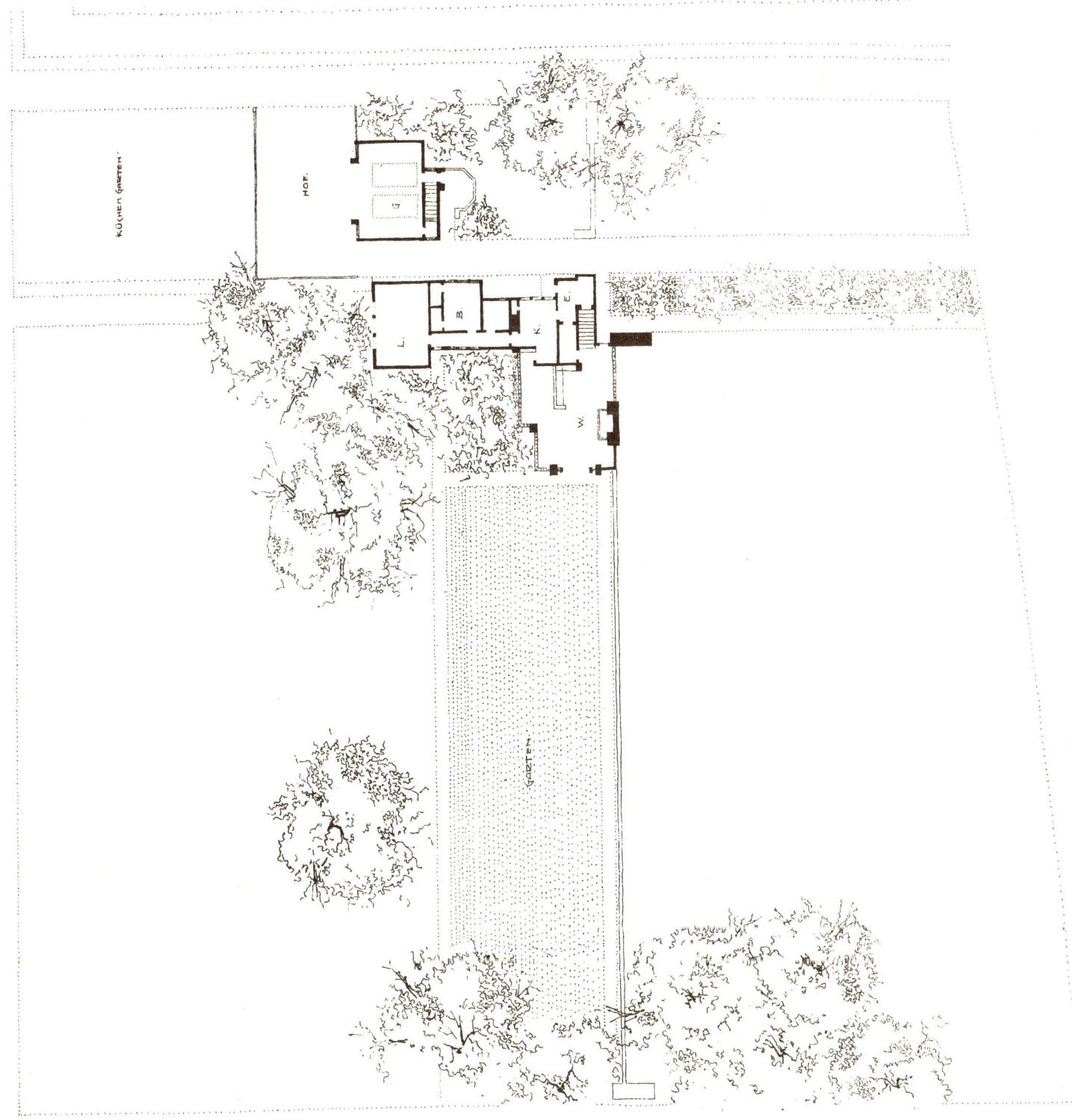

TAFEL LII WOHNHAUS IM VORORT FÜR HERRN WALTER GERTS GLENCOE, ILLS.

GEDRUCKT UND VERLEGT VON ERNST WASMUTH A.-G., BERLIN

TAFEL LII WOHNHAUS IM VORORT FÜR HERRN WALTER GERTS. GLENCOE, ILLS.  GEDRUCKT UND VERLEGT VON ERNST WASMUTH A.-G., BERLIN

TAFEL LIII PERSPEKTIVISCHE ANSICHT LÄNDLICHER WOHNSITZ ZU SPRINGFIELD OHIO FÜR HERRN BURTON S. WESTCOTT

GEDRUCKT UND VERLEGT VON ERNST WASMUTH A.-G., BERLIN

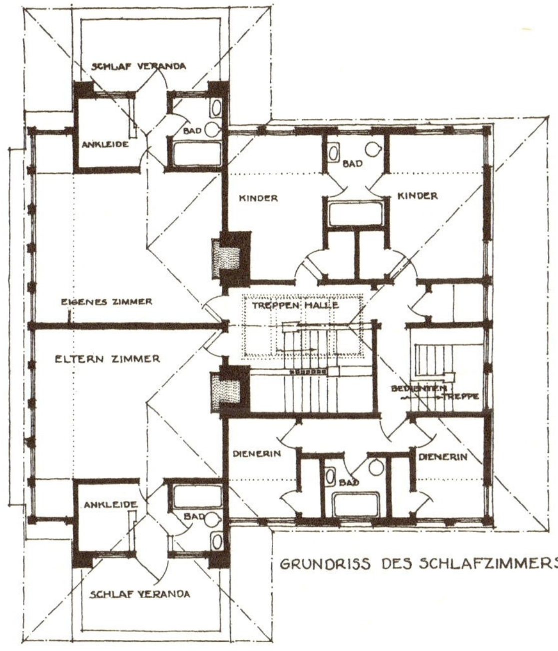

GRUNDRISS DES SCHLAFZIMMERS

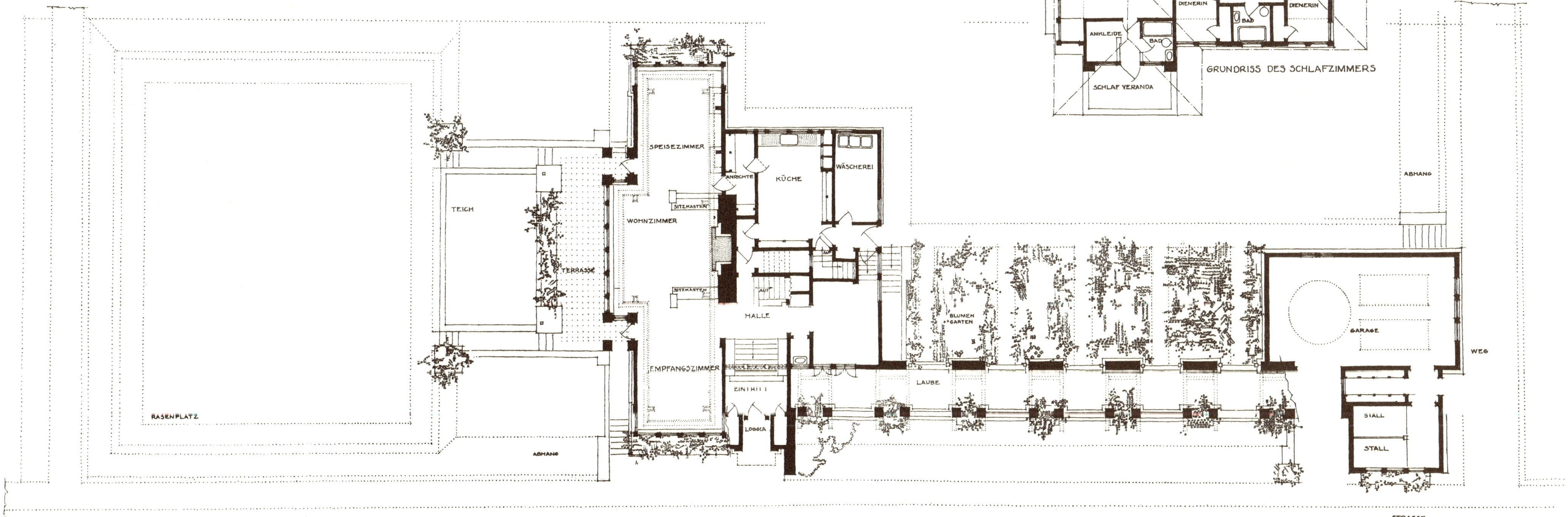

LAGEPLAN UND GRUNDRISS DES HAUPTGESCHOSSES

[81]

TAFEL LIII PERSPEKTIVISCHE ANSICHT LÄNDLICHER WOHNSITZ ZU SPRINGFIELD OHIO FÜR HERRN BURTON, S. WESTCOTT — GEDRUCKT UND VERLEGT VON ERNST WASMUTH A.-G., BERLIN

TAFEL LIV WOHNHAUS IN BETON MIT VIER, FÜNF UND SECHS ZIMMER-WOHNUNGEN FÜR HR. MC ARTHUR, CHICAGO, ILLS.

GEDRUCKT UND VERLEGT VON ERNST WASMUTH A.-G., BERLIN

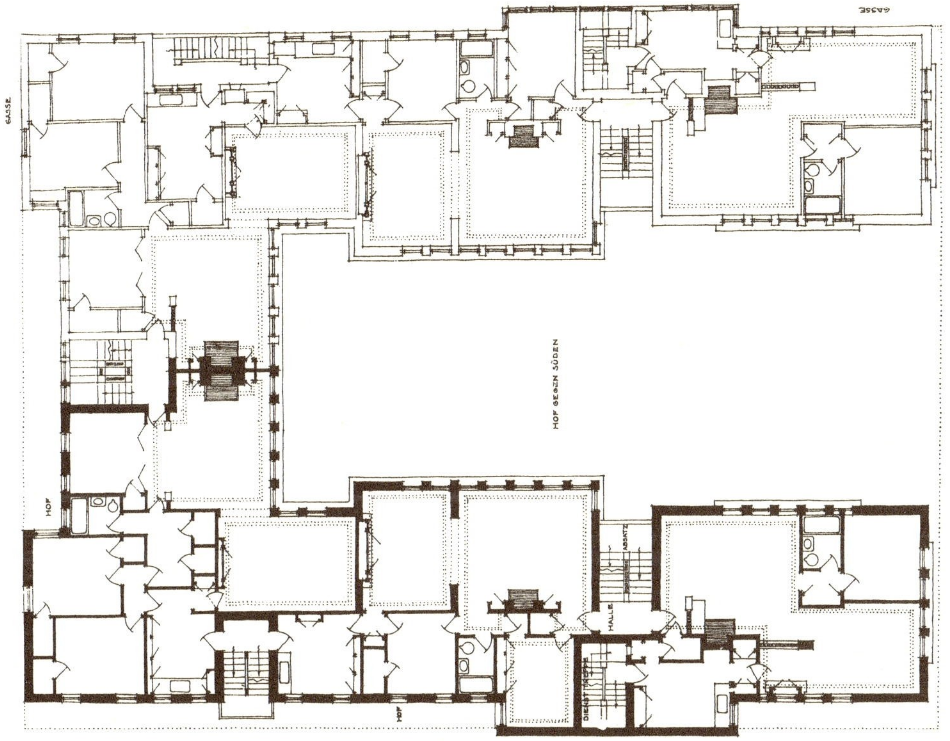

GRUNDRISS DES HAUPTGESCHOSSES
GRUNDRISS DES ZWEITEN GESCHOSSES

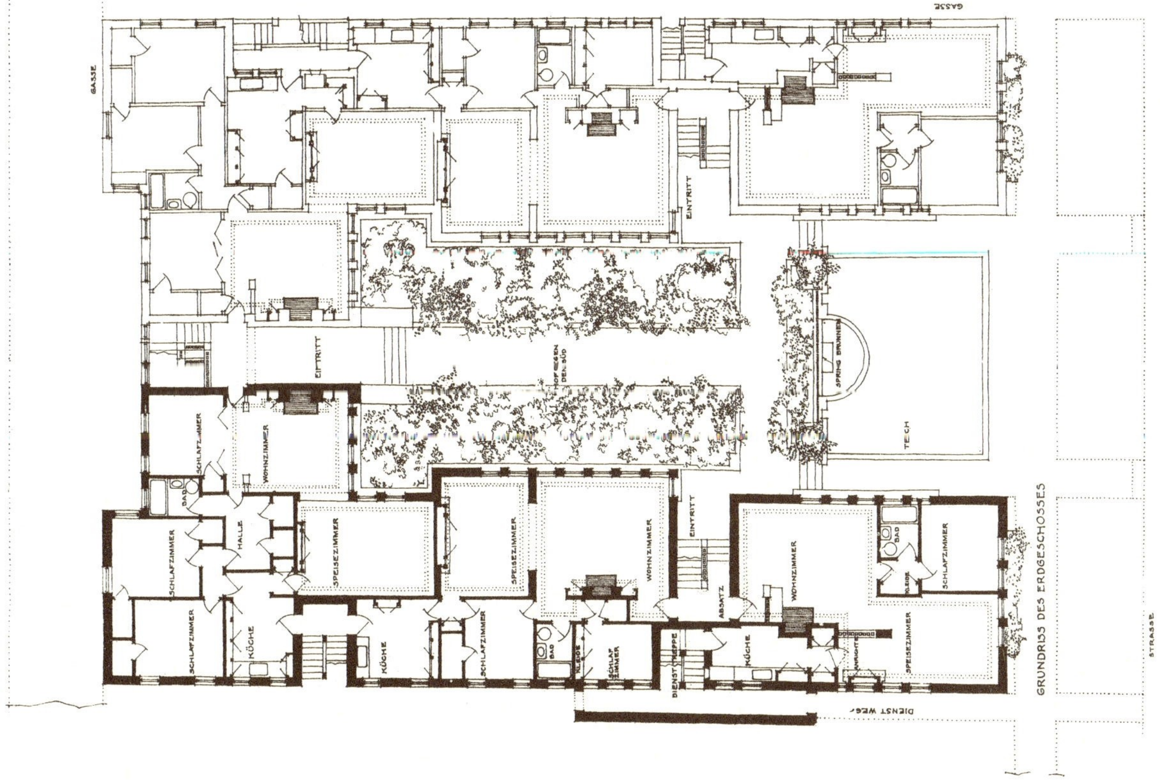

GRUNDRISS DES ERDGESCHOSSES

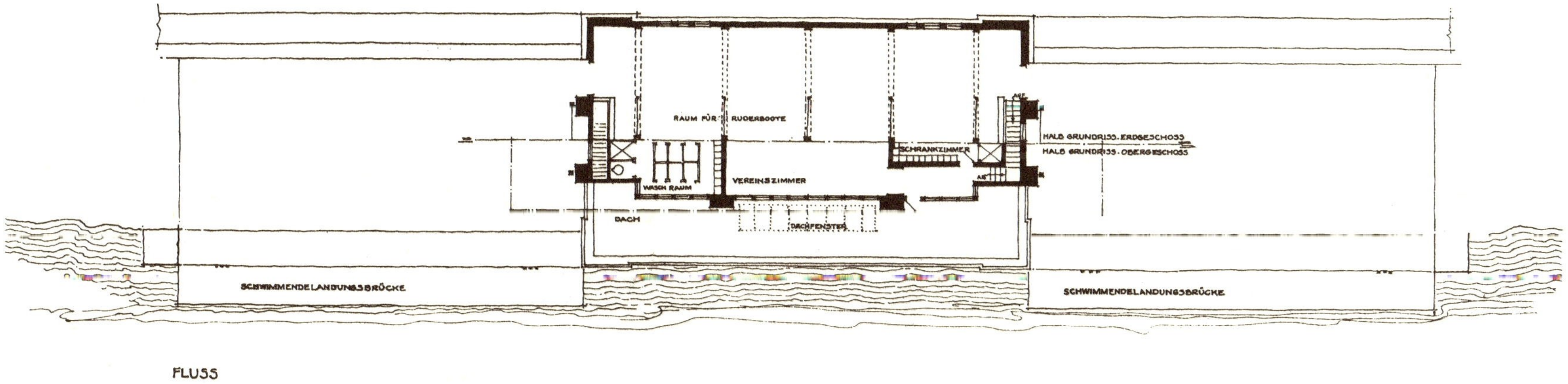

TAFEL LV RUDER-BOOTSHAUS UNIVERSITY OF WISCONSIN BOAT CLUB — GEDRUCKT UND VERLEGT VON ERNST WASMUTH A.-G., BERLIN

TAFEL LVI WOHNZIMMER FÜR HERRN COONLEY, RIVERSIDE, ILLINOIS.                    GEDRUCKT UND VERLEGT VON ERNST WASMUTH A.-G., BERLIN

TAFEL LVI a. WOHNHAUS FÜR HERRN COONLEY, RIVERSIDE, ILLINOIS.    GEDRUCKT UND VERLEGT VON ERNST WASMUTH A.-G., BERLIN

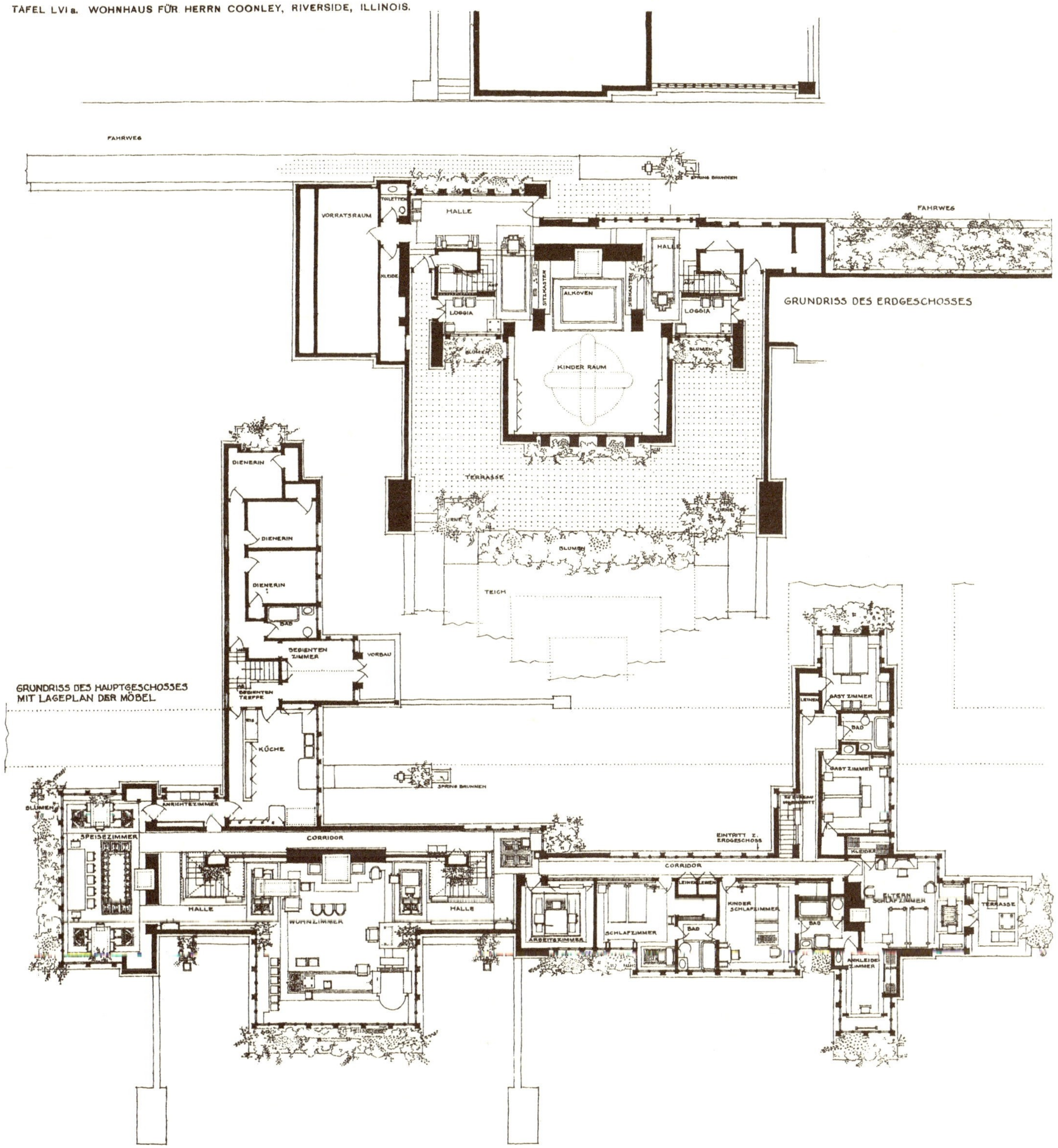

GRUNDRISS DES ERDGESCHOSSES

GRUNDRISS DES HAUPTGESCHOSSES MIT LAGEPLAN DER MÖBEL

[86]

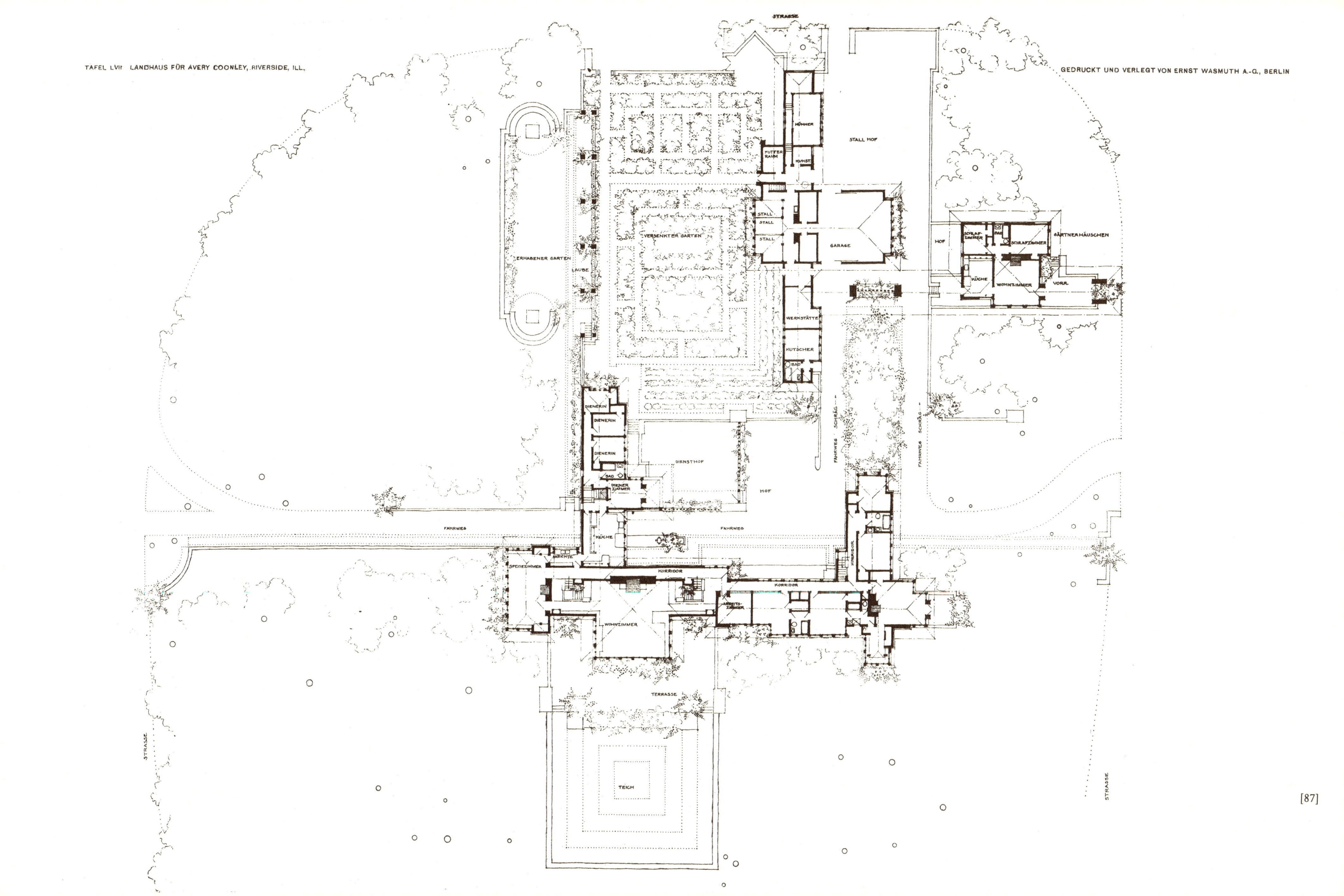

TAFEL LVII LANDHAUS FÜR AVERY COONLEY, RIVERSIDE, ILL.   GEDRUCKT UND VERLEGT VON ERNST WASMUTH A.-G., BERLIN

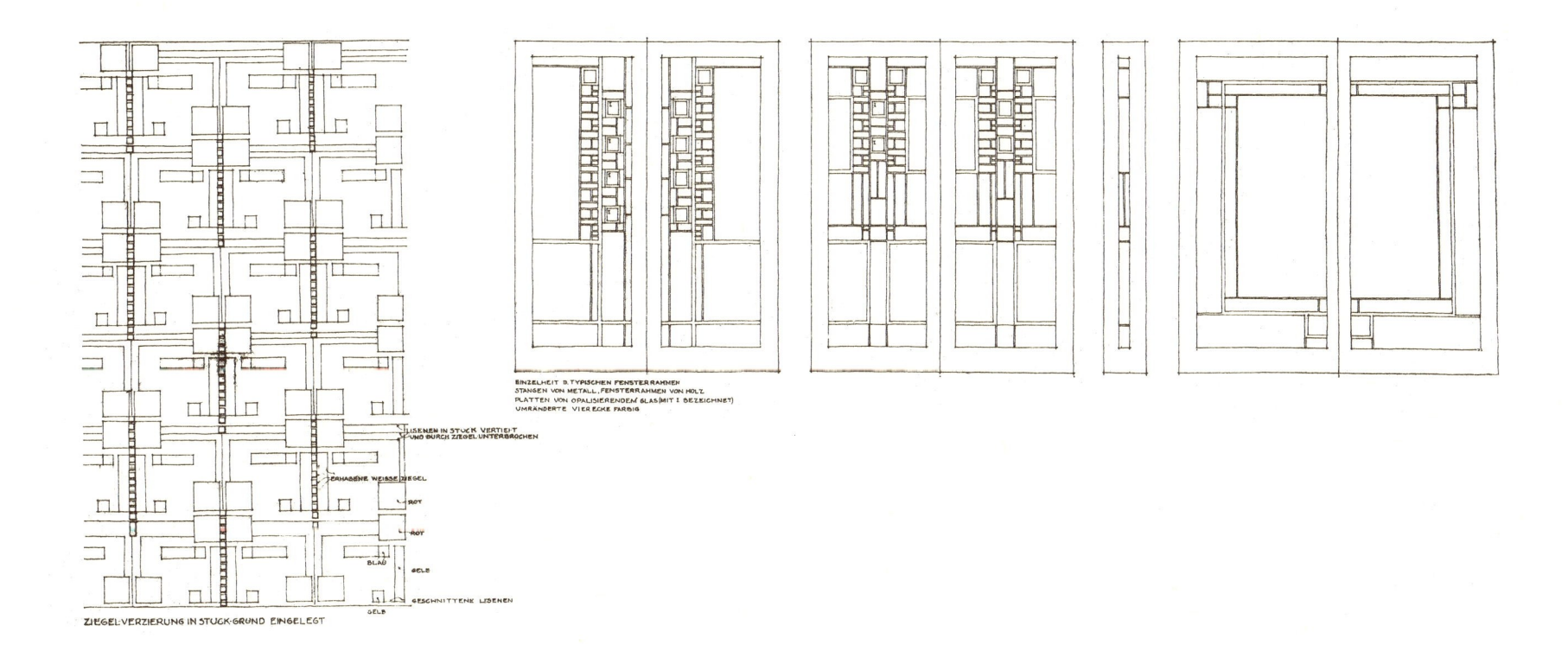

TAFEL LVII. LANDHAUS FÜR AVERY COONLEY, RIVERSIDE, ILL.

GEDRUCKT UND VERLEGT VON ERNST WASMUTH A.-G., BERLIN

TAFEL LVIII GRUNDRISS FÜR HERRN
HAROLD MC. CORMICK, LAKE FOREST ILLINOIS

GEDRUCKT UND VERLEGT VON ERNST WASMUTH A.-G., BERLIN

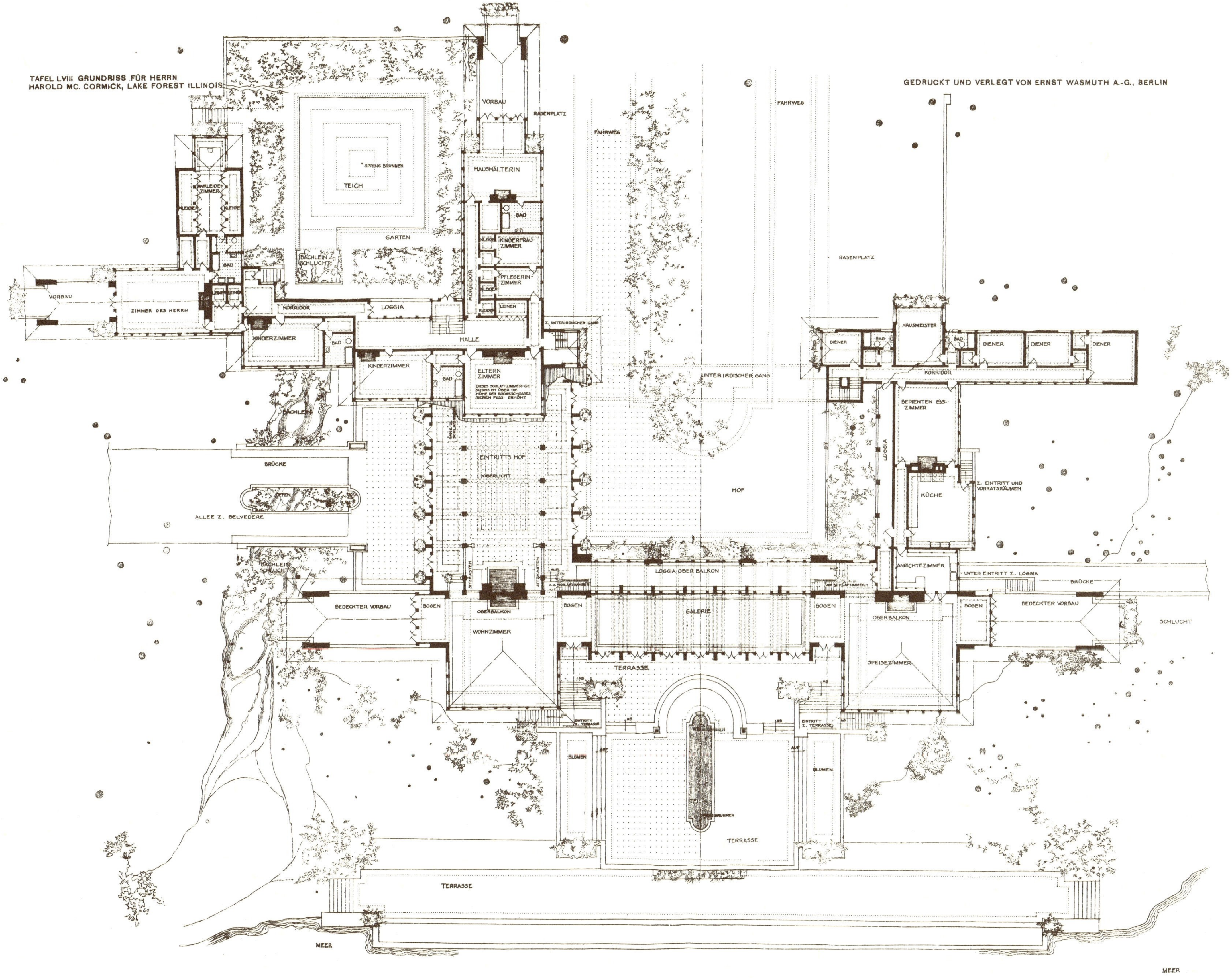

[89]

TAFEL LVIII SOMMER-WOHNSITZ FÜR HERRN HAROLD MC. CORMICK, LAKE FOREST ILLINOIS GEDRUCKT UND VERLEGT VON ERNST WASMUTH A.-G., BERLIN

TAFEL LIX SOMMER-WOHNSITZ FÜR HERRN HAROLD MC. CORMICK, LAKE FOREST, ILLINOIS. ANSICHT VOM MICHIGAN-SEE.

GEDRUCKT UND VERLEGT VON ERNST WASMUTH A.-G., BERLIN

TAFEL LX  ÜBERSICHTSPLAN UND STUDIE ZUM VERGNÜGUNGS-ETABLISSEMENT IN WOLF LAKE IND

GEDRUCKT UND VERLEGT VON ERNST WASMUTH A.-G., BERLIN

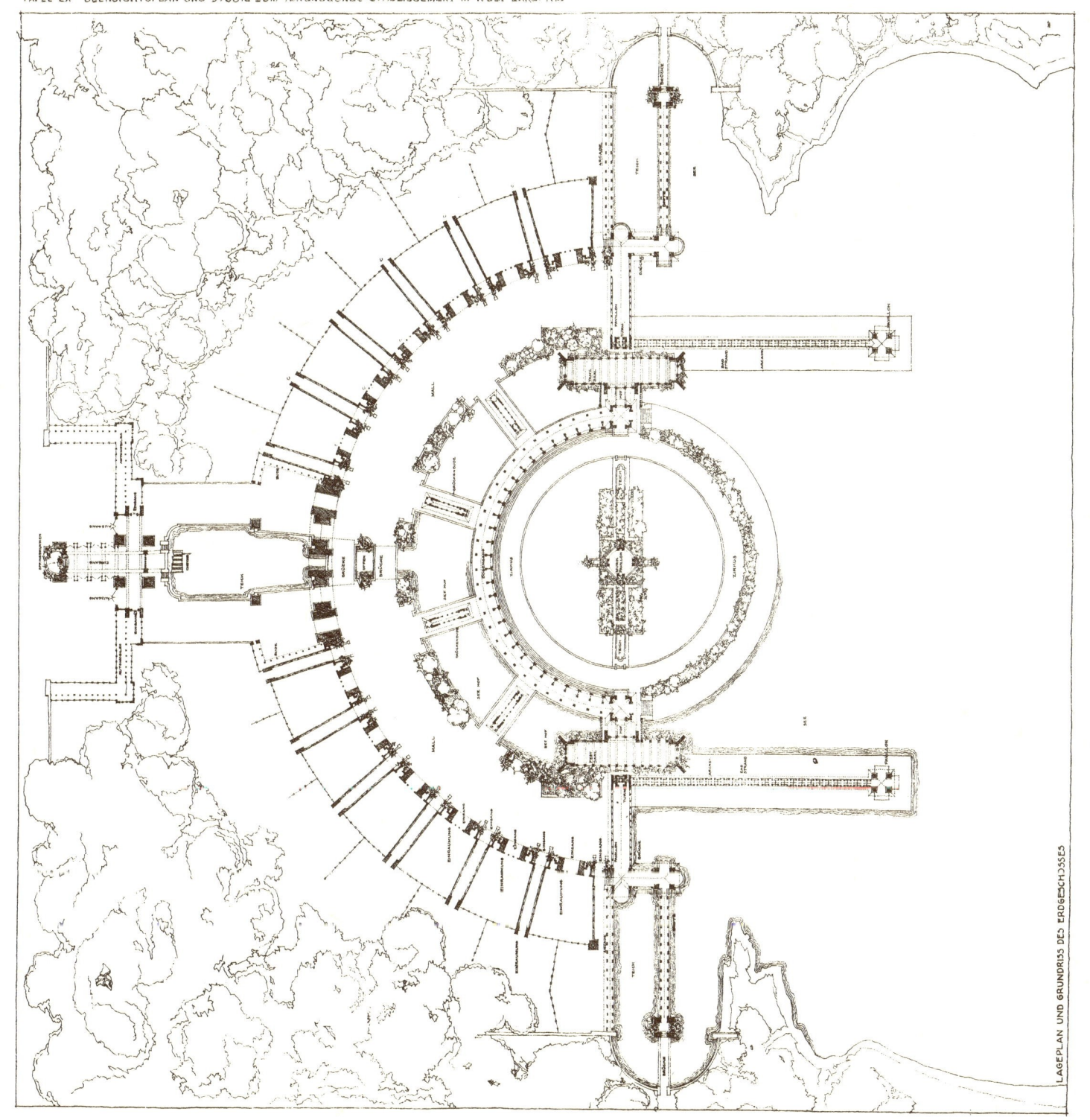

LAGEPLAN UND GRUNDRISS DES ERDGESCHOSSES

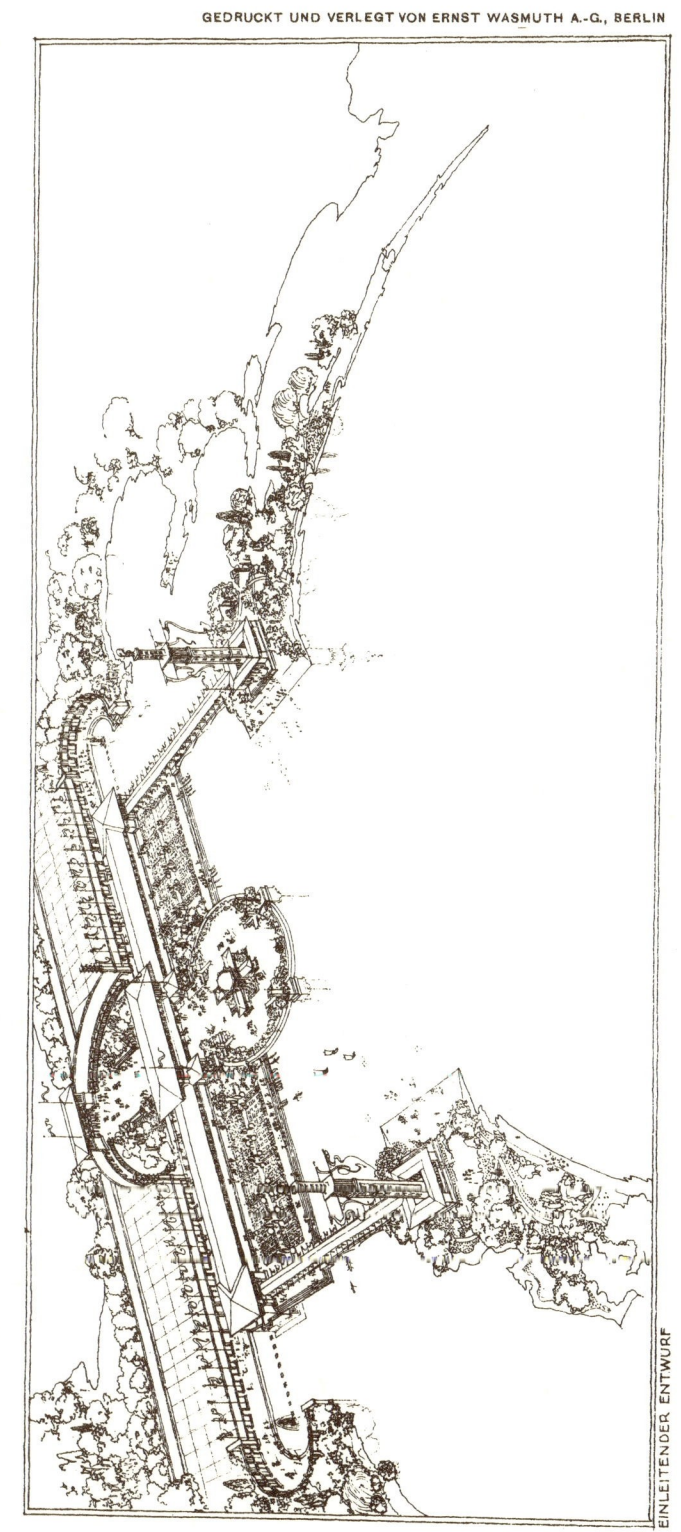

EINLEITENDER ENTWURF

TAFEL LX. VOGELPERSPECTIVE DES VERGNÜGUNGS-ETABLISSEMENTS IN WOLF LAKE, IND.

GEDRUCKT UND VERLEGT VON ERNST WASMUTH A.-G., BERLIN

TAFEL LXI. VORSTADT-WOHNHAUS FÜR WILLIAM NORMAN GUTHRIE SEWANEE, TENESSEE.

GEDRUCKT UND VERLEGT VON ERNST WASMUTH A.-G., BERLIN

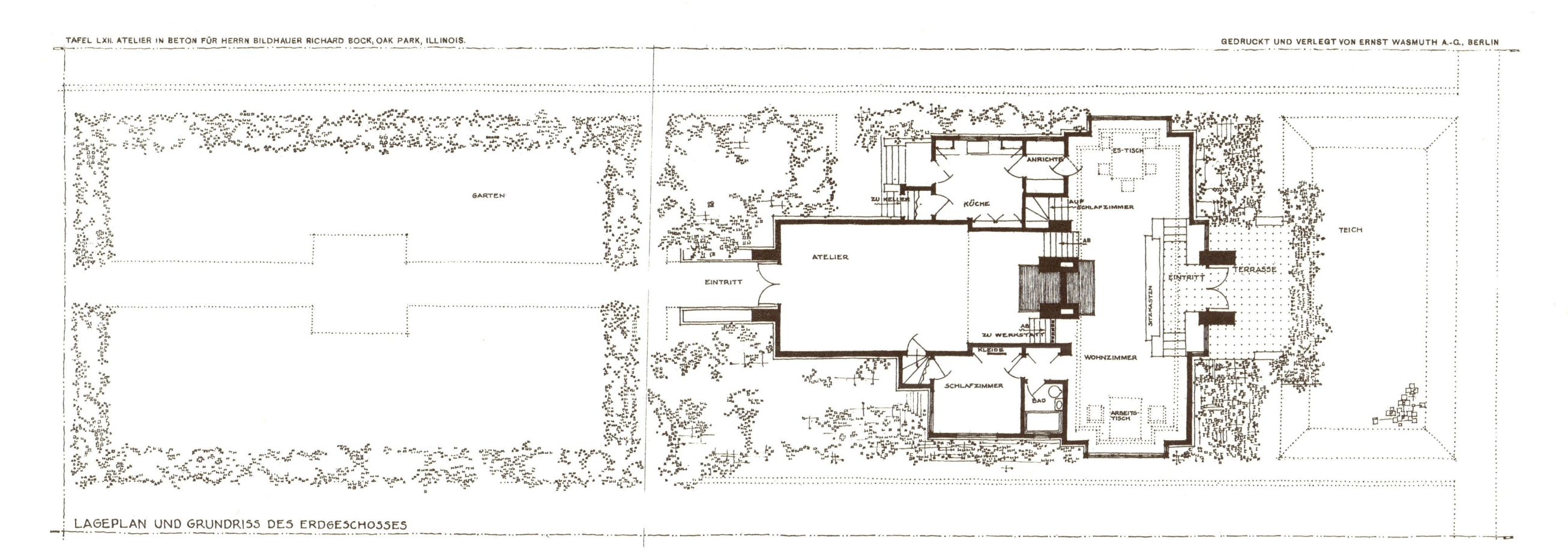

TAFEL LXII. ATELIER IN BETON FÜR HERRN BILDHAUER RICHARD BOCK, OAK PARK, ILLINOIS.   GEDRUCKT UND VERLEGT VON ERNST WASMUTH A.-G., BERLIN

LAGEPLAN UND GRUNDRISS DES ERDGESCHOSSES

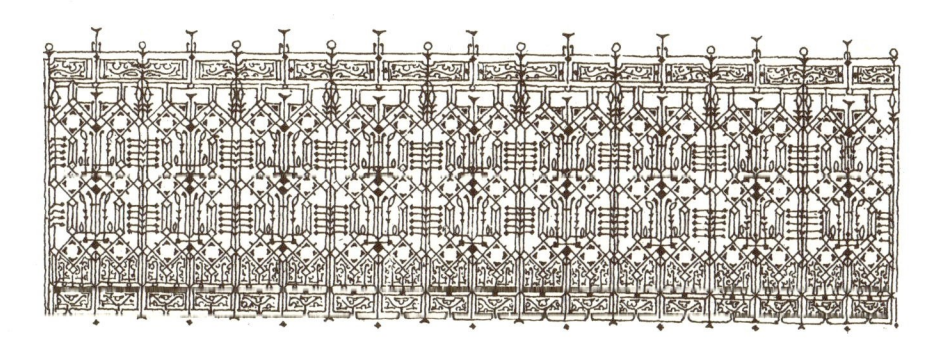

TAFEL LXII. ATELIER IN BETON FÜR HERRN BILDHAUER RICHARD BOCK, OAK PARK, ILLINOIS.

GEDRUCKT UND VERLEGT VON ERNST WASMUTH A.-G., BERLIN

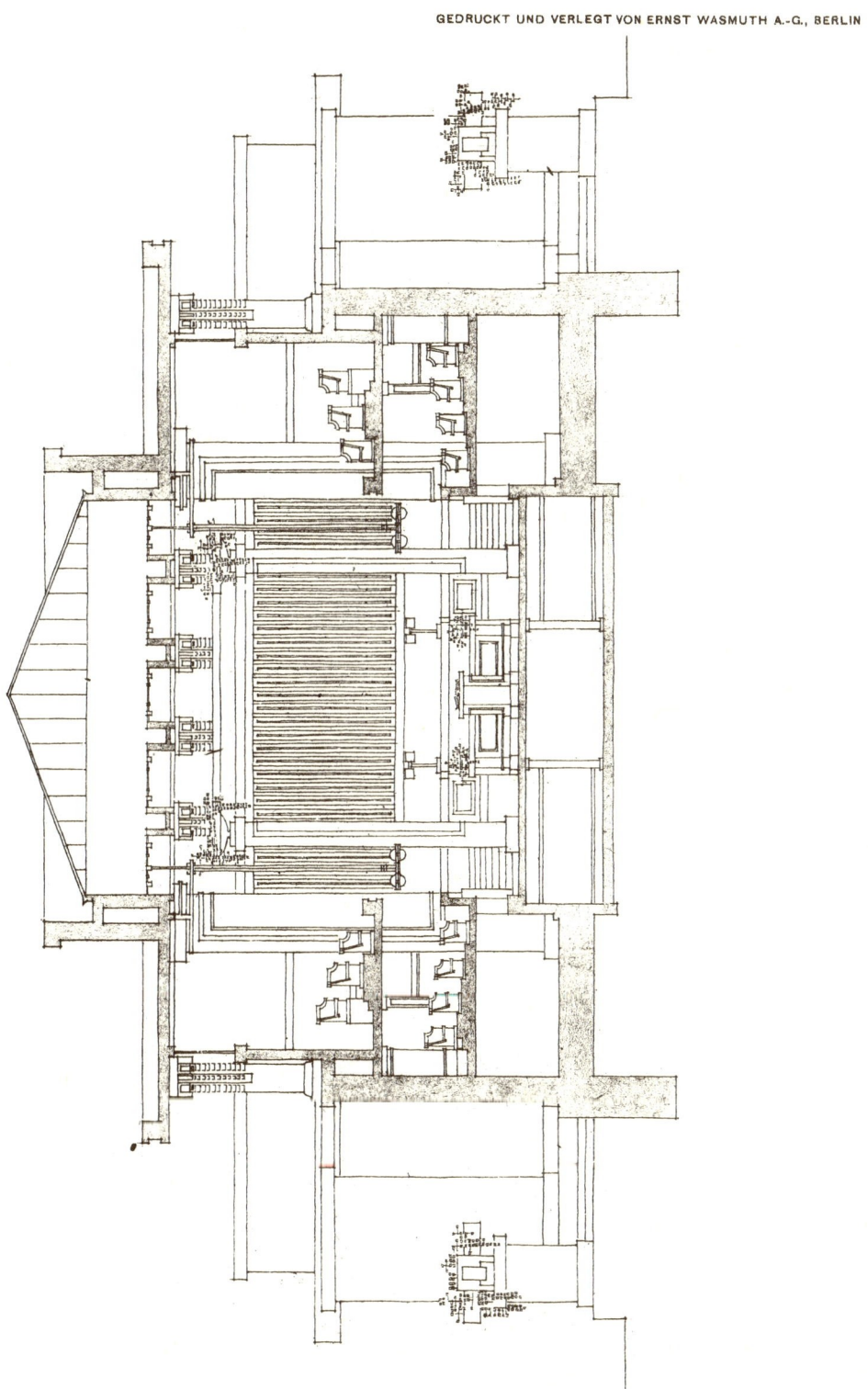

TAFEL LXIII AUFRISS UND QUERSCHNITT VOM UNITY-TEMPEL, OAK PARK, ILL.

GEDRUCKT UND VERLEGT VON ERNST WASMUTH A.-G., BERLIN

TAFEL LXIII UNITY-TEMPEL UND UNITY-HAUS, OAK PARK, ILL. GEDRUCKT UND VERLEGT VON ERNST WASMUTH A.-G., BERLIN

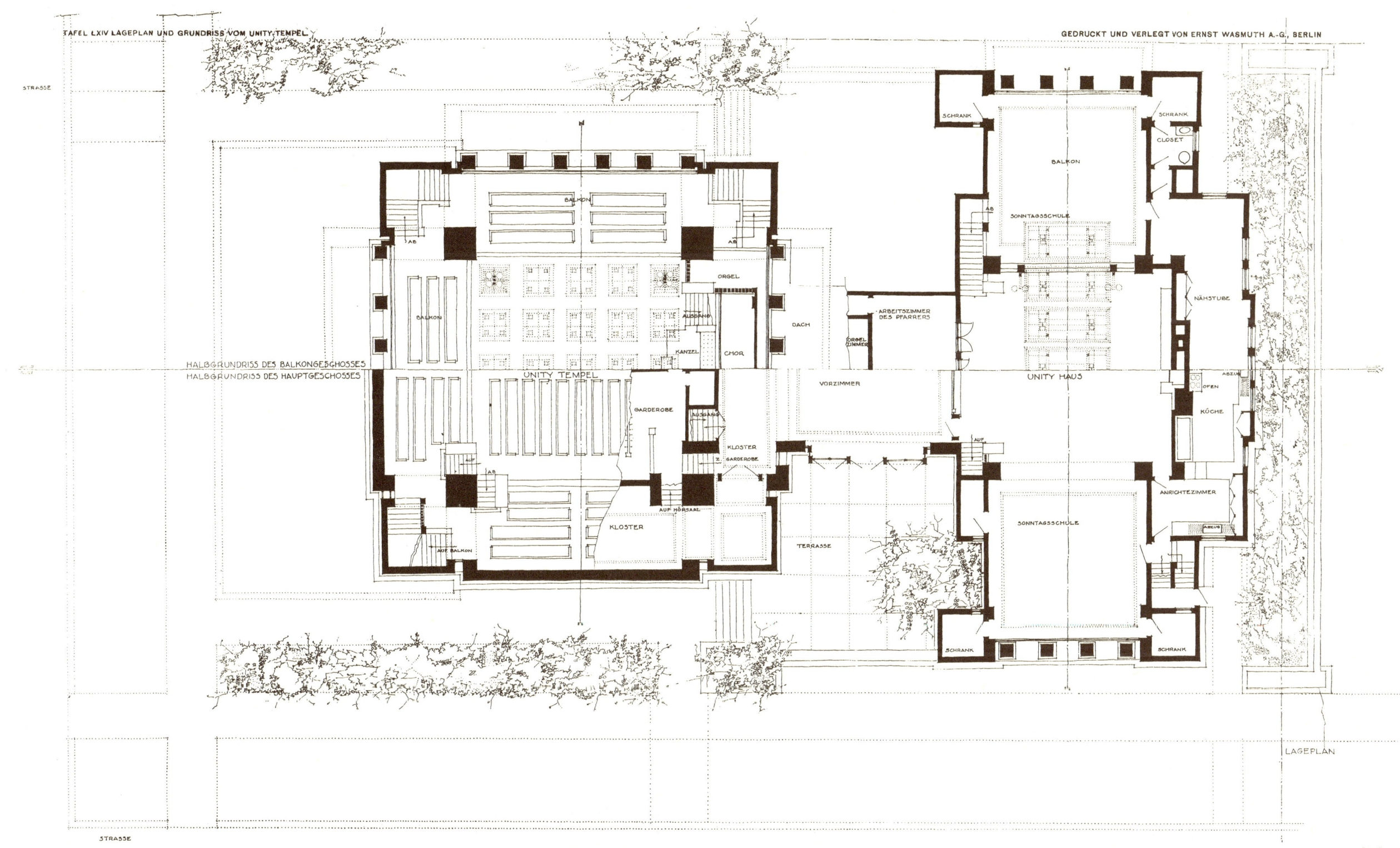

TAFEL LXIV LAGEPLAN UND GRUNDRISS VOM UNITY-TEMPEL

GEDRUCKT UND VERLEGT VON ERNST WASMUTH A.-G., BERLIN

STRASSE

BALKON

SCHRANK SCHRANK

CLOSET

SONNTAGSSCHULE

BALKON

ORGEL

NÄHSTUBE

ARBEITSZIMMER DES PFARRERS

DACH

HALBGRUNDRISS DES BALKONGESCHOSSES

HALBGRUNDRISS DES HAUPTGESCHOSSES

BALKON

AUSGANG

ORGELZIMMER

OFEN ABZUG

UNITY TEMPEL

KANZEL CHOR

VORZIMMER

UNITY HAUS

KÜCHE

GARDEROBE

AUF

AUSGANG

KLOSTER

Z. GARDEROBE

ANRICHTEZIMMER

AUF HÖRSAAL

KLOSTER

SONNTAGSSCHULE

ABZUG

AUF BALKON

TERRASSE

SCHRANK

SCHRANK

LAGEPLAN

STRASSE

[99]

TAFEL LXIV FRONT VOM UNITY-TEMPEL.

GEDRUCKT UND VERLEGT VON ERNST WASMUTH A.-G., BERLIN